Dr. Cordelia Eule (Hrsg.)

Ich bin Frieden. 12 Schlüssel zu mehr Frieden

Dr. Cordelia Eule (Hrsg.)

Ich bin Frieden

12 Schlüssel zu mehr Frieden

Alvin-Verlag
Ettlingen 2022
alvin-verlag.de

978-3-98730-004-2 (eBook)
978-3-98730-005-9 (Taschenbuch)
978-3-98730-006-6 (Hardcover)

Covergestaltung: Nadin Klier, www.nadin-klier.de
Buchsatz: Philipp Gutermann, gutermann.xyz
Lektorat: Katharina Herrmann,
www.katharina-herrmann.com

Vorwort

Wie sehr sehne ich mich danach, Frieden zu sein. Frieden. Immer.

Nicht nur gestern und heute. Auch morgen und übermorgen.

Geht es dir auch so?

Wirklich sagen zu können:

ICH bin Frieden.

Ich BIN Frieden.

Ich bin FRIEDEN.

Wie wundervoll wäre das?

Lasst es uns gemeinsam tun.

Lasst uns gemeinsam eintauchen in dieses Gefühl als Urzustand des Menschen.

Die größte Botschaft der Bibel ist der allumfassende Frieden, der keinen Gegenpol mehr kennt. Der aus der Dualität ausgestiegen ist. Der kein Wenn-dann-Konstrukt mehr ist.

Ich frage mich immer wieder, warum das so schwer ist.

Ist es überhaupt schwer?

Oder glauben wir das nur?

Vermag ich meinem Gegenüber ein Lächeln zu schenken?

Kann ich die Meinung des anderen als solche anerkennen?

Gelingt es mir, darauf zu vertrauen, dass der andere es gut mit mir meint?

Woran liegt es, falls ich mich hier zurückhalte?

Und wie begegne ich mir selbst?

Sehe ich meinen eigenen Wert? Meine Leistung? Meine Schöpferkraft?

Erlaube ich mir, so zu sein, wie ich sein möchte?

Folge ich meinen Impulsen? Vertraue ich mir selbst?

Ich bin Frieden ist ein Seinszustand. Wie die Wasseroberfläche eines Bergsees, in dem sich der Himmel und die Berge spiegeln und der unendliche Tiefe verspricht. Lasst uns in diesem Gefühl nicht nur baden, sondern eintauchen. Lasst uns darin schwimmen und tiefe Züge nehmen. Lasst es uns verinnerlichen, auf dass es uns nie wieder verlässt.

Inhalt

Einleitung

Dr. Cordelia Eule

Meiner Erfahrung nach ist die radikalste Art, in Frieden zu bleiben, sich von der Außenwelt abzuschotten. Keine Nachrichten mehr. Kein Fernsehen. Keine sozialen Medien. Nur noch die liebsten Freunde um sich herum.

Vieles davon praktiziere ich selbst. Mit mäßigem Erfolg, wollte ich doch, um bei den Worten von Robert Betz zu bleiben, „den Krieg nicht in meinem Wohnzimmer haben". Ist es mir gelungen? Oder handelt es sich dabei nicht doch eher um so etwas wie eine optische Täuschung? Gelinde gesagt, um eine feine Art des Selbstbetrugs?

Ja, es kann zu einem Egotrip führen, der uns ganz der Welt entfremdet. Als soziale Wesen ein schwer auszuhaltender Zustand, denn die Sehnsucht nach Nähe und Austausch bleibt eben doch. Außerdem ist es schier nicht möglich, keine Nachrichten mitzubekommen, nichts von der Welt zu erfahren. Daher müssen wir uns, egal, wie wir uns verhalten, mit unserer Umwelt auseinandersetzen. Die Frage ist, wer wir dabei sind. Meine Antwort heute: im Idealfall ein friedlicher Mensch voller Hingabe.

Ich hatte eine Zeit lang versucht, meinen Kindern eine solche heile Welt zu errichten. Sie gingen in den

Waldkindergarten, waren 365 Tage im Jahr an der frischen Luft, unter Gleichgesinnten, ohne Spielzeug, ganz ihrer Kreativität hingegeben. Später sollte es auf eine Montessori-Schule gehen, die ich nicht nur für sie mit aus der Taufe hob, sondern für die ich Montessori auch inhalierte. Für ein konstruktives Miteinander auf Augenhöhe, bei dem die Kinder in ihrer schöpferischen Kraft optimal gefördert werden sollten.

Woran ich scheiterte? An den Erwachsenen! Ja, an denen, die so tolle Einrichtungen für unsere Schätzchen vertraten. Wenn ich sage, es menschelte, ist das noch nett ausgedrückt. So gab es eine wundervolle Präambel für die Schulordnung und tolle motivierende, wertschätzende Sprüche an den Wänden des Schulhauses, aber die Lehrkräfte und Initiator:innen der Schule schafften es nur, sich den Kindern gegenüber dementsprechend zu verhalten. Untereinander gab es ein großes Hickhack um Rangordnung und Meinungshoheit. Wie können wir unseren Kindern eine bessere Zukunft ermöglichen, wenn wir es nicht schaffen, als Vorbilder voranzugehen? Diese Frage treibt mich seither um.

So war der Angriff auf die Ukraine am 24. Februar für mich ein Anlass, genau dieses Thema in der Tiefe aufzugreifen. Was kann ich – als Privatperson oder auch als Unternehmer:in – für den Frieden auf dieser Welt beitragen? Nun bin ich weder Psychologin noch klassischer Coach und doch ist mir klar, dass ich nur Frieden verbreiten kann, wenn ich ihn zutiefst in mir spüre. Wenn ich mich genährt fühle, brauche ich nicht die Süßigkeiten des anderen neiden. Wenn ich mich geliebt weiß, muss ich nicht um Anerkennung buhlen. Kann ich mir dies selbst geben, muss ich niemanden mehr für mein Wohlergehen verantwortlich machen. Wie frei bin ich dann!

Doch wir wachsen in einer Welt des Leistungsdenkens, des Vergleichens und des Machtstrebens auf. Wir lernen eher, den anderen schlecht zu machen, um uns gut zu fühlen, als den Quell der Liebe in uns selbst immer wieder aufs Neue auszumachen. Gleichzeitig weiß ich, dass wir uns alle – wirklich alle – nach diesem übergreifenden Frieden sehnen, der der bedingungslosen Selbstannahme folgt. Wie aber kann uns die gelingen?

Antworten auf diese Frage geben uns nun die 13 Autor:innen in diesem Buch. Sie alle beleuchten das Thema aus ihrer ureigensten Perspektive und geben uns ganz klare Handlungsempfehlungen mit auf den Weg. Sie folgen der Frage, wie wir immer mehr bei uns selbst ankommen können, unabhängiger werden und – so widersprüchlich es klingen mag – uns gleichzeitig mit allen anderen immer mehr in Liebe verbunden fühlen. Denn das ist wahrer innerer Frieden!

Ich möchte dich herzlich dazu einladen, ihren Anregungen zu folgen. So können wir alle ein Beitrag für den Weltfrieden werden – denn den ersten Schritt müssen bekanntlich wir selbst tun. Komm dabei auch gerne in unsere Facebook-Gruppe https://alvin-verlag. de/gruppe/ichbinfrieden. Hier wirst du nicht nur die Autor:innen persönlich kennenlernen und weitere Impulse erhalten, sondern kannst dich mit Gleichgesinnten vernetzen und sie an deinen Erfahrungen teilhaben lassen. Eine wunderbare Möglichkeit, die Welt ein wenig besser zu machen.

Deine Dr. Cordelia Eule

PS: Mit dem Kauf dieses Buches hast du die Stiftung OrphanHealthcare und das Gesundheitsförderprogramm „Elfen helfen" unseres Autors Dr. Frank Grossmann unterstützt. Herzlichen Dank dafür! Auf diese Weise werden Kinder und deren Familien medizinisch und sozial unterstützt, die unter einer so seltenen Krankheit leiden, dass sich die klassische Pharmaindustrie nicht für sie interessiert. Doch die Unsicherheit und das Leid, das damit einhergehen, reichen ins Unermessliche. Mit einem Teilerlös des Buches für diese Kinder einen Beitrag zu leisten, ein lebenswertes Leben zu führen, war allen Beteiligten des Buches ein großes Anliegen. Hier findest du mehr Informationen zum Engagement der Stiftung: https://orphanhealthcare.org/

Was Frieden für mich bedeutet

Yvonne Knodel

Bildquelle: Pixabay

1982 gewann die deutsche Interpretin Nicole mit dem Lied „Ein bisschen Frieden" den Eurovision Song Contest. Heute, genau 40 Jahre später, ist das Thema präsenter denn je. „Ein bisschen Frieden". Doch was ist eigentlich Frieden für mich? Wo fängt er an und was kann ich dafür tun, um im Frieden zu sein?

Frieden ist für mich nicht nur ein Zustand. Er ist viel mehr als nur die Abwesenheit von Gewalt und

Intoleranz. Frieden ist für mich die Verbindung zwischen einer Haltung mit Gefühl und dem Verstand. Er ist heilsam, kraftvoll und still. Er erfüllt unser menschliches Bedürfnis nach Liebe, Harmonie und Ruhe. Es gibt ihn in vielen verschiedenen Facetten. So bunt und vielfältig wie die Welt ist er zugleich auch verbindend und frei von jeglichen Urteilen. Er bewertet nicht in Gut oder Schlecht, Richtig oder Falsch. Sondern ist getragen von Toleranz, Respekt und Akzeptanz. Und sind es nicht gerade diese Werte, die in uns Menschen das große Bedürfnis nach ihm wecken?

Wir leben in einer Zeit voller Unruhe, Hektik und Konflikten. Und ganz oft nach dem Prinzip: höher, schneller, weiter. In unserer, seit vielen Jahren durch Leistung geprägten Gesellschaft haben wir schon sehr früh gelernt, beurteilt und kategorisiert zu werden. Nur wer gute Leistung bringt, ist gut. Nur wer sich entsprechend den Normen verhält, ist richtig. Nur wer an diese Religion glaubt, glaubt richtig. Doch ist das die richtige Haltung, wenn wir wirklich Frieden wollen? Oder widerspricht sie nicht vielmehr unserem tiefen Wunsch nach Verbundenheit und Einheit?

Für mich fängt Frieden dort an, wo wir aufhören, andere Menschen zu bewerten, wo wir sie nicht für ihr Verhalten oder Andersartigkeit ver- oder beurteilen, sondern anfangen, ihnen mit Akzeptanz und Respekt, aber auch Verständnis zu begegnen. Ganz in dem Bewusstsein, dass die Individualität jedes Einzelnen unsere Welt genau deswegen so bunt und vielfältig macht. Jeder von uns trägt seine eigene Geschichte und Identität mit sich, die ihn geprägt und zu dem gemacht hat, der er heute ist. Sie ist dabei genau das, was jeden Menschen so einzigartig macht.

Die Natur macht es uns vor. Kein Baum, kein Blatt, keine Blume und kein Tier gleicht dem anderen. Jede Pflanze, jedes Tier ist unvergleichlich. Die Natur zeigt uns, dass ihre Vielfalt nicht nur wunderschön, sondern die unterschiedlichen Arten, die sie ausmachen, aufeinander angewiesen sind. Sie gibt jedem Lebewesen den Raum, sich zu entfalten und friedlich im Miteinander zu leben.

Frieden – ein unerreichbarer Wunsch?

Doch warum fällt es uns Menschen selbst so schwer, im Frieden zu sein und zu leben? Warum schaffen wir es oft nicht, friedvoll und im Einklang mit uns und unserem Umfeld zu sein? Was können wir tun, um das Gefühl von Frieden in unserem Leben bewusst lebbar zu machen? Wie kann es gelingen, dieses „Ich bin Frieden" zu spüren und es in unsere äußere, aber auch innere Welt zu integrieren?

Diese Frage habe ich mir, wie du vielleicht auch, oft gestellt – und fand lange keine Antwort dazu. Ich hatte das Gefühl, keinen Einfluss darauf zu haben, die Welt, aber auch meine eigene friedlicher gestalten zu können. Das Problem dabei war, dass ich meinen Blick hierbei nur auf das, was im Außen war, fokussiert hatte. Ich betrachtete das Geschehen in der Welt, aber auch in meinem Umfeld mit Sorge und Angst. Wie soll sich die

Welt in eine friedvolle wandeln, wenn es doch so viele Konflikte und Ungerechtigkeiten gibt? Nicht nur auf der politischen Ebene, sondern auch in vielen Familien und Firmen. So viele Bilder von Unterdrückung, Gewalt und Feindschaft. Auseinandersetzungen und Verletzungen, die mein Herz berührten und mich doch gleichzeitig ohnmächtig fühlen ließen. Menschen, die andere Menschen verletzen, demütigen und töten. Wo ist da der Sinn und wie soll jemals Frieden für die Menschen, aber auch in meinem Leben möglich sein? Da war kein Platz für Hoffnung auf eine Welt voller Gemeinschaft, Frieden und Freiheit. Und der Gedanke „Was kann ich schon dagegen ausrichten?" brachte mich letztendlich wieder dazu, diesen Wunsch als unerreichbar zu begraben.

Wie unser eigener Unfrieden den Frieden im Außen verhindert

Dabei war der Unfrieden in meinem Leben allgegenwärtig und häufig an der Tagesordnung. Ich wuchs in einer Familie auf, in der Frieden viele Jahre lang nicht existierte. Mein Elternhaus war geprägt von ständigen Streitigkeiten und gewalttätigen Auseinandersetzungen zwischen meinen Eltern. Alles andere als harmonisch. Alles andere als friedvoll. Es hatte so gar nichts von einer idyllischen Kindheit à la Bullerbü. Sie bekriegten sich fast täglich. Mal verbal, mal körperlich. Be- und Verurteilungen des jeweils anderen waren an der Tagesordnung. Und selbst mit der Scheidung hörte das nicht auf. Ein jahrelanger Rosenkrieg, der auf dem Rücken von mir und meiner zwei Jahre älteren Schwester ausgetragen wurde. Erst Jahre später, als ich als junge Erwachsene anfing, mein eigenes Leben zu leben, endeten diese Auseinandersetzungen. Aber die Verachtung und der Unfrieden zwischen meinen Eltern blieb. Bis zum Tod meiner Mutter. Frieden? Ausgeschlossen!

Die Spuren dieses Unfriedens hatten sich tief in mich und in meine Seele gebrannt. Meine Erfahrungen im Miteinander meiner Eltern hatten in mir die Überzeugung gefestigt, dass es keinen wirklichen Frieden gibt. Weder in der Welt noch in meinem Leben. Ich hatte gelernt, dass Menschen sich lieben und gleichzeitig doch bekriegen können. Und dass es normal war, im Leben ständig mit Konflikten und Streitigkeiten konfrontiert zu sein.

Doch je älter ich wurde, desto größer wurde mein Bedürfnis nach Frieden. Nach Frieden in mir und in meinem Umfeld. Ich wollte keine Familienfeiern mehr, die sich jedes Mal zu einem Drama entwickelten und in Streitgesprächen und Vorwürfen zwischen mir und meinen Eltern endeten. Ich wollte Liebe, Zufriedenheit, Annahme und Akzeptanz. Ich spürte diese große Sehnsucht nach Frieden. Nach Frieden für mich und mein Leben. Und gleichzeitig hatte ich keine Vorstellung davon, wie ich sie hätte stillen können. Stattdessen wurde mir immer bewusster, dass es nicht nur einen Unfrieden zwischen meinen Eltern gab. Ich erkannte, auch mit mir selbst war ich nicht im Einklang und weit entfernt von meinem eigenen inneren Frieden.

Wie sollte sich also das Gefühl von Frieden in mir einstellen und sich damit auch in meinem Umfeld manifestieren, wenn ich mit mir selbst nicht im Frieden war? „Wie oben, so unten, wie innen, so außen" lautet das Prinzip der Resonanz, eins der sieben hermetischen Gesetze. Diese Gesetzmäßigkeit machte mir bewusst, dass innerer Frieden den Grundstein dafür legt, Frieden auch im Außen erleben zu können.

Warum innerer Frieden so wichtig und unser größtes Geschenk ist

Doch was bedeutet innerer Frieden eigentlich und wie findet man ihn? Er ist ein Zustand aus Annahme, Ausgeglichenheit und Stille. Innerer Frieden bedeutet, sein Leben mit Leichtigkeit und Gelassenheit sowie dem Nicht-Bewerten und Annehmen von sich und anderen zu leben. Sind wir selbst mit uns und unserem Leben im inneren Frieden, können wir auch unserem Umfeld mit Akzeptanz und Liebe begegnen. Wir empfinden durch ihn Dankbarkeit und können uns leichter mit anderen verbinden. Er gibt uns den Raum für Vertrauen und Zuversicht und gleichzeitig die Ruhe als Ausgleich zu unserem hektischen Alltag. Durch ihn gelingt es uns, uns weder durch Ereignisse im Außen noch von anderen Menschen beeinflussen zu lassen. Durch ihn können wir besonders harmonische Momente der Klarheit, Sicherheit und Freiheit erleben.

Er ist das größte Geschenk, das wir uns und der Welt machen können. Denn erst wenn wir im Frieden mit uns selbst und unserem Leben sind, kann Frieden auch im Außen entstehen. Solange wir gegen uns, die Umstände und Menschen in unserem Leben ankämpfen, sind wir im Krieg. Im Krieg gegen uns selbst und unser Leben. Kämpfen verstärkt nur das, was sich in unserem Leben bereits zeigt. Es bedeutet Widerstand gegen all das, was wir nicht wollen. Erst wenn wir aufhören zu kämpfen und den Widerstand aufgeben, entsteht Frieden. Umso mehr Frieden, Liebe und Dankbarkeit wir in uns selbst haben, desto mehr bringen wir davon auch in unsere äußere Welt. Bei näherer Betrachtung erscheint uns diese Erkenntnis als einleuchtend. Dennoch fällt es uns schwer, in diesen Zustand zu kommen und ihn als festen Bestandteil in unser Leben zu integrieren.

Wir leben in einer Zeit von unendlich vielen Möglichkeiten. So viele Reize strömen auf unser Bewusstsein ein. Solange wir aber mit unserem Bewusstsein im Außen sind, sind wir nicht in unserer Kraft und zentriert. Uns fehlt die Verbindung zu uns selbst und wir sind nicht mit uns verankert. Doch gerade in herausfordernden Zeiten ist es umso wichtiger, dass wir mit unserem Inneren im Frieden und im Vertrauen sind. Dass wir nicht unserer Angst, sondern der Liebe in unseren Herzen folgen. Denn Frieden fängt bei jedem Einzelnen von uns an. Und wir alle dürfen unsere bewusste Verantwortung für den unfriedlichen Zustand in der Welt übernehmen.

Welche Schritte dich in deinen inneren Frieden führen

Das Bewusstsein, dass mein Wunsch nach Frieden sich nur dann erfüllt, wenn ich mit mir selbst im Frieden bin, führte mich auf den Weg zu meinem inneren Frieden. Dafür sind zwei wesentliche Dinge aus meiner Sicht essenziell. Mut und eine Entscheidung. Mut, sich seinen Themen und Verletzungen zu stellen. Und die bewusste Entscheidung, das Kämpfen zu beenden und sich und anderen zu vergeben.

Mit den folgenden Übungen habe ich es geschafft, meinen inneren Frieden zu finden und zu festigen. Ich teile sie hier mit dir. Sie sollen dir als Wegweiser und Schritt-für-Schritt-Anleitung dienen. Denn jetzt ist die Zeit für Frieden. Für deinen inneren Frieden. Er ebnet dir den Weg raus aus deinem inneren Kampf. In deine Ruhe, in deine Sicherheit. In dein Vertrauen und deine Geborgenheit. Dadurch kann sich all das auch im Außen zeigen.

1. Bewusste Entscheidung

Triff bewusst die Entscheidung, ab jetzt in dir Frieden zu schaffen. Setze dir die Absicht, das Kämpfen in deinem Leben zu beenden. Diese Intention ist so wichtig und mächtig. Alles, worauf wir unseren Fokus richten, wird sich verstärken. Daher warte nicht auf den Frieden im Außen, damit Frieden in dein Leben kommt. Beginne bei dir und in dir und trage damit den Frieden in dein Umfeld und die Welt. Bekräftige diese Absicht, indem du sie schriftlich für dich festhältst.

2. Lass die Vergangenheit los

Im Laufe unseres Lebens sammeln und erleben wir Erfahrungen und Situationen, die uns verletzt und beeinflusst haben. Nicht jedem gelingt es, diese unterschiedlichen Erlebnisse als das, was sie heute sind, anzunehmen: nämlich als vergangen. Lange Zeit konnte ich das, was mir in meiner Familie passierte, nicht annehmen. Ich ertappte mich immer wieder dabei, in der Vergangenheit zu wühlen und meine Verletzungen als Entschuldigungen für meine Gegenwart zu nutzen. Erst als ich begriff, dass sie zu meinem emotionalen Ballast geworden waren, der mich in meinen Leben ausbremste, war ich bereit, sie loszulassen.

Nimm dir Zeit, deine Vergangenheit zu akzeptieren und anzunehmen. Mach dir bewusst, dass du sie nicht mehr verändern kannst, ganz gleich, was du tust. Beginne sie aus einer distanzierten Perspektive zu betrachten. Sie hilft dir dabei, auf vergangene Situationen und Erinnerungen weniger emotional zu reagieren. Dadurch treten deine negativen Gefühle, die du damals empfunden hast, nicht mehr so präsent in Erscheinung. Es entsteht eine innerliche Distanz, die dir hilft, die Situationen neu zu bewerten und aus einem anderen Blickwinkel zu betrachten. So schmerzlich sie waren, so sehr haben sich dich gestärkt und zu der Person gemacht, die du heute bist. Fange an, sie zu würdigen und liebevoll gehen zu lassen. Nutze dafür die Macht der Worte und sage dir immer wieder: *Meine Vergangenheit lasse ich in Liebe los. Ich lebe im Hier und Jetzt. Ich öffne mich für meine wundervolle Zukunft.*

3. Vergib dir und anderen

Lange habe ich mich, aber auch meine Eltern dafür verurteilt, was passiert war. Ich war im Groll, in Wut und Traurigkeit gefangen. Ich konnte nicht verstehen, warum sie sich so verhielten. Ich verurteilte sie, aber auch mich selbst. Ich gab mir die Schuld für mein unglückliches Leben und war gleichzeitig in meiner Opferrolle gefangen. Opfer der Umstände und des Schicksals. Ein Gefühl von Ohnmacht und dem Glauben, meiner Situation ausgeliefert zu sein, bestimmten mein Leben.

Vielleicht kennst du das auch? Das Gefühl, gefangen zu sein, zwischen Verurteilung und Schuldzuweisungen. Vorwürfe, Schmerz und der Wunsch nach Vergeltung sind ständige Begleiter. Wir sind Gefangene unseres eigenen Lebens. Doch dieser Zustand sorgt mit der Zeit nur für Verbitterung und Enttäuschung in unserem Leben. Er lässt uns nicht in unsere Mitte und damit auch nicht in unseren Frieden kommen.

Deshalb ist Vergebung eine der wichtigsten und wertvollsten Schritte, die du für dich und deinen inneren Frieden gehen kannst. Zu vergeben heißt nicht, dass du das, was dir passiert ist, gutheißen oder vergessen sollst. Es bedeutet, das loszulassen, was dich selbst beschwert und negativ beeinflusst. Es bedeutet, aufzuhören zu leiden und dir zu erlauben, glücklich zu sein. Ganz gleich, was du dir selbst oder andere Menschen dir angetan haben. Vielmehr gewinnst du durch Vergebung deine emotionale Freiheit zurück.

Reflektiere dafür das, was passiert ist bzw. das Verhalten deines Gegenübers. Fühle dich noch einmal in diese Situation hinein und mache dir bewusst, was dich konkret daran verletzt hat. Frage dich, warum diese Person sich so verhalten hat. Welcher verborgene Schmerz, welche Erfahrungen und Glaubenssätze haben diesen Menschen zu diesem Fehlverhalten gebracht? Dabei geht es nicht darum, sein Verhalten zu entschuldigen. Sondern zu verstehen, warum er selbst so gehandelt hat, und Mitgefühl dafür zu entwickeln. Denn sehr oft spiegelt sich im Verhalten des anderen der Anteil in uns wider, der von uns selbst noch angenommen und geheilt werden will.

Deine Gedanken und Gefühle in Bezug auf diese Person, kannst du ihr auch in Form eines Briefes mitteilen. Dabei ist es nicht wichtig, ob du diesen auch wirklich abschickst. Das Schreiben lässt die Emotionen fließen und hilft dir, deine Seele davon zu befreien. Drücke deine Worte aus deiner Perspektive aus, ohne dabei in vorwurfsvolle Du-Formulierung zu verfallen. Lass dein Gegenüber wissen, wie du dich gefühlt hast und welches Verhalten du dir von ihm stattdessen gewünscht hättest. Diesen Brief kannst du natürlich abschicken. Du kannst ihn aber auch als Zeichen des Loslassens verbrennen und die Asche in der Natur verstreuen.

Zur Unterstützung kannst du das kraftvolle Hawaiianische Vergebungsritual „Ho'opono pono" für dich sprechen und als Mantra wiederholen. Ho'opono pono bedeutet frei übersetzt: „Die Dinge wieder in Ordnung bringen". Es hilft uns dabei, unsere Wut und unseren

Ärger, aber auch unsere Trauer und Schuldgefühle aufzulösen und zu transformieren. Du kannst die vier Sätze konkret an diesen Menschen richten und ihn dir dabei vor deinem inneren Auge vorstellen:

Es tut mir so leid.

Ich verzeihe dir.

Und danke.

Ich liebe dich.

Aber auch um dir selbst zu vergeben, kannst du dieses Ritual anwenden. Ho'opono pono stärkt unser Mitgefühl, aber auch die Liebe nicht nur zu anderen, sondern auch zu uns selbst. Denn solange wir uns selbst nicht vergeben, würdigen und lieben können, für das, wofür wir uns bisher in unserem Leben verurteilt haben, solange verursachen wir selbst unbewusst Krieg in dieser Welt.

4. Sei achtsam

In unserer schnelllebigen Zeit hetzen wir durch unser Leben. Wir hasten von Termin zu Termin. Von Verpflichtung zu Verpflichtung. Die Hektik im Alltag lässt uns nur schwer zu Ruhe kommen. Wir sind Getriebene unserer modernen Welt und vergessen dabei, wie wichtig es für uns und unsere innere Balance ist, achtsamer zu sein. Achtsamkeit unterstützt uns, unsere Gedanken und Emotionen zu regulieren und dadurch unser Bewusstsein für das Hier und Jetzt zu stärken. So können wir gelassener und entspannter unser Leben gestalten.

In meiner Zeit als Assistentin der Geschäftsführung kannte ich das Wort Achtsamkeit jedoch nicht. Mein Arbeitsalltag bestand aus 12- bis 14-Stunden-Tagen. Ich verbrachte mehr Zeit im Büro als Zuhause und war ständig im Stress. Von der Überzeugung getrieben, viel leisten zu müssen, um Anerkennung und Wertschätzung zu bekommen, landete ich immer mehr im Hamsterrad. Es war ein schleichender Prozess, denn zu Beginn fühlte ich mich angesehen und geehrt. Mir machte meine Arbeit Spaß und ich verstand mich gut mit meinen Kolleg:innen. Konflikte gab es wenig. Doch mit der Zeit gelang es mir immer weniger, mich in meiner Freizeit zu erholen bzw. zu entspannen. Die Wochenenden verflogen und eh ich mich versah, war der Sonntagabend wieder da. Ich fühlte mich permanent erschöpft und unausgeglichen. Konflikte und Gereiztheit unter Kolleg:innen, aber auch im privaten Umfeld nahmen zu. Als sich auch noch körperliche Symptome dazu gesellten, wusste ich, es ist Zeit, die Reißleine zu ziehen. Ich sprach mit meinem Vorgesetzten und reduzierte meine Arbeitsstunden. Um wieder glücklicher und gelassener zu werden, begann ich nach einer Methode zu suchen, die ich gut in meinen Alltag integrieren und an jedem Ort praktizieren konnte. Ich entdeckte diese Achtsamkeitsübung, die ich seitdem regelmäßig praktiziere.

Nimm dir hierfür täglich bewusst ein paar Minuten Zeit. Am besten vor dem Aufstehen oder am Ende des Tages. Setze dich hierzu an einen Ort, wo du ungestört bist. Schließe deine Augen und konzentriere dich auf deinen Atem. Atme ruhig und bewusst ein und aus. Beobachte deine Gedanken, nur wie sie kommen und gehen. Sollten negative Gedanken kommen, lass sie vorbeiziehen wie Wolken. Die Affirmation „*Ich bin im Hier und Jetzt*" hilft dir, dich nur auf dich und den Moment zu fokussieren. Am Anfang kann es etwas Übung erfordern. Doch mit der Zeit wird es dir immer leichter fallen, in die Achtsamkeit zu kommen. Zur Unterstützung kannst du auch eine geführte Meditation dazu verwenden.

5. Sei dankbar

Bevor ich anfing, den Weg zu meinem inneren Frieden zu gehen, lag mein Fokus auf all den Dingen in meinem Leben, die ich nicht hatte, die nicht so liefen, wie ich es mir vorstellte und die ich mich unglücklich machten. Ich war meistens unzufrieden und fühlte mich dadurch immer schlechter. Ich beschwerte mich über andere Menschen und gab äußeren Umständen die Schuld. Dem Chef, dem Nachbarn, meinen Eltern oder der Politik. Ich hatte das Gefühl, die Welt sei gegen mich und mein Leben ein Kampf. Vieles lief nicht so, wie ich es mir vorstellte, und das Gefühl von Mangel und Schwere machte sich dauerhaft bemerkbar. Ich jammerte und bemitleidete mich selbst. Und war von meinem eigenen inneren Frieden weit entfernt. Oft stellte ich mir dabei die Frage: „Warum darf ich nicht glücklich sein?".

Also fing ich an, mich intensiver mit der Thematik zu beschäftigen. Auf keinen Fall wollte ich ab Mitte zwanzig bis zum Lebensende unglücklich und unzufrieden mein Dasein fristen. Ich kaufte mir ein Buch eines bekannten deutschen Autors und Coaches, erhielt ziemlich schnell Antworten und erkannte die Zusammenhänge. Da unser Gehirn u. a. darauf trainiert ist, uns auf mögliche Gefahren hinzuweisen, geben wir negativen Dingen, wie z. B. Konflikten, Schwierigkeiten und Umständen, die wir erleben, mehr Aufmerksamkeit. Doch so hilfreich diese Funktion für uns als Menschen sein kann, so sehr birgt sie die Gefahr, dass wir zu der Überzeugung gelangen, selbst nur negative Dinge zu erleben. Wir schenken damit all den positiven Ereignissen und Erfahrungen in unserem Leben keine wirkliche Beachtung, sondern verstärken dadurch gerade all die Umstände, die wir eigentlich nicht mehr wollen. Erst wenn wir beginnen, unseren Fokus darauf zu lenken und uns bewusst zu machen, was alles Gutes und Positives bereits da ist, durchbrechen wir den Kreislauf der Unzufriedenheit und des Unglückseins.

Ich verstand plötzlich, dass ich Glück und Zufriedenheit dann erlebe, wenn ich das Positive in meinem Leben, die Fülle, ja all das, was bereits da ist, wahrnehme und wertschätze. Und so begann ich Schritt für Schritt jeden Tag mir Dinge und Erlebnisse bewusst zu machen, für die ich dankbar war. Dieses tägliche Ritual hatte nicht nur zur Folge, dass ich erkannte, wie viel Fülle und wunderbare Menschen es in meinem Leben bereits gab. Von Woche zu Woche fühlte ich mich auch immer zufriedener, glücklicher und gelassener.

Dankbar zu sein, für all die positiven Dinge, die in meinem Leben bereits existieren, ist bis heute zu einer täglichen Gewohnheit in meinem Alltag geworden. Durch sie habe ich es geschafft, meinen Blick immer wieder auf die schönen Dinge in meinem Leben zu lenken, sie anzuerkennen und wertzuschätzen. Dankbarkeit, für all das, was ist und was uns umgibt, fördert nicht nur unsere Gesundheit und Optimismus. Sie lässt uns auch gleichzeitig entspannter und gelassener fühlen. Und ist damit einer der wesentlichen Schlüssel auf dem Weg zu unserem eigenen inneren Frieden.

Mit der folgenden einfachen Übung kannst auch du mit der Zeit in einen Zustand von Dankbarkeit, Freude und Harmonie gelangen. Wichtig ist, dass du sie regelmäßig, also nach Möglichkeit täglich, praktizierst. Hierfür benötigst du ein paar Stifte und ein leeres Notizbuch. Ich empfehle dir, ein Buch zu nutzen, was dir auch optisch gut gefällt. So fällt es dir am Anfang leichter dranzubleiben. Nimm dir jeden Abend, am besten vor dem Schlafengehen, bewusst etwas Zeit, um mindestens zehn Dinge aufzuschreiben, für die du dankbar bist. Damit es mit der Zeit nicht eintönig wird, kannst du die folgenden Fragen abwechselnd dafür nutzen:

- Wofür bin ich dankbar?
- Wer oder was macht mich glücklich?
- Wer oder was ist für mich wertvoll?
- Worauf möchte ich in meinem Leben nicht verzichten?
- Was hat mir Freude bereitet?
- Wer oder was ist wertvoll für mich?

Falls es dir am Anfang schwerfällt, etwas zu finden, für das du dankbar bist, beginne ganz alltägliche und selbstverständliche Dinge aufzuschreiben, z. B. Essen und

Trinken, dein Zuhause, Menschen, die dir wichtig sind, oder die Natur.

Unser Unterbewusstsein neigt dazu, uns von neuen Gewohnheiten abzuhalten. Je eher wir es davon überzeugen können, diese neue Gewohnheit als positiv zu empfinden, desto eher wird es uns dabei unterstützen, uns in Dankbarkeit zu üben. Daher mein Tipp: Schaffe beim Schreiben eine gemütliche Atmosphäre, z. B. mit Musik oder Kerzenlicht.

Beobachte in den nächsten Wochen, was sich bereits verändert hat. Wie fühlst du dich? Was hat dich positiv überrascht? Es wird dir dabei helfen, motiviert zu bleiben und die Dankbarkeit fest in deinen Alltag zu integrieren.

Bildquelle: Pixabay

Wir sind Frieden

Für mich ist Frieden nicht nur ein Leben ohne Krieg und Konflikte. Frieden ist für mich auch, mit offenem Herz in dem Bewusstsein zu sein, dass wir trotz aller Individualität als Menschheit hier auf der Erde alle miteinander verbunden sind und aus einer Quelle stammen. Ich glaube und vertraue ganz fest darauf, dass wir Menschen uns gerade in einer Zeit der großen, positiven Veränderung bewegen. In eine Zeit, in der unser menschliches Bewusstsein durch Frieden und Liebe geprägt sein wird.

Es gibt viele verschiedene Kräfte in unserer Welt, unserem Universum. Doch ich bin davon überzeugt, dass gerade diese eine Kraft in der Lage ist, den ersehnten Frieden zu erschaffen. Die Kraft der Liebe. Sie zeigt sich z. B. in Verbundenheit, Mitgefühl, Verständnis, Dankbarkeit, Geduld, Vergebung, Wertschätzung und Akzeptanz. Diese Werte haben die Macht, eine friedvolle Welt für uns alle zu erschaffen. Und es liegt an jedem von uns, ob wir uns dafür öffnen und uns bewusst dafür entscheiden, unser Leben mit diesen Werten zu gestalten.

Wollen wir Frieden auf der Welt, dürfen wir erkennen, dass der Weg zum Frieden eine Reise ist. Sie beginnt bei jedem von uns selbst. Mit unserem eigenen inneren Frieden. Und führt uns zurück zu uns selbst, denn jeder von uns ist ein Teil dieser Welt und darf seine eigene Verantwortung übernehmen. Wie jede Reise hat auch der Weg zum Frieden ein Ziel. Doch wie schnell wir dieses Ziel erreichen, hängt von jedem selbst ab. Es ist ein bewusster Prozess, der nicht über Nacht passiert. Veränderung braucht Zeit. Umso wichtiger ist es, dass wir geduldig bleiben und unsere Erwartungen an uns nicht zu hochschrauben. Geduldig zu sein heißt, nicht zu warten, dass sich etwas im Außen ändert. Geduldig zu sein heißt, für sich und andere mehr Verständnis zu entwickeln. Und nicht vorschnell eine Situation oder einen Menschen zu verurteilen.

Warte nicht darauf, dass sich im Außen der Frieden zeigt. Entscheide dich für deinen eigenen inneren Frieden und bringe damit den Frieden nicht nur in dein Leben, sondern auch in die Welt.

Ich bin Frieden. Du bist Frieden. Wir sind Frieden.

Deine Yvonne Knodel

Ergänzend zu diesem Buch und weil mir dieses Thema persönlich besonders am Herzen liegt, mache ich dir ein wundervolles Geschenk. Passend zu meiner Achtsamkeitsübung (4) habe ich eine geführte Meditation für dich aufgenommen. Diese Meditation schenke ich dir, damit auch du inneren Frieden erfahren kannst. Ich wünsche dir viel Freude damit! Du findest sie über den Link https://ichbinfrieden.de/knodel oder über den folgenden QR-Code:

Frieden in 60 Sekunden

Tanja Jonatzke

Ich bin Frieden …

… und du bist es auch!

Irgendwo tief unten im Dickicht zwischen Erfahrungen, Konditionierungen und Gefühlen ist nicht nur der Frieden, sondern untrennbar mit ihm verbunden auch dein wahres Sein. Erinnere dich daran, wer du bist, und löse dich von den Erwartungen im Außen. Denn wenn du dich in jedem einzelnen Moment, in jeder Emotion und auf allen Zeitlinien, selbst (aus-)halten kannst, bist du immer in der Lage, dich mit dem Frieden in dir zu verbinden.

Meine eigene Reise im Bereich der Persönlichkeits-entwicklung begann schon recht früh, als ich etwa 19 Jahre alt war. Das heißt, seitdem ist mir die Reise sehr bewusst, trifft es wohl besser, denn ab dem Moment unserer Geburt sind wir ja alle auf dem Weg. Schon während meiner Schulzeit habe ich mir die Frage gestellt, wie ich besser in die Welt passe. Seit ich mich erinnern kann, weiß ich, dass ich schon als Kind intuitiv Dinge erkannte, schneller dachte und irgendwie mehr oder anders fühlte als „normal". So führte mein Weg über viele Ausbildungen, Seminare und Kurse, die heute meinen

Werkzeugkoffer mit Tools und Techniken für die Praxis füllen. Am Ende der Reise bin ich heute – ehrlich gesagt – immer noch nicht. Jedoch gab es einen entscheidenden Wendepunkt, der mich zu größerem innerem Frieden geführt hat: Ich habe die Frage geändert.

Anstatt „Wie passe ich besser in die Welt?" frage ich mich heute in Momenten des Zweifels, in Konflikten oder dem Gefühl von Ohnmacht ganz bewusst: „Wie kann ich dazu beitragen, dass niemand mehr in die Welt passen muss?" Meine drei häufigsten Erfahrungen dazu sind:

1. Jeder sollte sein dürfen wie er/sie ist.
2. Wir alle dürfen uns darin üben, jede Emotion zu fühlen.
3. Indem wir Konfliktsituationen nachträglich reflektieren, erhöhen wir unser Bewusstsein für künftige Situationen.

So lernen wir uns selbst mehr und mehr kennen. Dadurch können wir besser unsere Bedürfnisse kommunizieren, was wiederum zu mehr Verständnis im Miteinander führt. Bestenfalls ziehen wir so sämtlichem Konfliktpotenzial den Stecker.

Bevor wir in diese Aspekte tiefer einsteigen, noch eins vorab: Du bist genug. Du weißt genug und mit dir ist nichts falsch. Auch wenn sich das heute noch nicht so anfühlen mag, kann es morgen der entscheidende Aspekt sein, der im Bewusstsein ankommen musste, damit sich überhaupt etwas verändern kann. Also lies diesen Satz gerne noch einmal oder, noch besser, sprich ihn laut aus und nimm wahr, wie dein System – dein Körper – darauf reagiert:

Ich bin genug.

Die Voraussetzung für Frieden, sowohl in uns selbst als auch in der Welt, ist aus meiner Sicht, dass wir uns selbst annehmen, so wie wir sind. Mit all unseren Eigenarten, Erfahrungen und Geschichten. Womit wir zu einem weiteren wichtigen Punkt kommen: Den Großteil des Weges zu „Ich bin genug" und darüber hinaus zu mehr Frieden sind wir jetzt schon gegangen. Es zeigt sich in meiner Arbeit mit Klient:innen und meiner eigenen Erfahrung immer wieder, dass allein das Bewusstsein über ein Thema bereits die Hälfte oder mehr des Wegs zur Veränderung ausmacht. Gleiches gilt für die Dinge und Bedürfnisse, die wir uns (noch) nicht erlauben.

So möchte ich dich heute einmal ganz bewusst einladen, ein paar Schritte auf dem Weg in Richtung Frieden mit mir gemeinsam zu gehen. Ich freue mich, dir hoffentlich einige Dinge – die du womöglich schon gehört haben magst – erneut ins Bewusstsein bringen zu dürfen, denn heute hast du eine andere Wahrnehmung als gestern oder als morgen. Daher kann ich dir empfehlen, dieses Buch mehrmals zu lesen, denn es wird immer wieder etwas anderes bei dir ankommen.

Frieden ist ein Ort oder ein (Bewusstseins-)Zustand, den jeder Mensch, nein, jedes Lebewesen in sich trägt. Nimm dir jetzt eine Minute Zeit für die folgende Übung und erinnere dich – vielleicht zum ersten Mal oder eben ein weiteres Mal – daran, dass Frieden in DIR entsteht.

60-Sekunden-Übung:

Lies zunächst die Erklärung einmal vollständig durch und erlaube dir dann, zu fühlen und alles da sein zu lassen, was dein System dir heute zeigen will. Du brauchst dabei keine Angst zu haben, dass dich etwas überkommt. Möglicherweise passiert etwas Unerwartetes oder etwas ganz anderes, als du dachtest. Doch sowohl dein Körper als auch dein Unterbewusstsein arbeiten immer für dich. Seit deinem allerersten Atemzug. Lass dich also voller Vertrauen einfach darauf ein.

- Schließe deine Augen
- Lege intuitiv deine Hände auf deinen Herz- und/oder Bauchraum
- Atme 3-mal tief in den Bauchraum ein und lösend durch den Mund wieder aus
- Nun atme weitere 3 Male ein und wiederhole dabei innerlich die Worte „ICH BIN"
- Gefolgt von 3 Atemzüge, mit den Worten „ICH BIN FRIEDEN"
- Spür nach, was du wahrnimmst.
- Wie fühlst du dich?
- Welche Emotion kommt am stärksten auf?
- Ist es leicht oder weit?
- Fühlst du die Ruhe in dir?
- Was für ein Gefühl ist Frieden überhaupt?

Du wirst nach ca. 60 Sekunden mit deinen 3 mal 3 Atemzügen durch sein. Nimm dir danach gerne so lange Zeit, wie du magst oder hast, um wirklich zu fühlen und deinen Körper wahrzunehmen. Öffne dann deine Augen wieder.

Warum haben wir also noch keinen Frieden in der Welt?

Schuld sind, wie immer, die anderen! Die Konditionierungen und Erfahrungen aus der Kindheit. Der Partner oder die Partnerin, die dich immer wieder aus der Ruhe bringen. Das System, der Chef oder die Chefin, die Politiker:innen und alle 178.395 anderen Gründe, die dir gerade in den Sinn kommen.

Welche eine Sache ist bei all diesen Themen gleich?

Richtig, all das findet im Außen statt. Du bist nicht bei dir und somit nicht in der Lage, deine eigenen Bedürfnisse wahrzunehmen bzw. zu formulieren. Wie soll eine andere Person wissen was du brauchst oder möchtest, wenn du es selbst nicht weißt? Manchmal weißt du es vielleicht sogar, aber traust dich einfach nicht, für dich einzustehen, denn das wäre ja womöglich egoistisch, unangebracht. Oder du hast es einfach nie gelernt. Nicht besonders friedlich, oder?

Egal was die Ursache bei dir ist, ich kann dich beruhigen: Den meisten Menschen geht es so, denn schon als Kinder bekommen wir beigebracht, dass unsere Gefühle und Bedürfnisse oft nicht so wichtig sind wie die der Erwachsenen. „Sei still. Stell dich nicht so an. Ein Indianer kennt kein Schmerz …" haben wahrscheinlich die meisten von uns schon einmal selbst zu hören bekommen oder sogar zum eigenen Kind oder Enkelkind gesagt. Je häufiger wir uns also den Gefühlen und Bedürfnissen anderer untergeordnet haben, desto mehr ist genau das zu unserem Normal geworden. So beeinflusst unser Umfeld unser (Er)leben, auch als Erwachsene.

Um das Thema noch etwas zu veranschaulichen, werden wir einen Blick auf den Alltag bei der Familie von Nebenan werfen. Mama von Nebenan fühlt sich verantwortlich für die Bedürfnisse der gesamten Familie. Sie versucht, ihre gesamte Energie und Liebe möglichst gerecht auf ihren Mann, die zwei Kinder und den Hund aufzuteilen. Sie beschwert sich fast nie und wenn, dann nimmt sie es schnell wieder zurück, damit es möglichst harmonisch bleibt. Da ist eben kein Raum für ihre Bedürfnisse. Dafür kann ja keiner etwas. Also erzählt sich Mama von Nebenan, wenn alle anderen zuFRIEDEN sind, dann bin ich auch zufrieden. Doch wie sehr sie es sich auch wünscht, damit zufrieden zu sein, sie fühlt eine tiefe Traurigkeit, wenn sie überhaupt etwas fühlt. Manchmal ist da diese leise innere Stimme, die flüstert: „Ich möchte mal wieder etwas für mich tun, ohne Wenn und Aber. Ein Treffen mit einer Freundin, ohne die Kinder. 20 Minuten Entspannen in der Badewanne oder einfach in der Sonne sitzen." – „Stopp!", schreitet der Verstand ein, „wir müssen erst noch die Spülmaschine ausräumen, Essen kochen, bevor der Mann nach Hause kommt, aufräumen, bügeln, die Kinder zum Hobby chauffieren und so weiter. Wenn das alles erledigt ist, dann können wir eventuell an uns denken." Doch dazu kommt es nie.

Kommt dir etwas davon bekannt vor? Egal, ob du selbst Mutter bist oder dir gerade ein neuer Blick auf deine Frau oder deine eigene Mutter eröffnet wurde. Auch wenn du als Mann den Haushalt schmeißt und die Familie zusammenhältst, der wesentliche Punkt ist, wir alle kennen es mehr oder weniger, unsere eigenen Interessen zurückzustellen, denn wir sind ja nicht so wichtig. Darf ich bekannt machen?

Friedensverhinderer Nr. 1 – das Außen/die anderen sind wichtiger als ich.

So ist das eben, wird nun der eine oder die andere einwenden. Was soll ich schon tun? Außerdem habe ich ja diese oder jene Erfahrungen in der Vergangenheit gemacht. Bei meinen Eltern war das auch so. Ich hatte eine schwierige Kindheit oder ich muss erst noch dieses und jenes lernen, aufarbeiten oder verstehen, bevor ich überhaupt etwas verändern kann. Manchmal ist auch die innere Stimme so leise geworden, dass wir auf die Frage nach unseren Bedürfnissen keine Antwort erhalten. Wie sollen wir für etwas einstehen, das wir nicht einmal benennen können?

All diejenigen, die jetzt nickend vor dem Buch sitzen: Ihr habt recht! Die Erfahrungen, die wir gemacht haben oder die wir machen bzw. vermeiden wollen, spielen eine Rolle. Ehrlich gesagt sogar eine sehr große Rolle, denn sie liegen entweder in der Vergangenheit oder in der Zukunft. Frieden kann jedoch immer nur im Jetzt erlebt werden. Leider liegen weder das Gestern noch das Morgen im Jetzt.

Damit zurück zur Familie von Nebenan. Diesmal ein Blick in das Leben von Papa von Nebenan: Papa von

Nebenan gibt sich alle Mühe, den Stress im Büro zu lassen und noch ein paar Minuten friedliche Zeit mit seinen Kindern zu verbringen, bevor der „Zu-Bett-bring"-Stress losgeht. Abgehetzt vom Feierabendverkehr kommt er, mit den Gedanken noch beim letzten Kommentar des Kollegen, schon wieder eine Stunde später als geplant zu Hause an. In dem Moment, in dem er den Schlüssel in die Haustür steckt, stellt er fast schon panisch fest, dass er den Termin morgen mit dem Controlling noch nicht vorbereitet hat. Das wird mindestens noch 3 Stunden dauern und es ist schon 20 Uhr. Anstatt seiner Familie die Aufmerksamkeit zu schenken, die sie verdient, bekommen die Kinder also einen flüchtigen Gutenachtkuss. Während das liebevoll für ihn zubereitete Abendessen auf dem Herd verkocht, führt Papas Weg direkt noch einmal an den Schreibtisch. 3 Stunden später sinkt er endlich völlig erschöpft von einem weiteren, gefühlt endlosen Tag ins Bett. Seine Frau schläft längst, denn morgen klingelt um 5 Uhr der Wecker. Eigentlich wollte er ihr von seinem Tag erzählen und ihr sagen, dass er sie und die Kinder liebt. Doch nun springt ohne Vorwarnung erneut sein Gedankenkarussell an. Ein Gedanke folgt dem nächsten. „Es nützt ja nichts, denn die Rate vom Haus zahlt sich nicht von allein. Sie wissen ja, dass ich diesen Stress für sie ertrage. Am Wochenende holen wir das nach, versucht er sich zu beruhigen und schläft nach einer Weile im Chaos seiner Gedanken über gestern und morgen endlich ein. Ich darf also vorstellen: **Friedensverhinderer Nr. 2 – die Zeit/Zukunft bzw. Vergangenheit.**

Wenn du bei diesen beiden Ansätzen jetzt schon ein „Klick" in deinem Bewusstsein wahrnehmen konntest, dann freu dich auf den nächsten Teil. Frieden hat bzw. ist eine bestimmte Schwingung. So wie Liebe, Dankbarkeit und Glück. Jeder will diese Schwingungen haben, aber fast niemand weiß wirklich, wie es sich anfühlt, in ihnen zu verweilen, geschweige denn aus ihnen heraus zu handeln. Wir alle haben das einfach nicht gelernt. Hier kommen nun unser Körper und die Evolution ins Spiel. Für diesen Punkt muss ich ein kleines bisschen weiter ausholen. Damit es greifbarer wird, möchte ich dir das Ganze mittels einer kurzen Metapher erklären:

Stell dir vor, Frieden ist ein Ton auf einer Tonleiter. Du kannst eine Saite auf einem Instrument anschlagen und damit eine bestimmte Schwingung erzeugen. Sagen wir, Frieden entspricht dem Ton C auf der Tonleiter der Tonart C-Dur.

Das erste, was du dir nun einmal bewusst machen darfst, ist: Ein Ton, der einmal angeschlagen wurde, klingt nicht ewig. Du musst ihn immer wieder anschlagen, da er jedes Mal wieder verhallt. Was heißt das für den Frieden? Auch wenn du den Ton kennst und somit zuordnen kannst, wenn du ihn hörst und dein Körper seine Schwingung fühlt, verhallt er wieder. Du musst ihn also so lange aktivieren, bis seine Schwingung in deinem System die Stille ausfüllt. Dann ist Frieden dein neues Normal und du bist auch ohne den Ton mit dir verbunden und im Jetzt präsent.

Das zweite ist die Höhe des Tons. Diese ist je nach subjektiver Wahrnehmung der Person, die ihn hört, unterschiedlich. Der hohe Ton wird dadurch nicht besser als der niedrige. Ein C ist nicht besser oder schlechter als ein A oder E. Es sind einfach unterschiedliche Töne. Jeder Mensch hat eine bestimmte Wohlfühl-Tonhöhe. In dem Bereich kennen wir uns gut aus. Da können wir die Töne unterscheiden und ziemlich sicher ein C als ein C erkennen. Die wenigstens von uns haben jedoch ein absolutes Gehör und so kommt es außerhalb unseres Wohlfühl-Bereichs oft zu fehlerhaften Zuordnungen.

Wenn du also in einem Gespräch aus deiner Perspektive absolut sicher bist, du hast den Ton angeschlagen, der für Frieden steht, dann stimmt das wahrscheinlich. Sollte dein Gegenüber dir den Eindruck vermitteln, dass er das anders wahrnimmt, liegt es in den meisten Fällen an der unterschiedlichen Interpretation. Du erkennst das daran, dass die Worte deines Gegenübers bei dir ebenfalls auf einer anderen Tonhöhe als C ankommen – die eben nicht friedlich ist.

Wenn du diesen Punkt verinnerlicht hast, dann kannst du dir vorstellen, dass die andere Person vielleicht kurz vor eurer Begegnung ein Telefonat geführt und eine unangenehme Nachricht erhalten hat und es gerade womöglich kein so günstiger Zeitpunkt für dein Anliegen ist. Weiß der Himmel, was der Auslöser war, dass dein:e Gesprächspartner:in nicht in seiner/ ihrer Wohlfühl-Tonhöhe unterwegs ist. Schon vor deinem ersten Wort. Im Alltag gibt es nämlich zwei Fälle, in denen sich die Dynamik auf die Tonhöhen auswirkt. Entweder die Person ist bereits in einer Grundstimmung, die nicht in ihrem Wohlfühl-Bereich liegt, oder du schlägst, ohne es zu beabsichtigen, einen Ton an, der für dich eine andere Bedeutung hat als für deine:n Gesprächspartner:in. Das heißt, wenn du glaubst, du kommunizierst freundlich, kann allein die Stimmlage oder die Laune der zuhörenden Person den Ton verändern, der innerlich ankommt. Das liegt daran, dass unsere Zellen sich an eine Situation erinnern, die mit einer negativen Erfahrung verknüpft ist. Deshalb bewertet dieser Mensch unbewusst deine Aussage nur aufgrund der Schwingung und nicht aufgrund des Inhalts. Die andere Person hat also eine andere Wohlfühl-Tonhöhe als du. Da wir diese Tonhöhen nicht auf die Stirn gedruckt erkennbar vor uns hertragen, müssen wir uns im Gespräch erst einmal aufeinander einschwingen. Das Einschwingen beginnt, noch ohne Bewusstsein für die Thematik, meistens bereits ab dem ersten Wort. Merk dir also für den nächsten Konflikt, in den du gerätst: Es liegt wahrscheinlich nicht am Inhalt, den du sprichst, es liegt nicht einmal an der Tonlage, sondern zu einem Großteil an der Erinnerung oder der Erfahrung, die die andere Person unbewusst mit deiner Schwingung verbindet. Denn ihre Erinnerungen und Erfahrungen bestimmen die Interpretation des Tons, den du angeschlagen hast. Was du mit der Tonhöhe C, die für dich Frieden ist, ausgesprochen hast, kommt durch den Filter von Erinnerungen und Erfahrungen der anderen Person in ihr als A an. Aus Frieden wird Konflikt. Wenn du zu den eher feinfühligen Menschen gehörst oder die andere Person sehr gut kennst, wirst du noch vor dem ersten Wort die Grundstimmung aufnehmen können. Freue dich über diese Fähigkeit und nutze sie ab sofort bewusst in deinem Alltag. So kannst du, bevor ein Gespräch beginnt, prüfen, welche Grundstimmung gerade herrscht und mit etwas Übung deine eigenen Bedürfnisse im passenden Moment aussprechen. Wenn die Grundstimmung nicht so gut ist, kannst du der anderen Person so den Raum geben, erst einmal wieder bei sich anzukommen. Erinnere dich an Friedensverhinderer Nr. 1.

Genauso funktioniert übrigens auch dein eigenes System. Du nimmst, bevor dein Gehirn die Worte versteht, die Grundstimmung wahr, und dein Unterbewusstsein sortiert diese in ein komplexes Ablagesystem aus Erfahrungen, Erinnerungen und Konditionierungen. Weil es so wichtig ist, dir das immer wieder bewusst zu machen, wiederhole ich es: Das, was einen Konflikt auslöst, hat in den wenigsten Fällen etwas mit dir, der anderen Person oder dem Inhalt zu tun, um den es gerade zu gehen scheint. Ursache ist in den allermeisten Fällen ein inneres Thema unserer jeweiligen Bewertung – welches dich aus deiner Wohlfühl-Tonhöhe bringt. Manchmal sogar bevor überhaupt etwas gesagt wurde.

So weit, so gut.

Aus individueller Sicht betrachtet sind Frieden und Konflikt somit zwei Töne auf deiner einzigartigen Tonleiter aus Erfahrungen, Erinnerungen, Konditionierungen und Co. Um deine Wohlfühl-Tonhöhe erst einmal kennenzulernen, darfst du trainieren. Sei daher achtsam hinsichtlich dieser drei Punkte:

1. Sei im Hier und Jetzt.
2. Was ist dein Bedürfnis in diesem Moment?
3. Fühlst du dich wohl?

So kannst du immer leichter einordnen, wie sich Frieden in dir anfühlt, woran du dich in Verbindung mit Frieden erinnerst und welches Gefühl sich in deinem Körper zum Thema Konflikte meldet. Wann du also auf deiner Wohlfühl-Tonhöhe spielst und wann nicht.

Die Krux an der Sache ist, dass unser Körper und unser Unterbewusstsein evolutionsbedingt unser Bewusstsein übersteuern. Hormon- und Stoffwechselprozesse schalten das Reptiliengehirn ein, wenn wir glauben, dass Gefahr besteht. Ist der Prozess einmal in Gang gekommen, wird es schwierig, ihn zu unterbrechen. Egal, ob die Gefahr real ist oder nicht. So wie eine Murmel, die du in eine Murmelbahn wirfst. Erst nachdem sie unten herausgefallen ist, kannst du neu wählen. Während sie in der Röhre nach unten fällt, bahnt sie sich unaufhaltsam ihren Weg. Wenn du das nun einmal für dich sortiert hast, fällt dir bestimmt eine Situation ein, in der du reagiert hast, gekämpft hast oder geflüchtet bist und hinterher dachtest: „Was war denn das? Wieso habe ich die anderen Möglichkeiten nicht gesehen? Warum war es mir so wichtig, in dem Punkt recht zu bekommen?" Die Murmel war in die Bahn gefallen und während sie im Rollen war, konntest du dir die vorstehenden Fragen überhaupt nicht stellen.

Uns allen passiert das mehr oder weniger häufig im Alltag, wenn wir nicht trainieren. Trainieren, damit wir in den meisten Fällen präsent bleiben können, weil es eben nicht um Leben und Tod geht. Wir also nicht kämpfen oder flüchten müssen. Mach dir also jetzt bewusst: Auch wenn wir in der Evolution inzwischen ein paar Schritte weiter sind und nicht mehr auf der Speisekarte des Säbelzahntigers stehen, kommt es in Stresssituationen, wie Streit mit dem Partner/der Partnerin, Machtlosigkeit gegenüber Vorgesetzten oder anderen Konflikten, zu dieser körperlichen Reaktion. Du kämpfst, flüchtest oder erstarrst. Mit etwas Glück und erhöhter Aufmerksamkeit in Bezug auf diesen Punkt merkst du wahrscheinlich beim nächsten Mal, wie schnell dieser Mechanismus greift. Beim übernächsten Mal kannst du vermutlich schon wahrnehmen, wie langsam die Murmel dann doch durch die Bahn läuft. Und so wird mit jedem weiteren Mal dein Bewusstsein geschärft und irgendwann gelingt es dir, deine Murmel zu stoppen, bevor sie in die Bahn fällt.

Auch bei Familie von Nebenan gibt es Murmeln und Murmelbahnen sowie verschiedene Wohlfühl-Tonhöhen. So eskaliert die Situation zwischen Vater und Mutter von Nebenan ausgerechnet heute: Es ist Freitag. Für das Wochenende hatte Mama von Nebenan sich überlegt, einen Wochenendausflug zu den Schwiegereltern zu machen. Papa von Nebenan hängt mal wieder im Büro fest. Bevor es zu spät wird, fährt Mama etwas widerwillig schon einmal mit den Kindern los. Besser, alleine auf dem Weg sein, als noch drei Nachfragen von der Schwiegermutter, wann das Essen fertig sein soll. Mama legt Papa von Nebenan einen Zettel hin: „Sind schon auf dem Weg zu deinen Eltern. Komm bitte nach und fahr vorsichtig. Kuss!"

Papa von Nebenan kommt gegen 21 Uhr endlich zu Hause an, wundert sich kurz, dass niemand da ist, entscheidet sich dann aber, die Gelegenheit zu nutzen und mit den Kumpels vom Fußball, die schon beim Stammtisch sitzen, ein Bier zu trinken. Den Wochenendausflug hat er nicht mehr auf dem Schirm und den Zettel auf dem Tisch hat er gar nicht gesehen.

Um 23 Uhr macht sich Mama von Nebenan nun langsam Sorgen. Auch die Schwiegermutter scharrt inzwischen mit den Hufen, wo ihr Sohn denn bleibt und warum der arme Junge so viel arbeiten muss. So ruft Mama, mit der Schwiegermutter im anderen Ohr, ihren Mann an. Der geht leicht angesäuselt ans Telefon: „Ja?" – die Kumpels vom Fußball grölen im Hintergrund. Mama von Nebenan reißt innerlich der Geduldsfaden: „Du willst mich wohl auf den Arm nehmen? Wir warten hier bei deinen Eltern und machen uns Sorgen, während du dir einen schönen Abend machst? Das ist mal wieder so typisch! Wenigstens anrufen hättest du können …", reagiert sie vor der Schwiegermutter doch so gefasst wie möglich. Papa von Nebenan fällt ihr ins Wort: „Ach, reg dich nicht so auf, wir wären eh nur noch ins Bett gegangen, dann komm ich eben morgen." Tut, tut, tut – aufgelegt. In der Wahrnehmung der beiden Einzelpersonen reagiert der jeweils andere völlig unverhältnismäßig, obwohl beide sich selbst als für die Situation noch angemessen und sachlich reagierend beschreiben würden.

Friedensverhinderer Nr. 3 – die eigene Interpretation aufgrund von Erfahrungen und Konditionierungen unseres Körperspeichers – verschiedene Wohlfühl-Tonhöhen.

Was kannst du ab jetzt für mehr Frieden in der Welt anders machen?

Erst einmal: Danke, dass du dieses Buch liest und somit dein Bewusstsein für die Thematik erweiterst. Um aus der vorherigen Darstellung und der Übung möglichst viel herauszuziehen, folgen nun einige konkrete Ansatzpunkte für den Alltag. Es ist wie mit den Tonhöhen, alle Ansätze sind gleich gut. Also nimm einfach den, der dir in einer Situation, die du für dich in deinem Leben verändern möchtest, in den Sinn kommt. Damit das Ganze noch deutlicher wird, zurück zu Familie von Nebenan.

Mama von Nebenan ist selbst im Konflikt darauf bedacht, dass sie vor der Schwiegermutter so ruhig wie möglich bleibt. Sie denkt auch an dieser Stelle an die anderen. Gleichzeitig macht es sie wütend, dass ihr Mann, ohne zu überlegen, was mit den anderen – also ihr und den Kindern – ist, die Gelegenheit nutzt und sich Zeit für sich selbst nimmt. Das, was sie sich dringend wünscht, unabhängig davon, ob ihr das bewusst ist oder nicht. Wenn du dich in so einer Situation oder einfach dem nächsten Konflikt wiederfindest, atme einmal tief durch. Und, falls es dir nicht gelingt, dich mit dir zu verbinden, stelle dir folgende Fragen:

- Worum geht es hier gerade tatsächlich?
- Welchen Anteil habe ich an der Situation?
- Wie könnte die Interpretation des anderen sein (andere Wohlfühl-Tonhöhe)?

Sollte es im Moment des Konfliktes nicht möglich sein, weil die Murmel bereits in die Bahn gefallen ist, kannst du dir diese Fragen auch nachträglich beantworten. Es wird dir sehr wahrscheinlich nicht gleich jedes Mal gelingen, allen Konflikten auf den Grund zu gehen. Das müssen wir auch nicht, denn manchmal muss einfach die Energie oder die Wut, der Frust, die Verzweiflung aus unserem System heraus. Das ist in Ordnung. Gleichzeitig darf jedes Mal, wenn du zumindest im Nachhinein die vorstehenden Fragen für dich beantwortest, dein Bewusstsein geschärft werden. Du gehst ein paar Schritte in Richtung Frieden und zu dir selbst. Das Resultat im Alltag: Die Konflikte werden in der Regel seltener und auch weniger dramatisch. Es geht nicht um Schuld, es geht nicht um die Vergangenheit oder die Zukunft, es geht auch nicht darum, was du bis gestern geglaubt hast. Egal, wie häufig du ähnliche Situationen erlebt hast. Egal, wie weit entfernt Frieden sich gerade anfühlen mag. Egal, wie machtlos du dich gerade vielleicht fühlst. Du hast in den allermeisten Fällen mehr Optionen, als zu reagieren und das Reptiliengehirn zwischen kämpfen, flüchten und erstarren wählen zu lassen. Jedoch darfst du dafür im Alltag zunächst ein bisschen üben. Freu dich über die kleinen Erfolge und alle Erkenntnisse und Momente, in denen du ehrlich zu dir bist und für dich einstehst.

Damit ein weiterer Blick auf Familie von Nebenan. Um aus der Sorge über das Morgen oder das Gestern herauszukommen, ist es nötig zu kommunizieren. Papa von Nebenan hat bis heute nicht aufgeklärt, dass er so gestresst von der Arbeit und der finanziellen Situation ist, dass er den Besuch bei seinen Eltern einfach vergessen und den Zettel erst am nächsten Tag gefunden hatte. Genauso wenig spricht Mama von Nebenan aus, dass sie sich auch mal einen Abend für sich wünscht. Wenn du also auf Ursachenforschung gehen möchtest, weil trotz deiner Versuche, möglichst friedliche Töne anzuschlagen und dabei präsent und bei dir zu sein, immer noch Konfliktenergie im Raum ist, kommuniziere radikal ehrlich. Zunächst mit dir selbst. Du kannst dazu Tagebuch oder Journal schreiben, dich mit Freunden austauschen oder für dich selbst Sprachmemos mit dem Handy aufnehmen. Höre dir einmal selbst zu. Wie freundlich klingst du in deiner eigenen Wahrnehmung? Wie ehrlich bist du dabei zu dir? Besonders wenn du merkst, dass sich langsam eine destruktive Energie in dir aufbaut, kann diese Übung hilfreich sein, um an das eigentliche Thema unter allen Schichten im tiefen Dickicht unseres Unterbewusstseins zu kommen. Hilfreiche Fragen für die Selbstreflexion, dein Journal oder die Analyse deiner Audios:

- Was liegt hinter meiner Wut/Frustration/Traurigkeit (...)?
- Wo bin ich noch nicht radikal ehrlich zu mir selbst?

• Was möchte aus- oder angesprochen werden?

Es geht auch hierbei nicht darum, dass du jeden Gedanken und jede Kleinigkeit tatsächlich an-/ausssprichst und auseinandernimmst, sondern um dein Bewusstsein. Welche Punkte kommen immer wieder vor, wenn du deine Audios oder Aufzeichnungen nach ein paar Wochen anschaust? Welche Ursache wiederholt sich oder welche Rahmenbedingungen waren gleich?

Gehörst du zu den Leser:innen, die sich dachten: „Gut, dass ich Single bin. Nun ist auch klar, warum ich allein bin: Das ist doch viel friedlicher"? Dann bist du sehr wahrscheinlich als Kind bei einer Familie wie den von Nebenans aufgewachsen. Erkennst du in den vorherigen Ausführungen Situationen aus deiner Kindheit? Hast du dich vielleicht schon immer gefragt, warum Papa so wenig Zeit mit dir verbracht hat und Mama oft so traurig war?

Wenn ja, dann mach dir bitte bewusst, dass es die Themen deiner Eltern waren. Von denen konntest du so allerdings auch nicht lernen, wie es anders geht. Auch das ist eine Variante von „nicht im Jetzt sein, nicht bei dir sein und den gewohnten Ton anschlagen". Denn du hast die Verhaltensweisen deiner Eltern übernommen, oft ohne zu überprüfen, ob sie für dich gut sind. Sollte das auf dich zutreffen, danke für deine Ehrlichkeit mit dir selbst. Denn sobald du dir darüber im Klaren bist, kannst du etwas ändern.

Als weiterer Impuls für den Alltag möchte ich dir – egal, ob du Single, Alleinerziehend oder in einer Partnerschaft, mit oder ohne Kinder bist – Folgendes mitgeben: Frieden für die Welt ist ein Weg, dessen Ziel wir nur gemeinsam erreichen. Egal, wie deine Situation bis gestern gewesen ist, reflektiere gerne ein weiteres Mal folgende Fragen:

- Was kann ich in meinem Alltag verändern für mehr Frieden?
- Wo kann ich anderen ihre Meinung lassen, auch wenn ich eine andere habe?
- Ist es wichtig genug, recht zu haben, um diesen Konflikt auszutragen?
- Wo bin ich noch nicht radikal ehrlich mit mir und meinen Bedürfnissen?
- Was hilft mir, so häufig wie möglich in meiner Wohl-fühl-Tonhöhe zu sein?

Mit den kleinen Konflikten, die dich aus der Ruhe oder aus deinem inneren Frieden bringen, angefangen, kannst du so ohne großen Aufwand Tag für Tag trainieren. Nutze die 60-Sekunden-Atemübung, um ruhig zu werden, bei dir anzukommen und im Moment präsent zu sein. Aus diesem State heraus klingen viele Töne auf einmal deutlich harmonischer als im ersten Moment angenommen. Außerdem lernst du so, immer schneller zurück in deine Wohlfühl-Tonhöhe zu kommen.

Stell dir einmal vor, wie es wäre, wenn es dir inmitten des nächsten Familien-Krachs, der Auseinandersetzung auf der Arbeit oder dem Wutanfall der Kinder gelingt,

- bei DIR zu sein,
- dich zu fragen, was JETZT wichtig ist,
- die Sicht oder die Position des anderen nicht zu

bewerten, sondern zunächst einmal die Tonhöhen zu überprüfen.

Wie viel mehr Frieden laden wir dann alle in unsere Wohnzimmer und unsere Küchen ein? Was für ein Vorbild möchtest du für deine Kinder und Kindeskinder sein? Willst du Frieden an sie weitergeben? Dann lade Frieden in euer Miteinander ein, wann immer es geht.

Wenn es dir dann noch gelingt, deinem Partner/deiner Partnerin diese Zeilen schmackhaft zu machen oder zumindest über den Inhalt zu berichten, dann erinnert ihr euch mit einer hohen Wahrscheinlichkeit im richtigen Moment gemeinsam an die vorstehenden Punkte. So gehen wir – jeder für sich und trotzdem gemeinsam – Schritt für Schritt in Richtung Frieden.

Ich bin mir einer Sache sehr sicher: Wenn du nicht bei dir im Kleinen anfängst, in deinem Wohnzimmer, in deinem Alltag, dann wird sich die Welt nicht verändern. Frieden entsteht jedes Mal in jedem Einzelnen von uns, wenn wir es schaffen, in unserer Wohlfühl-Tonlage zu spielen und den Ton zu halten, egal was andere tun. Es geht nicht darum, dass erst alle Konditionierungen gelöst werden müssen, erst die Welt insgesamt eine höhere Frequenz bekommen muss oder die anderen anfangen, sich oder etwas zu verändern. Es geht um dich und deinen Frieden, deinen Wohlfühl-Ton, denn daraus resultiert Frieden in der Welt.

Falls du abschließend noch Lust auf einen letzten Impuls hast, der dich mit noch mehr Frieden in deinem Alltag versorgt, lade ich dich ein, die Atemübung zu Beginn dieses Textes in deine Routinen zu integrieren. Du kannst sie auch in der Bahn oder beim Zähneputzen mit der Intention machen, den Zeitraum des in Friedenseins täglich weiter auszudehnen. Gelingt es dir, den Zeitraum täglich zu verdoppeln, bist du morgen anstatt bei 60 Sekunden bereits bei 2 Minuten und nach nur einer Woche bereits bei einer Stunde.

Solltest du jetzt immer noch das Gefühl haben, du könntest noch mehr tun oder es dürfte noch leichter sein, Frieden in deinen Alltag zu integrieren, dann habe ich ein Geschenk für dich. Exklusiv für Leser:innen dieses Buches habe ich eine Meditation mit dem Thema „innerer Frieden" aufgenommen, die du dir über folgenden Link https://ichbinfrieden.de/jonatzke sichern kannst. Ich führe dich dort an den Ort deines inneren Friedens in deinem Herzraum, um die Energie von dort mit all deinen Sinnen zu verbinden. So strahlst du mit jeder Wiederholung automatisch mehr Frieden in die Welt aus.

Ich bin Frieden …

… und du bist es auch!

Deine Tanja Jonatzke

Entdecke dein Potential, sei ein PotentialentFalter

Jutta Michel

Herzlich willkommen, liebe Leserin, lieber Leser,

schön, dass dich das Thema des Buches an dieser Stelle zu mir geführt hat.

Danke, liebe Cordelia, dass du diese wunderbare Idee ins Leben gerufen hast, so berührende und wichtige Themen wie „**Ich bin Frieden**" zu teilen, um diese in die Welt hinauszutragen.

Es freut mich, dass ich Teil dieses tollen Gemeinschaftsprojektes sein kann und wir so, alle zusammen, einen, wie ich finde, tollen Grundstein legen und unsere Visionen mit der Welt teilen können. Denn wenn wir alle Frieden in uns finden, tragen wir automatisch zum Frieden auf der Welt bei. Lass uns daher zusammen auf die Reise gehen.

Nun, was heißt es, „ich bin Frieden", mit sich im Frieden zu sein?

Sicher hat da jeder seine eigenen Vorstellungen und Maßstäbe, aber allen gemein dürfte sein, mit sich selbst im Reinen zu sein – wenn wir uns in unserer sogenannten

Mitte fühlen. Trotz der Turbulenzen, die das Leben mitunter so mit sich bringt. Bei wem läuft schon alles immer rund und harmonisch? Wäre wohl auch recht langweilig, oder?

Aber Spaß beiseite, auf manche Dinge, die einem widerfahren, kann man gut verzichten und doch sind es gerade die herausfordernden Situationen, die uns die Möglichkeit bieten, unser wahres Potential zu erkennen und daran zu wachsen.

So besteht das Wort „Krise" im Chinesischen aus zwei Schriftzeichen. Das erste gleicht einem schnell gezeichneten Blitz und heißt „Gefahr", das zweite bedeutet „Chance". Die Frage ist, wie schaffen wir es, in weniger schönen Augenblicken gelassen zu bleiben, bzw. wie legen wir uns ein dickeres Fell zu, damit wir uns dadurch nicht entmutigen und herunterziehen lassen und stattdessen die Situation eben als Chance sehen können? Wie können wir in schwierigen Zeiten emotional die Balance halten?

Wir sind geprägt durch unsere Erfahrungen und handeln und reagieren aufgrund unserer darauf resultierenden Bewertungen, die wir einer Situation beimessen. Diese Glaubenssätze haben wir von klein auf entwickelt, oder unbewusst aus unserem Umfeld übernommen. Vielleicht hast du schon einmal von der Macht unseres Unterbewusstseins, oder Sätze wie „Geist schafft Materie" gehört? Wenn wir dort aussteigen möchten, hat ein achtsamer Umgang mit uns selbst oberste Priorität. Das beginnt bei unseren Gedanken und den Selbstgesprächen, die wir tagtäglich mit uns führen. Wir sind ja bekanntlich unsere schärfsten Kritiker und gehen meist hart mit uns selbst ins Gericht. Doch wie kann da ein neues, gutes, friedliches Gefühl entstehen?

Welche Gedanken wir denken, wie sehr diese uns und unseren Alltag mitbestimmen und welch großen Einfluss wir dadurch selbst auf unser Leben haben bzw. wie wir uns fühlen, dessen sind wir uns oft gar nicht bewusst. Achte einmal darauf, wie oft du dich in Gedanken selbst niedermachst und lasse ab jetzt nicht mehr zu, dass sich destruktive Gedanken in deinem Kopf einnisten.

Wenn du diese einmal wieder bemerkst, setze in Zukunft ein klares „Stopp", denn mit unseren Gedanken beein-flussen wir, wie wir uns fühlen – im Positiven wie auch im Negativen. Gedankenhygiene ist daher so wichtig wie das tägliche Duschen und Zähneputzen. Sicher bedarf es da etwas Übung und Zeit, bis es in Fleisch und Blut über-gegangen ist, unsere Gedanken dahingehend zu kontrol-lieren und zu trainieren, aber es lohnt sich. Versprochen!

Ein erster Schritt kann hierbei sein, dir deine bisherigen Fehler zu verzeihen. Erkenne die Chance, die dahinter liegt. Freue dich über die neugewonnene Erkenntnis. So gelangst du Schritt für Schritt in Richtung deiner Ziele, deiner unerfüllten Träume und somit zu deinem persön-lichen Seelenheil, dem Frieden in dir.

Was wir den lieben langen Tag so alles von uns denken, hat sehr viel mit unserem Selbstwertgefühl und Selbst-bewusstsein zu tun und damit, ob wir uns selbst so annehmen können, wie wir sind, also mit Selbstliebe und Selbstfürsorge. Wie gut sorgen wir für uns und wie viel

Zeit nehmen wir uns nur für uns? Wann nehmen wir uns Zeit, die Zeit einmal zu vergessen? Wann gönnen wir uns eine Pause, um unsere Batterien aufzutanken? Wann tun wir uns einfach was Gutes? Was hält uns davon ab und wie können wir das ändern?

Das Buch von dem Hirnforscher Gerald Hüther „Was wir sind und was wir sein könnten", weckte vor Jahren in mir den Wunsch, genau das in die Welt hinauszutragen, damit jeder dieses Bewusstsein und ein Gespür dafür bekommt. Ein Gespür dafür, wie viel Potential sich in uns allen versteckt, das nur darauf wartet, entdeckt zu werden. Wie würde sich die Welt in eine friedliche verändern, wenn jedes Kind von klein auf nach seinen individuellen Bedürfnissen und Fähigkeiten gefördert würde? Wenn es sein Potential in seinem ureigenen Tempo entwickeln könnte? Wenn es sich nach seinem ureigenen Seelenplan entfalten dürfte? Wo wärst respektive könntest du heute sein, wenn man dich in all deinen Fähigkeiten unterstützt und dabei all deine Bedürfnisse berücksichtigt hätte? Doch wo finden wir die Anleitung für ein selbstbestimmtes, glückliches und zuFRIE-DENes Leben? Jetzt, wo ich Teil dieses schönen Werkes bin, scheint mir die Zeit dafür gekommen, einen meiner Träume endlich nach außen zu tragen. Zu dem, was ich geplant habe und inwieweit auch du dich, wenn du möchtest, da gerne einbringen kannst, später mehr.

Lass uns vorab ein paar Punkte beleuchten:

Wie haben wir die Welt von klein auf wahrgenommen, bzw. wie wurde sie uns erklärt?

Was haben uns unsere Eltern zu Hause beigebracht und vorgelebt?

Was haben wir in der Schule gelernt? Inwieweit haben uns unsere Umgebung und unser Umfeld beeinflusst und geprägt? Was haben Sätze, wie z.B. „Das Leben ist kein Wunschkonzert", „Träum nicht", „Das geht nicht" oder „Das macht man nicht" mit uns gemacht? Wie sehr haben sich bei all dem Glaubenssätze bei uns eingeprägt, die uns nicht selten blockieren und daran hindern, das Leben zu führen, welches wir doch eigentlich gerne leben würden?

Wie sehr sehnen wir uns nach einem Leben in Frieden mit uns selbst und mit unseren Mitmenschen? Wie gerne wollen wir doch alle im Einklang mit uns, mit allem und jedem leben? Eben ein glückliches, zuFRIEDENes Leben?

Aber, wie war das, als wir noch klein waren? Erinnerst du dich? Waren wir nicht wissbegierig ohne Ende? Haben wir unseren Eltern nicht Löcher in den Bauch gefragt? Waren wir nicht voller Tatendrang und der Tag war nicht lang genug? Wie sehr waren wir von all den Dingen, die wir entdeckten und erkundeten, gefesselt und fasziniert? Wovon haben wir geträumt, was wir mal werden und wie wir leben wollen? Was hat uns inspiriert, beflügelt? Nichts und niemand vermochte uns zu bremsen! Aus uns selbst heraus haben wir das getan, was uns in unseren sogenannten Flow brachte. Wann haben wir damit aufgehört und warum?

In uns steckt so viel mehr, als wir uns oft vorstellen können. Wir sind wahre Schöpferwesen, ob wir uns dessen bewusst sind oder nicht. Allein mit unseren Gedanken beeinflussen wir, wie wir uns fühlen und wie unser Leben letztlich verläuft. Ob wir mutig sind, oder ängstlich. Ob wir unsere Träume verwirklichen, oder ob wir sie aus Angst, Selbstzweifeln und negativen Glaubensmustern begraben und vergessen und stattdessen unser Leben von anderen bestimmen lassen und nach ihnen ausrichten. Oft ist uns dies alles gar nicht bewusst, weil wir unsere eigenen Bedürfnisse hintenangestellt haben. Meist merken wir erst, dass uns etwas fehlt, wenn wir nicht mehr wie gewohnt funktionieren. Wenn unsere Seele aus dem Gleichgewicht geraten ist und unser Körper streikt.

Der Alltag und die heutige Schnelllebigkeit bringen uns immer mehr an unsere Grenzen und fordern uns mitunter ganz schön heraus. Immer höher, immer schneller, immer weiter – versuchen wir immer mehr in den Tag hineinzupacken. Oft weit über unsere körperlichen und psychischen Grenzen hinaus. Dabei vergessen wir all unsere Träume, im Bestreben, uns den äußeren Erwartungen und Anforderungen anzupassen. Da ist es eine Kunst, bei all dem nicht auf der Strecke zu bleiben, nicht aus dem Gleichgewicht zu geraten und nicht im Burn-out zu enden. Meist vergessen wir bei all dem nämlich, gut für uns zu sorgen, und agieren automatisiert, laufen auf Autopilot. Ohne uns selbst zu hinterfragen, ob uns das, was wir tun, wirklich erfüllt.

Jutta Michel

Wie finden wir dabei den Frieden in uns selbst? Wäre es nicht schön, wenn wir dies schon von klein auf in der Schule, nein, schon im Kindergarten lernen würden? So zumindest stell ich mir die „Schule der Zukunft" für unsere Kinder und Enkel vor, in der jedes Kind in seinem Tempo lernen und die Welt erkunden darf. In der es in, von und mit der Natur lernen kann. Ich wünsche mir Begegnungsstätten, wo Alt von Jung lernt und umgedreht. Das, was es zum Leben wirklich braucht, beispielsweise wie man Obst und Gemüse anpflanzt und pflegt. Was mein Körper braucht, um gesund zu bleiben. Wie ich auf meine Bedürfnisse achte. Wie ich mit Konfliktsituationen, mit Finanzen etc. umgehe.

Ich könnte hier noch endlos ausschweifen, aber du verstehst, denke ich, worauf ich hinaus möchte. Wie schön wäre es, wenn wir uns alle nach unseren Bedürfnissen und Fähigkeiten in der Gemeinschaft einbringen könnten? Aus uns selbst heraus, ganz ohne Druck und Zwang von außen, ohne Konkurrenzkampf. Einfach mit dem, wofür unser Herz brennt. Wenn wir alle uns mit unseren Talenten und Fähigkeiten in der Gemeinschaft einbringen und unser wahres Potential entfalten könnten. Und somit unsere Arbeit, gar nicht mehr als Arbeit – wie wir sie gewohnt sind – empfinden würden, weil wir das, was wir tun, gerne tun.

Kennst du den Satz aus „Die Stadt in der Wüste" von Antoine de Saint-Exupéry: „Wenn du ein Schiff bauen willst, dann trommle nicht Männer zusammen, um Holz zu beschaffen, sondern lehre sie die Sehnsucht nach dem weiten, endlosen Meer." Für mich bedeutet das, wenn wir das tun können, wofür unser Herz brennt, fügt sich der Rest wie von allein. Dann brauchen wir niemanden, der uns antreibt und uns sagt, was wir tun müssen. Dann tun wir es aus unserer eigenen Motivation heraus, weil wir für die Sache brennen. Meiner Ansicht nach führt uns genau das zu unserer wahren Bestimmung – und damit zu unserer Erfüllung. Allerdings nehmen wir uns viel zu selten die Zeit, in uns hineinzuhorchen, was wir wirklich wollen. Und wenn wir es wissen, dann finden wir oft nicht den Mut dazu, es zu tun, weil wir unsicher sind, was andere dazu sagen, oder uns bremst die Angst, dabei zu scheitern, wenn wir etwas Neues wagen.

Da kommen wir wissbegierig auf die Welt, mit einer zügellosen Neugier. Und was passiert im Laufe der Zeit? In der Schule müssen wir nach Lehrplan lernen. Unsere Bedürfnisse oder das, woran wir Spaß haben, und das, worin unsere Fähigkeiten stecken, sind zweitrangig. Unsere Talente werden auf diese Weise nur selten erkannt, geschweige denn gefördert. Stattdessen werden wir von klein auf in irgendwelche Schubladen und Schablonen gepresst, um bestimmten Vorstellungen anderer zu entsprechen. Da ist es kein Wunder, dass von unserer Individualität und unserer unbändigen Neugier immer mehr auf der Strecke bleibt. Dass immer mehr Frust und UnFRIEDEN sich breit machen. Im schlimmsten Fall bis wir krank werden, sei es körperlich oder seelisch oder gar beides. Inzwischen wissen wir ja, dass uns unser Körper, wie auch unsere Seele immer Signale senden, wenn etwas gegen unsere Bedürfnisse läuft. Daher ignoriere sie nicht länger. Gehe deinen tief in dir schlummernden Träumen und Wünschen auf den Grund. Erwecke sie aus ihrem Tiefschlaf und schenke ihnen neues Leben, damit sie endlich ihren gebührenden Platz bekommen und du somit letztlich deine Erfüllung findest.

Vielleicht lebst du deine Träume ja bereits, bist rundum glücklich und im Frieden mit dir und der Welt.

Dann herzlichen Glückwunsch und weiter so! Wenn du Lust hast, schreibe mir gerne, welchen Weg du beschreitest, was dir dabei hilft und welche Tipps du auf Lager hast, die sicher auch für andere hilfreich sein könnten. Ich freue mich darauf!

Wenn nein, frage dich doch einmal selbst, was dich bisher davon abgehalten hat, dich mit deinen individuellen Fähigkeiten in der Gemeinschaft einzubringen, im besten Fall, dein Hobby zum Beruf zu machen und das Leben zu leben, wovon du als Kind einmal geträumt hast?

„Ach ja", höre ich dich sagen, „wie soll ich das denn umsetzen? Ich habe das doch gar nicht gelernt, das ist doch nur ein Hobby. Wie soll ich damit Geld verdienen?"

Wer kennt diese Fragen und Ängste nicht?

Ich möchte dir hiermit gerne Mut machen, nach Alternativen zu suchen.

Es gibt Firmen, die bieten zum Beispiel Quereinsteiger:innen eine Chance. Unzählige Workshop- und Coachingangebote, offline wie online, unterstützen dich darin, in neue Welten einzutauchen und dir Inspirationen zu holen. Sie bestärken dich in deinem Tun und können dich deinen Träumen näherbringen. Dabei könnte es aber auch ebenso sein, dass du feststellst, dass das, wovon du dachtest, dass es dir Erfüllung bringt, doch nicht zu dir passt, weil du ein völlig anderes Bild davon hattest. Dann bringt dir das nicht nur Klarheit und die Möglichkeit, dich neu kennenzulernen, sondern du musst dir später dahingehend auch keine Vorwürfe machen, nach dem Motto „ach hätte ich doch nur".

Wenn du dir deiner Fähigkeiten und Stärken bewusst bist, Ziele hast und Möglichkeiten kennst, schaffst du dir deine ganz persönlichen Anker und Kraftressourcen, die dir in schwierigen Zeiten helfen, leichter wieder in deine Mitte zu finden und dich darauf zu fokussieren, wo du hin möchtest. Du findest den Halt dann in dir selbst – und brauchst nicht mehr im Außen danach zu suchen. Das alles lässt das Vertrauen in DICH wachsen. Der beste Dünger für dein Seelenheil – den Frieden in dir – auf deinem Weg, dein Potential zu entdecken und entfalten.

Ein Tagebuch zu führen, in dem du alles festhältst, was du schon alles gemeistert und wobei du dich richtig gut gefühlt hast, kann dir hierbei sehr hilfreich sein. Probiere es einfach mal aus und schreibe alles auf, wo du so richtig in deinem Element warst, damit du, immer wenn du daran denkst, wieder neuen Mut daraus schöpfen und deine wahre Kraft spüren kannst. Das Gute dabei ist, du kannst hierbei super deine Wünsche und Ziele entwickeln und ebenso all die Dinge aufzählen, für die du dankbar bist. Alles ist erlaubt. Hol dir ein hübsches Buch und einen für dich passenden schönen Stift, damit du richtig Lust darauf bekommst, und dann leg los. Mach das Journaling am besten zu deinem täglichen Ritual und genieße, dass du dir Zeit für dich nimmst. Zeit für dich, deine Wünsche und deine Träume.

All das hilft dir, wenn du dich mal wieder komplett demotiviert fühlst, den Fokus wieder darauf zu richten, wo du hin möchtest. Wir vergeuden nur unnötig unsere Kraft, wenn wir gegen etwas ankämpfen, anstatt uns darauf zu fokussieren, WAS wir wollen. So wie es Saint-Exupéry ausgedrückt hat, geht es um das Gefühl, das wir damit verbinden – nicht um das Faktische. Doch wenn wir uns darauf ausrichten, was wir (fühlen) wollen, dann fügen sich die Dinge oft automatisch. Du schaffst und kreierst, was du denkst und fühlst. Kurz, wir ziehen an, was wir mit Emotionen aufladen. Also, wie möchtest du dich fühlen? Wenn du herausfinden möchtest, was du wirklich willst, beantworte dir einfach folgende Frage: Was würdest du tun, wenn Geld keine Rolle spielen würde?

Wir wissen meist zu gut, was wir NICHT wollen, das können wir in der Regel mühelos aufzählen. Nur leider bringt uns das nicht wirklich weiter. Im Gegenteil, wenn wir uns permanent das vor Augen führen, was wir nicht wollen, dann zieht uns das nur weiter nach unten, weg von unseren Wünschen und dem, wofür unser Herz brennt. Wie ich weiter oben schon schrieb: „Geist schafft Materie". Wir ziehen das an, worauf wir unseren Fokus lenken. Das beeinflusst, wie wir uns fühlen. Genau das kreieren wir, genau das ziehen wir in unser Leben. Unsere Gedanken beeinflussen unsere Gefühle, was wir fühlen beeinflusst unsere Gedanken – im Guten, wie im Schlechten. Da ergibt es doch Sinn, seinen Geist dahingehend zu trainieren, mehr von den guten Gedanken zu produzieren, damit wir mehr von dem, was wir uns wünschen, in unser Leben ziehen, oder?

FRIEDEN beginnt IMMER in jedem von uns selbst, indem wir achtsam mit uns selbst umgehen. So gesehen tragen wir alle nicht nur uns selbst gegenüber Verantwortung, sondern auch unseren Kindern und Enkeln gegenüber, denn sie ahmen nach, was wir ihnen vorleben. Alles wirkt zusammen und spiegelt sich in unserem Alltag. So zeigen unsere Sorgen und Ängsten auf, wo wir gegen unsere Bedürfnisse und unsere Intuition handeln oder gehandelt haben, denn daraus entstehen Unmut und Frust. Wenn wir hier nicht gezielt gegensteuern, sabotieren wir uns selbst. Das heißt allerdings nicht, dass wir unliebsame Ereignisse und Dinge einfach ignorieren und ausblenden sollen. Wir haben auch hier ein oft falsches Glaubensmuster übernommen, dass Gefühle zeigen Schwäche bedeutet, und so überspielen und verbergen wir sie meist. All dies ist jedoch auf Dauer nicht gesund, denn jedes Gefühl hat seine Berechtigung, möchte dir etwas sagen. Du darfst also durchaus auch wütend, traurig und verärgert oder rebellisch sein, das ist vollkommen in Ordnung. Auch diese Gefühle wollen gesehen werden. Das macht dich authentisch und Authentizität schafft Vertrauen, eine gesunde Basis für alles. Je achtsamer du damit umgehst, desto leichter wirst du die Botschaft hinter deinen Gefühlen erkennen.

Um also noch einmal auf die Frage zurückzukommen, was du tun würdest, wenn Geld keine Rolle spielt, gebe ich dir hier gerne ein paar kurze Beispiele und Anregungen. Manchmal sind wir nämlich so festgefahren in dem, was wir tun, dass wir das Naheliegendste nicht erkennen und sehen können. Liebst du es zum Beispiel, dich kreativ auszutoben? Bastelst und werkelst du gerne und verschenkst deine selbstgemachten Sachen an Geburtstagen etc.? Bei welchen Sachen oder Angelegenheiten bittet man dich immer wieder, weil nur du das so gut kannst? Frei nach dem Motto „Backst du bitte deinen leckeren Kuchen? Oder machst du mir einen deiner phantastischen Salate, Suppen, Brote usw.?" Was, wenn deine Leckereien künftig auf dem Wochenmarkt zu finden wären? Oder dein Kuchen in dem süßen kleinen Café in der Fußgängerzone angeboten wird? Deine Salate in dem kleinen Bistro um die Ecke reißenden Absatz finden? Natürlich gibt es gewisse Auflagen zu berücksichtigen, gerade im Bereich Lebensmittel, aber wäre das nicht einen Versuch wert? Wo es Auflagen gibt, gibt es auch Wege. Finde sie. Wer weiß, vielleicht sind das die ersten Schritte hin zu deinem eigenen Geschäft, wenn das schon immer dein Traum war. Oder du findest darüber eine Anstellung, weil man auf dich aufmerksam wurde.

Ein anderes Beispiel könnte sein, dass du nichts lieber tust als zu wandern. Kennst du dich obendrein gut mit Wildpflanzen und Kräutern aus? Dann könntest du Wildkräuterwanderungen anbieten. Aber selbst, wenn du „nur" das Wandern magst, finden sich bestimmt

Anhänger:innen, die froh sind, mit jemandem, der ortskundig und erfahren ist, eine Tour unter seiner Begleitung zu machen. Ich denke, während du diesen Gedanken nachgehst, fallen dir bestimmt ein paar weitere Beispiele ein.

Manche Menschen legen sich eine Löffelliste an, aus dem englischen Bucket List, in der sie all die Dinge aufführen, die sie bis zu ihrem Lebensende erlebt und getan haben möchten. Wie oft haben wir den Satz schon gehört, wenn ich noch jung wäre, dann… Hier setzen wir uns selbst die Grenzen. Was steht auf deiner Löffelliste? Es gibt so tolle Beispiele von Menschen, die im hohen Alter noch ein Musikinstrument gelernt, ein Studium begonnen, oder erfolgreich ihr Hobby zum Beruf gemacht haben usw. Glaubst du nicht, du kannst das auch? Was brauchst du, um den Mut dazu zu finden? Es ist nie zu spät, damit zu beginnen, deinen Träumen Platz zu schaffen, um endlich das zu tun, wo du dein ganzes Potential entfalten und du dich vollkommen austoben kannst. Ich bin nämlich überzeugt, dass – wenn wir alle uns mit unseren individuellen Fähigkeiten in der Gemeinschaft einbringen und uns dabei entfalten können – wir nicht nur unsere wahre Bestimmung, sondern unsere tiefe Erfüllung und so letztlich den Frieden in uns selbst finden.

Such dir jemanden, der an dich glaubt und dich dahingehend motiviert und unterstützt. Wo wir bei einem weiteren wichtigen Thema sind: dein Umfeld. Neben dem, wie du mit dir selbst umgehst, beeinflusst uns auch unser persönliches Umfeld. Auch hier übernehmen wir nicht selten Verhaltensmuster und Glaubenssätze, die uns nicht immer dienen. Auch wenn wir die Familie nicht einfach mal umtauschen, oder zurückgeben, oder die Nachbar:innen und Kolleg:innen wechseln können, können wir sehr wohl mitbestimmen, mit wem wir zum Beispiel unsere Freizeit verbringen. Verbinde dich mit Menschen, die dir guttun, die dich aufbauen, dich motivieren und anspornen, deine Träume und Ziele zu verfolgen, und dich dabei unterstützen zu wachsen. Suche dir Menschen, die sich mit dir über deine Erfolge freuen, und tue dir selbst Gutes, so oft du nur kannst. Oft reicht schon ein kleiner Spaziergang, oder bei einem leckeren Cappuccino, Kakao oder Tee einfach nur der Lieblingsmusik zu lauschen. Gönn´ dir ein heißes Bad, schenk dir selbst Blumen, oder ein schönes Parfum. Du weißt selbst am besten, was dir guttut. Schreib dir selbst einen Liebesbrief und zähle darin alle Dinge auf, die dir an dir gefallen, die du erfolgreich gemeistert hast und auf die du stolz sein kannst, die du vielleicht längst vergessen hast. Wenn du in diesem Sinne immer mehr den Fokus auf das legst, was du gerne möchtest, erleichterst du dir nicht nur den Alltag, da du einen achtsamen Umgang mit dir selbst pflegst. Nein, sie helfen dir auch, dich weiterzuentwickeln, und bringen dich Stück für Stück zu deiner wahren Berufung und Bestimmung und somit deinem Seelen-Frieden immer näher bzw. helfen dir, ihn zu bewahren.

Mein Herzensding ist es, den Weg dafür zu ebnen, dass jeder Mensch von klein auf die Möglichkeit erhält, sich seinem Potential und seinen individuellen Bedürfnissen und Fähigkeiten entsprechend in der Gemeinschaft einbringen zu können und dürfen – was in erster Linie für das eigene Wohl sorgt und damit letztlich sicher auch zum Gemeinwohl beiträgt. Erfüllung und Frieden in allen Herzen.

Hierbei möchte ich gerne neue Impulse setzen und aktiv an der Umgestaltung im Hinblick auf unser Bildungssystem mitwirken. Ich denke, hierfür dürfen wir komplett neu denken lernen – raus aus den veralteten Strukturen, die uns daran hindern, ein selbstbestimmtes und somit ein wirklich erfülltes Leben führen zu können. Das ist es, wofür ich brenne, seit ich über den Buchtitel „Was wir sind und was wir sein könnten" stolperte. Ich war damals noch lange keine Oma, aber die Zeilen dieses Buches haben in mir dieses Feuer entfacht, eben genau das für unser aller Kinder und Enkel in die Welt hinauszutragen. Heute bin ich stolze Omi und mein Wunsch ist, nicht zuletzt aufgrund des aktuellen Geschehens, noch stärker geworden, denn ich glaube, dass das größte Potential für unsere Gesellschaft darin liegt, dass wir uns alle mit unseren individuellen Fähigkeiten einbringen. So finden wir nicht nur den Frieden in uns selbst und können ihn auch bewahren, nein, wenn wir dahingehend ein erfülltes, selbstbestimmtes Leben führen, dann gibt es keinen Anlass mehr für Neid, Hass und Missgunst.

Die Umgestaltung dieses veralteten Systems geht sicher nicht von heute auf morgen. Viele sind sich hierbei auch gar nicht bewusst, wie sehr uns dies alles nicht mehr dienlich ist. Für viele bietet das Altgewohnte eben auch eine gewisse Sicherheit, weshalb sie sich schwer damit tun, sich etwas anderes vorzustellen. Weg von den alten Mustern, weg von Gewohntem, das macht vielen noch Angst. Darum denke ich, ist es wichtig, dass wir Brücken bauen, damit das Alte den Weg leichter ins Neue finden kann. Damit sich die Menschen peu à peu mit dem Neuen vertraut machen und da hineinwachsen können. Für diese Brücken braucht es Brückenbauer, die diese Menschen dort abholen, wo sie mit ihren Ängsten und Sorgen stehen. Ich möchte gerne so eine Brückenbauerin sein, während das Neue entstehen und wachsen kann. Vielleicht gefällt dir ja diese Idee und du findest daran ebenso Gefallen wie ich. Dann lasse es mich gerne wissen.

Ja, und damit sich dann all die Menschen finden können, die sich ebenso für diese Themen interessieren, entwerfe ich gerade eine Plattform, auf der sich jeder mit seinen individuellen Fähigkeiten einbringen und so sein Herzensprojekt, sein Herzensding, wie ich es gerne nenne, vorstellen kann. Wenn du möchtest, bist du herzlich dazu eingeladen, mir deine Idee und deine Inspirationen hierzu per E-Mail[1] zukommen zu lassen. Lasse mich an deinen Träumen teilhaben. Lass uns gemeinsam schauen, was sich daraus Schönes stricken lässt. Und lass uns gemeinsam ein Stück unseres Friedens in die Welt tragen, damit auch andere Lust verspüren, respektive den Mut finden, auch ihre Träume wahr werden zu lassen. Denn, wenn wir den Frieden in uns selbst finden, weil wir das Leben führen, das uns glücklich sein lässt, dann tun wir nicht nur uns selbst

---

[1] An: info@potential-entfalter.de – selbstverständlich unter Berücksichtigung der aktuellen Datenschutzbestimmungen

den größten Gefallen, nein, dann leben wir unsere wahre Bestimmung und geben genau das an unsere Kinder und Enkel weiter. Ist das nicht das Wichtigste und Nachhaltigste, was wir dem Universum hinterlassen können? Was möchtest du diesbezüglich deinen Kindern und Enkeln für ein erfülltes Leben mit auf den Weg geben? Was sollen sie später einmal über dich erzählen, was du sie gelehrt hast? Schreib es mir gerne und, wenn du magst, teile ich deine Gedanken hierzu auf meiner Internetseite – auf meinem Blog.

Ich hoffe, dass dir meine Zeilen und die Tipps der anderen Autor:innen in diesem Buch hier, dabei behilflich sind, dass du deinen Weg zu deinem Frieden und deiner Erfüllung findest. Mein Wunsch ist es, dass jeder seinen Platz auf unserem Planeten findet, der ihn das Leben führen lässt, das ihn glücklich und zuFRIEDEN macht, denn bist du zufrieden, dann wirkt sich das automatisch auf deine Kinder, deine/n Partner:in, dein gesamtes Umfeld aus. Ist das nicht ein erstrebenswertes Ziel?

Ich würde mich freuen, wenn ich dir ein paar Denkanstöße mitgeben konnte, die dich an deine Fähigkeiten, deine wahre Größe und dein Potential erinnern und den Funken in dir (wieder) zu entfachen, damit auch du: „Ich habe den Frieden in mir gefunden" sagen und ihn in die Welt hinaustragen kannst.

Mögen dir Flügel wachsen, die dich deine Träume leben und den Frieden in dir finden und bewahren lassen!

Ich freue mich, von dir zu lesen – gerne auf einen gemeinsamen Austausch – und wünsche dir von Herzen alles Liebe!

Deine Jutta Michel

In Frieden mit Körper und Essen

Nadine Pulver

„Wie sieht das denn aus?" Mit hochgezogenen Augenbrauen betrachte ich mein Spiegelbild. Die üppigen Rundungen, der Hängebauch, meine Oberarme, die schon nahtlos in die Unterarme übergehen. Das Michelin-Männchen zwinkert mir aus dem Spiegel zu und mahnt mit seinem erhobenen Zeigefinger: „Mädchen, Mädchen, so kann das nicht weitergehen!", scheint es zu warnen. Mein Körper ist gezeichnet von den unzähligen Diäten und Versuchen, Gewicht zu verlieren. Anstatt ab- habe ich immer nur zugenommen; der Jo-Jo-Effekt lässt grüßen.

Ich senke missmutig meinen Kopf und drehe dem grausamen Spiegel meinen Rücken zu. Da ich mich offensichtlich nicht schon schlecht genug fühle, stelle ich mich auch noch auf die Waage und erschrecke, als ich die miese Zahl aufleuchten sehe. Schon wieder zugenommen. „Ich hätte die Schokolade gestern nicht essen sollen! Warum konnte ich wieder nicht nein sagen? Jedes Mal werde ich schwach. Was ist nur los mit mir?" Gedanken wie diese geben mir sofort ein Gefühl des Versagens, der Minderwertigkeit. „Ab morgen mache ich es besser! Ab morgen esse ich keine Süßigkeiten mehr. Ab morgen habe ich mich im Griff!" Das nahm ich mir täglich vor. Einhalten konnte ich es selten bis nie. Ich schäme mich, fühle mich schlecht. Auf der Suche nach Erleichterung gehe ich wie ferngesteuert in die Küche und finde die Kekse von meinem Freund. Wie so oft übernimmt der Auto-pilot. Dagegen komme ich mit meinem Willen nicht an. „Nadine, bleibe stark, du brauchst diese Kekse jetzt nicht!" Meine Logik hat ja recht, aber wenn mein Gehirn in den Überlebensmodus umschaltet, gibt es kein Halten und ich MUSS essen. Das kann ich nicht mehr kontrol-lieren. In solchen Momenten fühle ich mich regelrecht süchtig; und ich kann mich nicht ausstehen!

Kommt dir das bekannt vor?

In mir beginnt ein Krieg zu toben, den ich schon sehr gut kenne:

- Du bist so fett!
- Du bist einfach zu disziplinlos!
- Ab morgen gibt es keine Schokolade mehr für dich!

Schon lange fühlte ich mich nicht mehr wohl in meinem Körper. Ob ich mich jemals wirklich gut darin gefühlt habe? Ich glaube nicht. Natürlich war das neu gewonnene Gefühl der Leichtigkeit nach einer Abnahme unbeschreiblich schön; ich hatte es ein paar Mal erlebt. Aber wie lange hielt diese Freude an? Hatte es meinen Selbstwert wirklich jemals verbessert?

Als junge Frau war ich überzeugt, dass ich nicht liebens-wert sei und mit mir etwas nicht stimmte. Ich redete mir ein, dass es an meinem leicht pummeligen Körper

74

liegen musste. Tief in meinem Herzen fühlte ich mich nicht gut genug. Es auf die eingebildeten Makel meines Körpers zu schieben, fühlte sich weniger schmerzhaft an. Ich dachte, dass, wenn ich meinen Körper perfekt machen würde, auch ich genügen würde.

Seit ein paar Jahren habe ich nun Frieden mit dem Essen und meinem Körper. Der Kampf ist vorbei. Nach einer sehr langen Zeit in selbstgewählter Gefangenschaft, hatte ich endlich den passenden Schlüssel gefunden, der meinen Käfig öffnen konnte. Es haben sich die acht Gründe zu essen herauskristallisiert, die ich auflösen musste, um frei vom Esszwang zu werden. Drei davon stelle ich dir hier vor. Gerne teile ich mit dir außerdem vier Übungen, die mir geholfen haben. Vieles hast du vielleicht schon gehört. Anderes ist eventuell neu und ungewohnt. Manches wird nicht ganz einfach in der Umsetzung sein. Mittlerweile sind sie vielfach erprobt und getestet und haben – zusammen mit anderen Übungen – viele Menschen aus ihrem Käfig der Essstörung und des Selbsthasses befreit.

Übung 1 – Kein Verzicht und kein „Ab morgen"-Denken mehr

Ergibt es nicht Sinn, dass ich, wenn ab morgen alle Schokolade verboten ist, heute noch so viel esse, wie ich kann? Ich nenne das „die Henkersmahlzeit". Ein Schlüssel für mich, aus dieser Denkweise auszusteigen, war, mir alle Lebensmittel zu erlauben, auch morgen wieder. Ich hatte sogar angefangen, mir auch Essanfälle zu erlauben, und gab das „Ab morgen"-Denken auf. Die Liste mit guten und bösen Nahrungsmitteln zerriss ich in tausend Stücke.

Wenn ich das meinen Klient:innen rate, trauen sie ihren Ohren nicht. Es ist genau das Gegenteil von dem, was sie bis dahin zu hören bekamen. „Wenn ich mir alles erlaube, dann werde ich nur noch Kuchen essen und endlos zunehmen!", meinen sie dann. Ja, das kann in der Anfangsphase auch der Fall sein. Doch indem wir mit den verbleibenden sieben Essgründen arbeiten und diese auflösen, wird Kuchen bald uninteressant. In der Anfangsphase ist eine leichte Zunahme möglich, aber schon sehr bald werden die Essanfälle kleiner und weniger häufig.

Gefangen im Diät-Fress-Teufelskreis

Einen sehr großen Teil meiner Lebensenergie verschwendete ich mit der Suche nach der nächsten Wunderdiät, die mich endlich schlank machen würde. Wohin auch immer ich ging, was ich auch immer tat, alles war überschattet von dieser dunklen Wolke der Essstörung, die ständig über meinem Kopf schwebte. Seit meiner Jugend wurde mir immer wieder gesagt, dass ich zu gerne esse und zu viel wiege. Immer wieder versuchte ich, auf Süßigkeiten zu verzichten oder ganze Mahlzeiten auszulassen. Schnell abnehmen würde man damit, meinten die „Expert:innen". Oftmals reduzierte sich auch mein Gewicht, aber ich konnte es nicht einmal für fünf Minuten halten. Monatelang konnte ich mich an einen Essensplan halten. Kam aber ein stressiges

Ereignis dazu, wie eine Reise oder ein Umzug, wurde die Esslust wieder groß und mein Gewicht stieg.

Heute weiß ich, dass restriktive Diäten die meisten Menschen langfristig nur dicker machen. Sehr oft sind Schlankheitskuren sogar der Auslöser für Essstörungen. Bei mir war der Auslöser für das zwanghafte Essen mein tiefer Selbstwert und meine Minderwertigkeitsgefühle. Aus heutiger Sicht liegt es auf der Hand, dass dann ein Essensplan oder gar eine Diät nicht die Lösung sind, oder?

25 Jahre lang war ich in diesem Teufelskreis gefangen. In dieser Zeit verlor ich insgesamt 110 kg und nahm 165 kg wieder zu. Scham- und Schuldgefühle begleiteten mich täglich. Nach jeder Abnahme schwor ich mir, nie wieder zuzunehmen. Das Gewicht wurde aber immer wieder mehr und mein Selbstwertgefühl dabei immer weniger. Ja, ich hatte eine Essstörung entwickelt. Ich aß maßlos viel an den meisten Tagen. Manchmal ganze Torten auf einmal allein auf meinem Sofa, andere Male schnell zwei oder drei Schokoriegel im Bus. Nach der Arbeit fuhr ich in den Supermarkt und deckte mich mit Süßigkeiten ein, die ich dann auf der 30-minütigen Heimfahrt auf der Autobahn achtlos und zwanghaft in mich hineinstopfte.

Essen war zu meinem Freund und Feind gleichzeitig geworden. Es war Seelentröster und Gefühle-Ersticker zugleich. Es ließ mich abtauchen ins Vergessen. Wenn ich mit meinen Süßigkeiten alleine war, verschwanden für einen Moment alle meine Verpflichtungen und Leiden der Welt. Wie sollte ich auf das Essen verzichten können, solange meine Seele Trost brauchte? Wie sonst sollte ich mit meinen Gefühlen umgehen? Was würde mir helfen, den Stress des Alltags und die Erwartungen anderer für einen Moment zu ignorieren?

Ganz oft hatte ich auch das Gefühl, dass ich rebellierte, mich selbst zerstören wollte. Aber wogegen? Und warum? Inzwischen habe ich es herausgefunden, aber dazu kommen wir später.

Was musste ich tun, damit ich mich endlich gut genug fühlte und meinen Wert nicht mehr über meine Figur definierte? Wie konnte ich Frieden schließen mit dem Essen und meinem Körper?

Die Sehnsucht nach Frieden

Ich weiß noch genau, wo ich war, als ich mich dafür entschied, nicht mehr zu kämpfen: Ich war 42 Jahre alt und lief mit gesenktem Blick durch die Halle am Zürcher Hauptbahnhof. Ich war müde. Ich hatte es so satt, mich täglich wieder selbst zu enttäuschen. Ich wollte einfach nur, dass es aufhört. „Das Gewicht ist mir langsam wirklich egal. Ich will einfach nur noch Frieden und mein Leben glücklich leben!" Ich konnte nicht mehr. Ich war am Resignieren. Das Abnehmen hatte bis jetzt nicht funktioniert. Wie lange wollte ich noch mit meinem Kopf durch die Wand rennen? Es musste eine Lösung für mein Problem geben, da war ich mir sicher. Bis jetzt hatte ich sie aber noch nicht gefunden, weder beim Psychologen noch beim Ernährungsberater oder beim Hypnosetherapeuten.

In meiner Verzweiflung entschied ich mich, die dickste Ernährungsberaterin der Schweiz zu werden und schrieb mich für eine zweijährige Ausbildung in Ernährungspsychologie ein. Ich würde der Sache selbst auf den Grund gehen und einen Weg aus dem Kampf finden! Ein Teil des Prozesses, der mir den Frieden mit dem Essen und meinem Körper gebracht hat, möchte ich dir hier aufzeigen. Auch wenn du keine Essstörung hast, kannst du hier sehr viel mitnehmen, um liebevoller und fürsorglicher mit dir umzugehen.

Das Gehirn im Kampfmodus

Hast du gewusst, dass bereits ein einziger selbstkritischer Gedanke Stresshormone auslöst? Wenn wir uns Druck machen, dass wir doch endlich abnehmen und heute nur grünen Salat essen oder gar ganze Mahlzeiten auslassen sollten, wird das Gehirn in den Stresszustand versetzt; es denkt, es muss kämpfen oder davonrennen. Die Stresshormone Cortisol und Adrenalin werden ausgeschüttet, die den Blutdruck erhöhen, aber auch den Blutzuckerspiegel und bei vielen Menschen den Appetit auf fettige und zuckerhaltige Lebensmittel auslösen. Jeder ablehnende Gedanke gegenüber unserem Körper hat die gleiche Wirkung. Gedanken, die uns ein unangenehmes Gefühl geben, bedeuten Stress für unser System:

- Ich habe es schon wieder nicht geschafft.
- Schau mal, wie dieser Bauch hängt!
- Was ist nur los mit mir?
- Diese Hose geht gar nicht. Mein Hintern sieht viel zu dick darin aus!

- Ich sollte wirklich das Abendessen auslassen!

Wir hören heute immer wieder, dass chronischer Stress für eine Vielzahl an Krankheiten verantwortlich ist. Man könnte sogar sagen, dass uns unsere Gedanken regelrecht krank machen. Mir war nicht bewusst, was in meinem Kopf abging. Ich hatte gar nicht bemerkt, wie kritisch und verletzend ich mit mir selbst sprach. Kein Wunder, dass ich mich abends mit viel Essen betäuben musste: Ich war traurig und gestresst. Um Frieden mit dem Essen und meinem Körper zu bekommen, begann ich also, netter mit mir selbst sprechen. Als ich das mit einer simplen Übung schaffte, verringerten sich auch meine Essanfälle um 70 %. Ich werde dir diese Übung gleich zeigen.

Frieden in meinem Kopf verändert die Gesellschaft

Oft höre ich: „Ja, aber ich werde von der Gesellschaft kritisiert oder gar diskriminiert! Wie soll ich da Frieden mit mir selbst finden?" Wir mögen es gar nicht, von anderen kritisiert und bewertet zu werden. Aber ich kann „die Gesellschaft" nur verändern, wenn ich mich selbst zuerst ändere. Unser größter Kritiker sitzt in unserem Kopf, nicht im Nachbarhaus. Wenn ich mich selbst kritisiere, werde ich auch immer Kritik von meinem Umfeld anziehen und wahrnehmen. Mit mir im Reinen zu sein bedeutet auch, dass ich abfällige Bemerkungen gar nicht mehr registriere. Wenn ich es doch tue, nehme ich sie nicht mehr als wahr an; sie können mir nichts mehr anhaben. Unsere Umwelt ist immer ein Spiegel unserer Innenwelt. Ich kann nicht erwarten, dass mich die Gesellschaft toll findet, wenn ich mich selbst nicht mal im Spiegel anschauen kann. Wenn ich Akzeptanz in meinem Umfeld erfahren möchte, muss ich mich selbst akzeptieren können.

Wenn jeder Mensch mit sich selbst im Frieden wäre, sich und somit auch andere mögen würde ... was wäre dann? Gäbe es dann noch Diskriminierung? Gäbe es noch öffentliche Beleidigungen? Gäbe es noch Krieg? Wenn in unserer aller Köpfe Frieden herrschte, wäre es dann nicht auch auf der ganzen Welt friedlich?

„Liebe deinen Nächsten wie dich selbst", hat Jesus Christus (Mk 12, 31), einer meiner Lieblingslehrer, einmal gesagt. Beides nicht ganz einfach und doch beides so wichtig. Ich kann meinen Mitmenschen nur lieben, wenn ich auch mich selbst liebe. Also lasst uns bei uns beginnen. Lasst uns Frieden mit uns selbst schließen und lasst uns friedliche und wohlwollende Gedanken denken. Denn die Gesellschaft sind WIR, du und ich.

Mit den 8 Essgründen zu Frieden mit Körper und Essen (und sich selbst)

Ich wünsche mir auch für dich Frieden mit dir selbst. Warum? Weil jeder Mensch, der sich selbst mag, die Welt ein wenig besser macht. Lass dir also zeigen, wie auch du Frieden mit dem Essen und deinem Körper schließen kannst. Es ist gar nicht so schwierig, wahrscheinlich eher ungewohnt. Ich habe dafür eine Schritt-für-Schritt-Anleitung entwickelt, denn ich habe nach und nach herausgefunden, warum mein Selbstwert so tief war und ich zwanghaft essen musste. Während meiner 2-jährigen Ausbildung in Ernährungspsychologie, viel Selbstreflexion und meiner eigenen Erfahrung haben sich für mich 8 Gründe herauskristallisiert, warum wir den Drang nach Essen verspüren. Wenn wir die auflösen, dann brauchen wir Essen nicht mehr, um uns besser zu fühlen. Unser Selbstwert und unsere Selbstfürsorge werden so gestärkt und aufgebaut, dass die Gedanken an das Essen immer weniger Raum einnehmen.

Unser Körper wird wieder zu unserem Freund und so kann eine dauerhafte Gewichtsabnahme möglich werden. Aus Kampf, Druck und Kontrolle kommt nie das heraus, was wir uns wünschen. In den nächsten Abschnitten teile ich dir Tipps und Übungen mit, die mir geholfen haben, Frieden mit mir zu schließen:

Essgrund 3: Von Selbstkritik zur Selbstliebe

Hast du dir einmal bewusst zugehört, wie du mit dir selbst sprichst? Ich habe das zum allerersten Mal mit 43 Jahren gemacht. Ich erschrak, wie kritisch ich mit mir selbst umging. Als ich anfing hinzuhören, wurde mir klar, warum ich mich jeden Abend mit Essen betäuben musste. Mein innerer Dialog hörte sich etwa so an:

„Diese Uniform sitzt viel zu eng. Der Blazer geht ja kaum über deinen dicken Hintern. Wie das wieder aussieht! Heute gibt es für dich keine Süßigkeiten. Du musst dringend abnehmen. Kann doch nicht so schwierig sein."

Ich kam von meiner Tour als Zugbegleiterin, war müde und unzufrieden. Am Spind, wo ich meine Arbeitsgeräte verstaute, traf ich noch meine Kollegin: 10 Jahre jünger, schlank und knackig, frisch wie eine Morgenbrise. Mein Gesicht glänzte und war klebrig verschwitzt. Es war schwül heute. Warum sah man ihr das nicht an? Ihre Haut war makellos, nicht ölig wie meine. Natürlich war ich trotzdem nett zu ihr und wünschte ihr einen schönen Abend.

Sich mit anderen zu vergleichen, ist nie eine gute Idee. Warum tat ich es immer und immer wieder? Das rettende „Aha" brachte mir die Arbeit mit meinen Persönlichkeitsanteilen. Sie zeigte auf, dass wir unsere inneren Dialoge und Reaktionen hauptsächlich fünf Persönlichkeitsanteilen zuweisen können:

• Innerer Kritiker
• Innerer Fürsorger
• Natürliches Kind
• Angepasstes Kind
• Rebellisches Kind

Diese fünf Anteile, die für die erlernten Verhaltensmuster und Glaubenssätze stehen, werden von dem Beobachter wertfrei wahrgenommen, also von mir.

Lass mich dir ein Beispiel geben, wie sich diese Anteile zeigen können: Du gehst an einem Schaufenster vorbei und entscheidest, dein Spiegelbild zu überprüfen, weil du nicht sicher bist, ob deine Bluse richtig sitzt (Beobachter/ Logik). Sofort meldet sich der innere Kritiker: „Oh Mann, dieser Hintern! Zieh die Bluse besser drüber, damit ihn nicht jeder sieht! Wann wirst du endlich wieder zum Sport gehen? Es wäre bitter nötig. Aber, nein, du kommst ja wieder mal kaum vom Sofa hoch. Typisch!" Sicher übertreibe ich jetzt ein wenig, aber mein innerer Kritiker hörte sich lange ziemlich ähnlich an. Der Kritiker redet meist mit dem erhobenen Zeigefinger mit uns, mahnt uns und weist zurecht. Bei vielen von uns ist er besonders laut, wenn es um unseren Körper oder unser Essen geht. Das mag das rebellische Kind überhaupt nicht. Es reagiert meist sofort. Oft sind wir uns dessen gar nicht bewusst: „Oh Mann, was hat der wieder für ein Problem? Nein, wir gehen nicht zum Sport! Niemals! Der kann meckern so viel er will! Wir lassen uns von dem nichts sagen! Komm, wir zeigen es ihm, lass uns ein Eis essen!" Der innere Kritiker und das rebellische Kind geben sich Saures, bis wir sie unterbrechen.

Das sind automatische Abläufe, die bei mir immer unbewusst abliefen. Vielleicht fragst du dich manchmal auch, warum du dich selbst sabotierst. Genau das könnte ein Grund sein: Dein innerer Kritiker ist sehr präsent und laut, worauf der Rebell kontert.

Übung 2 – von Selbstkritik zu Selbstliebe

Wie können wir diesen destruktiven Automatismus stoppen? Dazu habe ich einen 3-Schritte-Prozess entwickelt:

1. Wir nehmen unseren inneren Kritiker wertfrei mit unserem Beobachter, unserer Logik, wahr.
2. Wir distanzieren uns von ihm und realisieren, welcher Persönlichkeitsanteil gerade spricht. Gib

ihm dazu gerne das Gesicht und die Stimme einer Cartoon-Figur.

3. Wir richten unsere Aufmerksamkeit auf unseren inneren Fürsorger.

Der innere Dialog vor dem Schaufenster könnte dann so ablaufen:

• Innerer Kritiker: „Oh Mann, dieser Hintern …!"

• Ich als Beobachter: „Aha, der Kritiker meldet sich gerade, wie meistens bei einem Spiegel. Meine Fürsorgerin, was hast du dazu zu sagen?"

• Innerer Fürsorger: „Ja, dein Hintern ist groß und so schön rund! Du darfst ihn mit Stolz tragen. Lass dir vom Kritiker nicht den Tag verderben! Du machst es schon, so gut du kannst. Außerdem: Schau mal, wie schön dein Lächeln ist und wie toll deine Haare über deine Schultern fallen! Hey, und weißt du, was auch toll ist? Die Sonne scheint und die Vögel pfeifen. Hörst du sie?"

Was ist das Resultat? Ich brauche kein Eis, weil mein rebellisches Kind ruhig geblieben ist. Ich fühle mich *zu-Frieden* und gehe gut gelaunt weiter. Meinen inneren Kritiker habe ich auf seinen Platz verwiesen und ihn dann ignoriert. Er hat keine Macht mehr über mich. In meinem Kopf ist Frieden anstatt Krieg. Das ist eine Übung, die meinen Selbstwert schnell steigerte und gleichzeitig meine Essanfälle und meine Selbstsabotage um ein Vielfaches reduzierte.

Von meiner Arbeit mit Klient:innen weiß ich, dass es schwerfallen kann, diese kritische Stimme wahrzunehmen. Dabei kann es helfen, immer wieder behutsam auf das eigene Empfinden zu achten: Wie geht es mir gerade? Denn ein lauter innerer Kritiker löst meist unangenehme Gefühle aus: Wir fühlen uns klein, schuldig, minderwertig und schämen uns. Wenn ich mich also schlecht fühle, kommt es oft von meinem inneren Kritiker.

Oft werde ich gefragt: „Ich höre meinen inneren Fürsorger nicht. Was kann ich tun?" Da hilft die Frage, wie du denn gerne getröstet werden würdest oder wie du ein Kind besänftigen würdest, das sich gerade minderwertig fühlt. Das sind dann genau die Worte, mit denen du dich selbst trösten und beruhigen kannst.

Mit ein wenig Übung übernimmt unser Gehirn neue Gedankengänge und Glaubenssätze. Wir nehmen den inneren Kritiker schneller wahr und können gleich zur fürsorglichen Stimme wechseln. Ein schöner Effekt dieser Übung ist, dass Stress abgebaut wird. Jedes Mal, wenn mir mein innerer Fürsorger ein Gefühl der Erleichterung gibt, werden anstatt Stresshormonen Glückshormone ausgeschüttet. Der emotionale Set-Point unseres Gehirns (der Sollwert, den das Gehirn stets versucht aufrechtzuerhalten) wird somit langfristig erhöht, was auch einen Einfluss auf den Gewichts-Set-Point unseres Körpers hat. Je öfter wir uns gut fühlen, Frieden und Freude empfinden, desto mehr gewöhnt sich unser Gehirn daran; es wird es als unseren natürlichen Zustand ansehen.

Essgrund 5: Alte Muster

Ein anderer Grund, warum in unseren Köpfen ein Krieg tobt, sind alte destruktive Glaubenssätze und -muster. Vielleicht haben wir als Kind gelernt, dass wir uns Liebe verdienen müssen, weil unsere Eltern nicht viel Zeit für uns hatten und uns nicht genug Beachtung geschenkt hatten. Wenn wir lieb und nett waren, gute Noten nach Hause brachten, wurden wir gelobt und bekamen positive Aufmerksamkeit. Diese Erfahrung kann dazu führen, dass ich als Erwachsene andere Bedürfnisse immer vor meine eigenen stelle. Dass ich gar nicht weiß, was ich brauche, und wenn ich es wüsste, es mich nicht auszudrücken traute. Oder es war für mich als junger Teenager nicht sicher, meine unangenehmen Gefühle zu äußern, und so habe ich gelernt, sie herunterzuschlucken oder gar nicht mehr zu spüren. Was wir als Kinder über uns und unsere Umwelt lernen, verankert sich in unserem Unterbewusstsein.

Immer wieder stelle ich in Coachings fest, dass sich Klient:innen unbewusst heute genauso behandeln, wie sie als Kind behandelt wurden: Sie schenken sich selbst kaum Beachtung, schätzen sich selbst nicht wert, stellen sich und ihre Bedürfnisse hinten an, betäuben ihre Gefühle etc. Diese Erkenntnis ist erschreckend, aber auch aufschlussreich: Warum wiederhole ich meine Kindheit und behandle mich genauso, wie ich nie behandelt werden wollte?

Erst gestern führte ich diese Unterhaltung mit meiner Mutter: „Bis zu deinem 9. Lebensjahr bist du neunmal

umgezogen … vielleicht ist das hängengeblieben?",
meinte sie. In meinem Erwachsenenleben fehlen mir bis
jetzt Stabilität und Wurzeln. Ich bin viel umgezogen. In
meiner aktivsten Zeit alle sechs Monate; ich lebte viele
Jahre aus dem Koffer. Es war für mich eine spannende
und interessante Lebensphase, aber auch eine sehr stres-
sige. Ich bin auch überzeugt, dass mein schwerer Körper
für diese Stabilität steht, die ich mir selbst nie – oder viel
zu selten – gab.

Die erlernten Muster in der Kindheit bestimmen
auch heute zu 95 % über unsere Gedanken, Gefühle,
Gewohnheiten und somit über unser Leben.

**Übung 3 – Sich selbst eine gute Mutter, ein guter Vater
sein**

Diese Muster – und somit unsere Gewohnheiten –
können wir ändern, indem wir uns diese zwei großen
Fragen stellen:

1. Was hatte mir damals gefehlt? Wovon hätte ich mir
   mehr gewünscht?
2. Wie kann ich mir das heute selbst geben?

Beispiele dafür können sein:

- Mir meiner Bedürfnisse bewusst zu sein
- Bevor ich Ja zu etwas sage, mich zu fragen: „Will ich
  das überhaupt?"
- Nein zu sagen und dazu zu stehen
- Mir mehr Aufmerksamkeit einzuräumen
- Mir selbst Zuspruch zu geben
- Mich zu loben

Es kann sehr gut sein, dass sich dein innerer Kritiker jetzt meldet und sich gegen diese Übung wehrt. Er will nämlich nicht, dass du dich veränderst. Dann mach es, wie du es in der letzten Übung gelernt hast: Höre nicht auf ihn und fokussiere dich auf deinen inneren Fürsorger. Er könnte Dinge sagen wie: „Na, aber wenn du jetzt so egoistisch wirst, dann mag dich keiner mehr!". Er will dich vor Verletzung schützen. Was könnte dein fürsorgliches Eltern-Ich (dein innerer Fürsorger) dazu meinen? Vielleicht etwas wie „Hey, du bist genauso viel wert wie andere und darfst für dich genauso einstehen. Du brauchst nicht anderen so oft den Vorrang zu geben! Die Menschen, die dich lieben und denen du wichtig bist, werden das auch verstehen und gut finden."

Am Anfang ist immer ein Gedanke

Wie wir über uns und über das Leben denken, hat einen direkten Einfluss auf unser Leben. Wenn ich davon überzeugt bin, dass die Bedürfnisse anderer Menschen wichtiger sind als meine, dann werde ich auch so handeln: Ich werde mich immer hintanstellen. Unterbewusst erschaffe ich mir ein Umfeld, in dem ich genau die Erfahrungen mache, dir mir bestätigen, dass ich nicht zähle.

Zum Beispiel habe ich immer Männer angezogen, die mir mein Gefühl der Wertlosigkeit bestätigten: Ich wurde bei Dates oft versetzt (einmal sogar an meinem Geburtstag!), belogen, benutzt und *geghosted* (sie meldeten sich einfach nicht mehr). Die Dating-Szene war oft sehr schmerzhaft für mich und ich wurde in meinem Glauben immer mehr bestärkt: Man(n) konnte mich einfach nicht lieben. Mit mir stimmte etwas nicht. Ich war einfach zu dick und unsexy.

Genauso bestimmen Glaubenssätze wie „Ich bin zu dick" (auch wenn wir es gar nicht sind) oder „Ich habe immer Geldprobleme" über unsere Realität. Unser Unterbewusstsein wird zusehen, dass wir recht bekommen. Darum ist es unausweichlich, zurück zum Ursprung zu gehen, diese Glaubensmuster zu entlarven und zu überschreiben. So werden sich auch unsere Gewohnheiten und unsere Lebensumstände verändern. Die Veränderung muss zuerst in unserem Kopf, in unserem Inneren geschehen, bevor sich im Außen etwas verändern kann.

Eingefahrene Gewohnheiten können durch eine Verhaltensänderung abgelegt werden, indem wir eine neue Handlung einstudieren, ähnlich wie beim Fahrradfahren, dem Erlernen einer Fremdsprache oder des 10-Finger-Systems. Wir wiederholen etwas so lange und so oft, bis das Gehirn es von alleine kann und es automatisiert abläuft. Wie in diesem Moment: Ich tippe auf der Tastatur und muss nicht mehr überlegen, wo sich denn jetzt das U befindet. Das Problem damit aber ist, dass es ständige Wiederholung und viel Disziplin braucht, Neues zu lernen, und wir das selten bis nie allein so ausdauernd tun, wie es notwendig wäre. Damit wir uns neue Fähigkeiten aneignen, gehen wir zur Schule oder belegen Kurse. Somit sind feste Zeiten in unserem Kalender dafür blockiert und wir brauchen uns dafür nicht selbst zu disziplinieren. Der Lehrer oder die Kursleiterin stellt sicher, dass ich meine Vokabeln einstudiere.

Dazu kommt, dass unser Gehirn am liebsten in Gruppen lernt.

Vielen Kindern und Jugendlichen fehlt die emotionale Unterstützung. Sie lernen nicht, ihre Gefühle und Bedürfnisse konstruktiv zu äußern und suchen sich stattdessen eine Bewältigungsstrategie; bei mir war diese Essen. Ein warmer, voller Magen gab mir immer ein Gefühl von Sicherheit. Wenn wir schon in unserer Jugend begonnen haben, Gefühle mit Essen zu betäuben und uns bei Stress damit zu besänftigen, dann haben sich seither starke, neuronale Verknüpfungen gebildet; feste Gewohnheiten und Automatismen sind entstanden. Gerade wenn es um emotionales Essen und Binge Eating geht, ist das Essen für unser Gehirn bei Stress überlebenswichtig geworden. Dagegen kommen wir allein mit Disziplin nicht mehr an. Manche von uns schaffen es zwar immer wieder, sich an einen Essensplan zu halten, aber meist nicht lange genug, um diese Störung zu heilen. Haben wir keine Sorgen und sind zufrieden, verhalten wir uns meist wie alle anderen. Sind wir jedoch im Stress, haben Probleme, schlafen nicht gut oder versuchen gerade, unseren Körper zum Abnehmen zu zwingen, läuft auch unser Essen aus dem Ruder. Die nächste Übung kann dir da eventuell etwas aufzeigen:

Übung 4 – Gewichtskurve

Nimm ein Blatt Papier zeichne deine Gewichtskurve auf. (Wenn dein Gewicht eher stabil geblieben ist über die Jahre, kannst du auch eine Zufriedenheitskurve zeichnen: Wann warst du zufrieden mit dir und deinem

Körper?) Kannst du dich ungefähr daran erinnern, wann dein Gewicht eher sank und wann es eher stieg? Waren damit Ereignisse oder Umstände verknüpft? Siehst du da Parallelen?

Als ich diese Übung machte, ging mir ein Licht auf: Immer, wenn meine Umstände stabil und sicher waren, fiel es mir leicht abzunehmen. Wenn ich eine geregelte Arbeit und Wohnsituation hatte, fühlte ich mich meist weniger süchtig nach Essen. In mir war es ruhig. Da ich aber bis zu meinem 9. Lebensjahr schon neunmal umziehen musste, wiederholte ich das gleiche Muster als Erwachsene: Ich zog ständig um. Genau das, machte mir jedes Mal von Neuem ein Strich durch die Rechnung. Immer, wenn ich wieder auf Reisen ging, kein geregeltes Einkommen hatte oder mir ein neues Zuhause suchte, ging das Gewicht nach oben. Diese Erkenntnis war für mich entscheidend. Sie zeigte mir auf, dass mein Bedürfnis nach einem stabilen Umfeld sehr wichtig ist. Genau das ist es, was mir guttut. Die Kunst ist dabei, dieses mit meinem Drang nach Abenteuer in Einklang zu bringen.

Frieden für dich und mich

Lass mich kurz zusammenfassen, wie du Frieden in dir und somit in deinem Umfeld möglich machen kannst:

Wenn du immer wieder unter deinem Essverhalten leidest, schmeiße die Liste mit den „guten" und „bösen" Esswaren weg. Diese Verbotsliste führt immer wieder zu dem Denken: „Heute habe ich eh schon versagt, jetzt ist es auch egal, ich mach es dann morgen wieder richtig." Dieses „Ab morgen"-Denken öffnet die Tür für die Henkersmahlzeit.

Nimm deinen inneren Kritiker wahr und distanziere dich von ihm. Das rebellische Kind in uns ist somit ruhig. Unseren Fokus legen wir besser auf den inneren Fürsorger, der uns liebevolle, tröstende, aufbauende Worte sagt.

Denk- und Verhaltensmuster aus der Kindheit bestimmen zu 95 % unsere heutigen Gedanken, Gefühle und Gewohnheiten. Wenn ich mich frage: „Was hatte damals gefehlt? Wie kann ich es mir heute geben?", kann ich mein Verhalten ändern.

Zeichne deine Gewichtskurve (oder Körperzufriedenheit) mit den dazugehörigen Ereignissen auf und schaue, ob du Parallelen findest. Zeigt dir das etwas auf über deine Bedürfnisse und Glaubenssätze?

Unsere Gedanken bestimmen über unser Leben und auch über unsere Gesundheit. Darum ist es so wichtig, dass wir uns ihrer bewusst sind und sie auch steuern. Friedliche Gedanken führen zu Frieden in unserem Leben. Dieser Frieden in uns schwappt auf andere Menschen über und ehe wir's uns versehen auf die ganze Welt. Weltfrieden beginnt bei mir. Was fehlt dir noch zu deinem Frieden? Warum brauchst du das unbedingt? Wie kannst du es dir erschaffen?

Lasst uns Ja sagen zum Essen; Ja sagen zu unserem Körper und Ja sagen zu unseren Träumen! Ja-Ja-Effekt® statt Jo-Jo-Effekt. Lasst uns endlich zufrieden sein mit uns, denn dann haben wir die Macht und die Energie, aus unserem Leben etwas Großartiges zu machen! Wenn wir alle unser volles Potenzial leben, machen wir diesen Planeten ein wenig besser. Als wir geboren wurden, hat mindestens eine Person uns als vollkommenes Wunder gesehen. Nichts hat sich seit unserer Geburt verändert; wir sind noch das genau gleiche Wunder und auch noch genauso vollkommen.

Ich habe für dich die ernährungspsychologische Komplett-Anleitung „8 Essgründe – Wege aus dem Esszwang" zusammengestellt. Sie zeigen dir den Weg zu Frieden mit Körper und Essen. Gerne kannst du sie dir hier herunterladen: https://ichbinfrieden.de/pulver

Deine Nadine Pulver

Ich bin Frieden und Kampf

Dr. Julia Naudzsus

Was ist meine Definition von Frieden?

Das Wort Frieden steht für verschiedene Bedeutungen wie Versöhnung, Nähe, Eintracht, Harmonie, Waffenstillstand. Frieden entsteht durch Harmonie. Besonders gut wird dies durch das chinesische Zeichen Yin und Yang ausgedrückt. Ähnliche oder gleichartige dualistische Zeichen waren auch bei anderen Völkern wie den Kelten, Etruskern und Römern verbreitet.

Mit Yin und Yang werden Gegensätze beschrieben, welche ineinander übergehen und nicht ohne ihren Gegenpart sein können. Der dunkle Teil steht für das Schattige, Empfangende, Weibliche, Dunkle, die Erde. Der helle Teil verkörpert das Sonnige, Schöpferische, Männliche, Helle, den Himmel. In der nordischen Mythologie war Freyr der Gott des Friedens und des Wohlstands, in der griechischen Eirene die Friedensgöttin.

Wenn der Himmel auf Erden ist, kann alles Leben wachsen und gedeihen. Es herrschen Harmonie,

95

Wohlstand und Frieden. Dabei kann es keinen Frieden ohne Kampf geben. Kampf ist jedoch nicht mit Krieg gleichzusetzen. Frieden bedeutet nicht, immer lieb, nett und artig zu sein. Diese Wörter können auch für Fürsorglichkeit, Ruhe und Angepasstheit stehen. Genauso wichtig sind die Gegenspieler Kampf, Aktivität und Selbstbewusstsein. Das wurde mir im Laufe meines Lebens immer klarer.

Warum ich aufgehört habe, als Frau immer lieb, nett und artig zu sein

Kommt dir das bekannt vor? Du hast jemanden kennengelernt. Es interessiert sich jemand für dich. Du fühlst dich super.

So erging es mir, als ich Marko kennengelernte. Ich war noch relativ jung, naiv und unerfahren. Er bat mich damals immer wieder, ihn mit meinem kleinen roten Golf irgendwohin zu fahren oder etwas zu transportieren, weil er gerade keinen Führerschein hatte. Mein Kleiner war damals noch ein Baby. Also musste ich ihn immer mitnehmen.

Eines Abends fuhr ich wegen Marko durch die Stadt. Schon mit einem schlechten Gewissen, denn mein Baby sollte zu Hause in seinem Bett liegen. Aber ich wollte ja helfen. Auf einmal überholte uns ein anderes Auto mit stark überhöhter Geschwindigkeit. Marko aufgeregt zu mir: „Komm, Julia, folge dem Auto! Das ist ja unverschämt, was der sich erlaubt!" Ich also Fuß auf das Gaspedal und hinterher.

Wie ich so durch die leeren Straßen düste und mich ärgerte, weil ich eine sinnlose Verfolgungsjagd mache, stieg in mir ein Gefühl auf. Dieses Gefühl verdichtete sich zu einer Frage in rot leuchtenden Buchstaben: „Was mache ich hier eigentlich? Hat Marko denn überhaupt kein Verantwortungsbewusstsein? Genau genommen ist er ein totaler Idiot und bringt mich und mein Baby in Gefahr! Es ist doch nicht unsere Aufgabe, einem Verkehrsrowdy zu folgen!"

Doch dann wurde mir auf einmal etwas klar: „Ja, Marko, dieser unverantwortliche Kerl, hat mich gefragt, ob ich ihn fahren kann. Doch ICH habe Ja gesagt. Marko

97

hat mich aufgefordert, dem anderen Wagen zu folgen. ICH habe es getan." Es war nicht seine Schuld, dass ich mich darauf eingelassen hatte. Es war allein meine Entscheidung und meine Verantwortung. Dabei wurde mein schlechtes Gewissen immer größer: „Mein Gott, was bin ich nur für eine verantwortungslose Mutter!" In diesem Moment brach ich die Verfolgungsjagd ab. Ich fuhr nach Hause und brachte mein Baby ins Bett. Die Beziehung zu Marko, die keine war, sondern ein einseitiges Arrangement, endete abrupt.

Seither weiß ich: „Es gehören immer zwei Personen zu einer für mich ungünstigen Situation. Die eine Person tut oder fordert etwas, was für mich nicht so toll ist. Aber es gehört immer die zweite Person dazu, die es zulässt." In diesem Moment schwor ich mir: „Ich werde nicht mehr die zweite Person sein. Ich werde nicht mehr zu etwas Ja sagen, was ich nicht will. Ich werde nicht mehr Ja sagen, wenn es meinen Kindern schadet. Ich werde es nicht mehr hinnehmen, wenn mich jemand ausnutzt oder respektlos behandelt."

Im Nachhinein waren die zwei Wochen mit Marko nicht die tollste Zeit gewesen, dafür jedoch sehr lehrreich, denn mir wurde deutlich vor Augen geführt, wie dämlich und unverantwortlich ich mich manchmal verhalten hatte. Ich hatte nicht gelernt, NEIN zu sagen. Es lag mir nicht im Blut. Doch in dem Moment, als es nicht mehr um Schuld, sondern um meine Verantwortung ging, konnte ich anfangen, bessere Beziehungen privat und im beruflichen Umfeld zu führen. Ich beschloss, in Zukunft die Verantwortung für mich und mein Handeln zu übernehmen. Jetzt musste ich nur noch lernen, Grenzen zu setzen und selbstbewusster zu werden. Ich wollte aufhören, immer lieb, nett und artig zu sein.

Mein Weg zu Frieden über den Kampf – Ich mache mich groß und nehme mir Raum!

Eine Alltagssituation: eine Engstelle im Straßenverkehr. Rechts und links parken Autos. In der Mitte kann nur ein Auto durchfahren. Ein klarer Fall für den § 1 der Straßenverkehrs-Ordnung, der gegenseitige Rücksicht fordert. Theoretisch, weil praktisch passierte mir regelmäßig folgendes:

Ich war mit meinem kleinen roten Golf auf dem Weg zum Einkaufen und kam zu der Stelle, an der nur ein Auto durchpasste. Mir kam ein kostenintensiveres, größeres Fahrzeug entgegen. Da ich zuerst da war, fuhr ich weiter. Nun war mein Gegenüber, ich nenne ihn einfach mal Eberhard, der Meinung, aufgrund der Größe und des Automodells Vorfahrt zu haben und fuhr ebenfalls weiter. Manchmal hatte ich keine Lust auf diese Auseinandersetzung, dann hielt ich rechtzeitig an. Doch immer öfter zog ich in einen kleinen Kampf. Warum sollte ich immer wieder nachgeben, nur weil ich kleiner war oder sich mein Gegenüber größer und mächtiger fühlte?

Wir waren also beide weitergefahren, bis wir voreinander stehen bleiben mussten. Nun wurde es spannend, zu sehen, wie Eberhard reagieren würde. Genauer gesagt, mittlerweile finde ich es spannend. Früher war ich ziemlich aufgeregt und musste eine Extra-Portion Mut und Kraft mobilisieren. Äußerlich blieb ich ruhig und entspannt. Eberhard hob entnervt die Hände, so nach dem Motto: „Hey, was soll das?" Ich zuckte mit den Schultern – und blieb stehen. Eberhard fing an, zu gestikulieren. Ich richtete mich noch weiter auf – und blieb ruhig. Nun schimpfte Eberhard drauflos. Ich verstand natürlich kein Wort. Wie denn auch?

Ich blieb weiter ruhig stehen. Zeit hatte ich. Genau genommen nahm ich mir alle Zeit der Welt. Endlich setzte der wütende Eberhard rückwärts und ich konnte meine Fahrt fortsetzen. „Hat der mir jetzt im Vorbeifahren noch einen Vogel gezeigt? Spinnt der?" Langsam kam ich zur Ruhe und fragte mich: „Warum muss das immer so anstrengend sein? Andere gehen doch auch ganz locker mit so einer Situation um. Ja, okay, ich bin nicht wie die anderen." Viele Jahre später fuhr ich einen alten türkisfarbenen Mercedes Sprinter. Nun hatte ich nicht mehr das Problem, dass mir regelmäßig jemand die Vorfahrt nahm. Jetzt war mein Auto das Größere.

Meine Geschichte soll keine Aufforderung sein, sich durch den Straßenverkehr zu kämpfen. Ich finde, dieser ist heutzutage schon aggressiv genug. Die Regeln werden häufig recht einseitig ausgelegt. Ich bin vielmehr für ein friedliches Miteinander von Fußgänger:innen, Radfahrer:innen, Autos, LKWs, Straßenbahnen und Bussen. Natürlich ist bei weitem nicht jede:r Fahrer:in eines kostenintensiven Fahrzeuges wie Eberhard. Doch es zeigt, warum ich lernen sollte, mich größer zu machen und mehr Raum einzunehmen, denn auf diese Art und Weise fällt es mir leichter, Grenzen zu setzen und Nein zu sagen.

Wie sieht es aus, wenn jemand meine Grenzen überschreitet oder ich nicht Nein sagen kann bzw. mich nicht so richtig traue? Dann fühle ich mich eher klein, meine Schultern hängen, mein Blick ist mehr zum Boden gerichtet als direkt in die Augen meines Gegenübers. Und hier ist auch schon eine Lösung für mein Problem: Wenn ich mich aufrichte, groß mache und lächle, dann wirke ich gleich ganz anders, viel selbstbewusster. Sogar wenn ich mich nur in meinen Gedanken riesengroß, stark und strahlend mache, spürt dies mein Gegenüber.

Dabei kann es mir helfen, daran zu denken, wie ich mich gefühlt habe, als ich frisch verliebt war, meinen Wunschstudienplatz bekommen habe oder schwanger war. Wie ich mich fühle, wenn ich eine besondere Herausforderung gemeistert oder ein kniffliges Rätsel gelöst habe.

Hierzu gibt es eine tolle Übung, die man super zu zweit ausprobieren kann. Ich habe diese Übung mit Katarina gemacht. Wir stellten uns einander gegenüber, etwa zehn Schritte auseinander, so wie es der Platz hergab. Die Aufgabe war, aufeinander zuzugehen und die Position des anderen einzunehmen. Dabei standen in der Mitte zwei Stühle so, dass nur eine Person zwischen ihnen hindurchpasste. Bevor wir losgingen, legten Katarina und ich fest, ob wir uns in Gedanken groß oder klein machen oder so bleiben würden, wie wir waren. Verraten wurde nichts.

Dann gingen wir aufeinander zu. Ich hielt automatisch vor den Stühlen an und ließ Katarina durch. Warum? Ich hatte mich in meinen Gedanken klein gemacht und Katarina in ihren groß. Deswegen habe ich ihr automatisch den Vortritt gelassen. Wenn wir beide gleichzeitig klein, normal oder groß waren, sind wir regelmäßig zusammengerammelt, weil wir auf einer Ebene waren und dieselbe Größe hatten. Ansonsten machte mal Katarina Platz, dann wieder ich. Ich fand es faszinierend, wie unsere Gedanken dieses Spiel steuerten.

Als nächstes übte ich mit fremden Menschen. Eine Fußgängerzone oder ein Fußweg eignen sich dafür hervorragend. Ich ging auf einer gedachten Linie.

Wenn ich mich in Gedanken klein machte, wich ich entgegenkommenden Passant:innen aus. Manchmal blieb ich stehen, weil keiner ausgewichen war, und wartete ab. Wenn ich mich in Gedanken richtig groß machte, dadurch aufrichtete und die Schultern straffte, konnte ich meiner Linie bis auf seltene Ausnahmen ohne Ausweichen folgen.

Genau genommen passiert dies jeden Tag unbewusst im Zusammenleben. Es gibt Menschen, die weichen mehr aus, andere gehen ihren Weg. Je bewusster ich dieses Verhalten wahrnehme, umso klarer wird mir, wie stark meine „Größe" von meiner Verfassung abhängt. Fühle ich mich gerade müde, traurig, gestresst oder ausgelaugt? Dann gehe ich anderen Menschen eher aus dem Weg. Sie kommen mir häufiger zu nahe. Fühle ich mich dagegen energiegeladen, munter und fröhlich, kann ich viel leichter meinen Weg gehen. Ich habe meinen Raum und muss ihn nicht extra verteidigen. Allein über meine Gedanken und die Körpersprache kann ich bewusst Situationen ändern.

So habe ich gelernt, mich bei Bedarf groß zu machen und mir Raum zu nehmen. Dadurch fiel es mir mit der Zeit leichter, Nein zu sagen. Das schlechte Gewissen wurde jedes Mal etwas kleiner und mein Selbstbewusstsein größer. Eine Frage hat mich dabei immer wieder beschäftigt: „Wie kommt es, dass ich als Frau besonders anfällig dafür bin, von anderen Menschen ausgenutzt zu werden? Wie kommt es, dass ich schlecht Nein sagen kann?" Bei den Hormonen habe ich eine spannende Erklärung gefunden.

Welches Hormon steht für Frieden und welches für Kampf?

Es gibt zwei Hormone, die eine besondere Auswirkung auf uns haben. Welche bestimmen, ob wir im Bauch der Mutter ein Mädchen oder ein Junge werden. Welche bestimmen, ob uns später Brüste oder Brusthaare wachsen. Welche bestimmen, ob wir mehr Frieden oder mehr Kampf sind. Diese zwei Hormone sind das Östradiol (Estradiol, E2) und das Testosteron aus der Familie der Steroidhormone. Im Bauch der Mutter sorgt die Anwesenheit von Testosteron dafür, dass sich ein Junge entwickelt. Bei Abwesenheit von Testosteron, also unter dem Einfluss von Östradiol, wird das Baby ein Mädchen.

Weitere mehr oder weniger bekannte Familienangehörige sind das Pregnenolon, Progesteron, Östron (Estron, E1), Östriol (Estriol, E3), DHEA (Dehydroepiandrosteron), DHT (Dihydrotestosteron), Cortisol (Hydrocortison) und Aldosteron. Das Oberhaupt ist das Cholesterin. Jedoch hat das Aktivitäts- und Stresshormon Cortisol das Sagen und der Rest der Steroidhormon-Familie bei Dauerstress eindeutig das Nachsehen. Zur engen Verwandtschaft gehören die Sonnenhormone Cholecalciferol (Vitamin D3) und 1,25-Dihydroxy-Cholecalciferol (Calcitriol).

Nach diesem kurzen Abstecher nun aber wieder zurück zu Östradiol und Testosteron. Die Normwerte dieser beiden Hormone weichen bei Frauen und Männern deutlich voneinander ab. Dabei sind nicht nur die absoluten Werte von Bedeutung, sondern auch das Verhältnis dieser beiden Hormone zueinander.

Das Östradiol sorgt dafür, dass wir sensibler, rücksichtsvoller und einfühlsamer sind. Damit steht es für Frieden. Das Testosteron lässt uns selbstsicherer, entschlossener und kämpferischer sein. Dadurch ist Testosteron mehr unser Kampfhormon.

Bei der jungen Frau produziert der Körper relativ viel Östradiol. Ihre biologische Aufgabe ist es, Kinder in die Welt zu setzen und großzuziehen. Dafür muss sie bereit sein, ihre eigenen Interessen und Wünsche zurückzustellen. Sie muss sensibel, rücksichtsvoll und einfühlsam sein. Mit den Jahren sinkt der Östradiolspiegel der Frauen erst langsam, in den Wechseljahren dann schneller. Am Ende der Wechseljahre pegelt er sich normalerweise auf einem relativ niedrigen Niveau ein. Das Testosteron ist nicht so starken Veränderungen unterworfen. Deswegen verschiebt sich das Verhältnis von Testosteron zu Östradiol mit zunehmendem Alter bei der Frau immer mehr in Richtung Testosteron. Das liegt wohl daran, dass die Kinder nicht mehr die volle Fürsorge brauchen, wenn sie größer bzw. aus dem Haus sind. Viele Frauen gehen im Laufe der Wechseljahre neue Wege, im Kleinen wie im Großen. Es ist Zeit für das Ausmisten im Leben. Auf einmal trennen sich Frauen von Situationen und Menschen, die nicht gut für sie sind. Sie machen sich auf den Weg zu ihrem Lebenssinn, ihrer Berufung. Sie erfüllen sich Träume, die sie bis jetzt hintenanstellen mussten.

Natürlich ist diese Darstellung stark vereinfacht, da es neben weiteren Mitgliedern aus der Familie der Steroidhormone auch viele andere Einflussfaktoren auf unsere Psyche, unser Verhalten und unsere Gesundheit gibt. Doch die Hormonumstellung in den Wechseljahren unterstützt uns Frauen, zusammen mit unserer Lebensgeschichte und unseren Erfahrungen, selbstsicherer und entschlossener für uns und die Gemeinschaft einzustehen. Wir sind auf dem Weg zur „weisen" Frau. Du kennst bestimmt „ältere" Frauen, die eine unheimliche Ausstrahlung haben. Bei denen du einfach nur denkst: „Wow, so möchte ich auch mal werden und sein!"

Meine Wechseljahre – der Start in die beste Zeit meines Lebens

Was sind die Wechseljahre? Wann gehen sie los? Wann hat Frau es hinter sich?

Die Wechseljahre werden auch als Klimakterium bezeichnet. Das Wort Klimakterium leitet sich aus dem Griechischen ab und steht für Stufenleiter oder kritischer Zeitpunkt im Leben. Es gibt die Wechseljahre bei der Frau und beim Mann. Die Wechseljahre des Mannes bezeichnet man auch als Klimakterium virile (virile steht für männlich) oder Andropause. Die Andropause umfasst den gesamten Zeitraum der Wechseljahre des Mannes. In diesem Zeitraum kommt es zu einem langsamen Rückgang des Testosterons. Es gibt auch Stimmen, die sagen, dass es beim Mann keine Wechseljahre in dem Sinne gibt.

Die Wechseljahre der Frau werden in unterschiedliche Abschnitte eingeteilt. Die Hormonumstellung ist deutlicher ausgeprägt als beim Mann und mündet in einen festen Zeitpunkt: die Menopause. Sie bezeichnet das Ende der Regelblutungen bzw. die letzte durch einen Eisprung ausgelöste Monatsblutung. Der Zeitpunkt der letzten Menstruation kann nur rückwirkend bestimmt werden, wenn die Regelblutung 12 Monate ausgeblieben ist. In der Prämenopause werden um das 40. Lebensjahr herum die Eisprünge unregelmäßiger. Dadurch sinkt der Progesteronspiegel langsam ab. Wenn der Östradiolspiegel anfängt, stärker abzusinken, geht die Prämenopause in die Perimenopause über. Die Postmenopause startet theoretisch nach dem letzten Eisprung.[1] Da dieser nur rückwirkend bestimmt werden kann, beginnt die Postmenopause 12 Monate nach der letzten Regelblutung (Menopause) und löst damit die Perimenopause ab. Die Postmenopause geht nach 5 bis 15 Jahren in das Senium (Greisenalter, „hohes Alter") über.

---

[1] Die lateinische Vorsilbe prä- steht für „vor, vorzeitig" und post- für „nach, hinter". Die griechische Vorsilbe peri bedeutet in Bezug auf einen Ort „um … herum" und in Bezug auf die Zeit „während, neben, bei". Meno leitet sich aus dem altgriechischen Wort für Monat ab.

Durch den Hormonabfall kann es zu verschiedensten Wechseljahresbeschwerden kommen. Ein Drittel der Frauen haben keine spürbaren Beschwerden, ein Drittel starke Beschwerden, der Rest liegt dazwischen.

Typische Wechseljahresbeschwerden sind:

- Vegetative Symptome wie Hitzewallungen, Erröten, Schweißausbrüche, Schwindel, Kopfschmerzen, Herzklopfen
- Psychische Symptome wie Schlaflosigkeit, depressive Stimmungen, Antriebsarmut, Reizbarkeit, Stimmungslabilität, Libidoverlust
- Organische Symptome wie Scheidentrockenheit, Juckreiz, Blasen- und Scheideninfektionen, Inkontinenz, Bartwachstum, Haarausfall, Gewichtszunahme

Ich selbst gehöre zu dem Drittel der Frauen mit mäßigen Beschwerden. Wobei ich persönlich die Beschwerden nicht „mäßig" finde. Ich hatte einen verkürzten Monatszyklus, davon war eine Woche durch besonders starke Antriebsarmut und depressive Verstimmungen gekennzeichnet. Den Rest der Zeit war ich wenig belastbar, hatte „Watte im Kopf" und konnte nur mühsam denken. Nach vier Stunden Arbeit war ich schon vollkommen ausgelaugt und müde. Immer wieder ging es mir so schlecht, dass ich deswegen nicht arbeiten gehen konnte. Dazu kamen regelmäßige Infekte. In einem Jahr war ich über sechs Wochen krankgeschrieben. Im darauffolgenden Jahr nahm ich schließlich am betrieblichen Eingliederungsmanagement teil, nur dass es mir zu diesem Zeitpunkt schon viel besser ging. Ich hatte selbst meinen Weg raus aus diesen Krankheitsphasen gefunden. Aber wie?

Alles fing mit einem Asthmaanfall an. Ich war mit der S-Bahn auf dem Rückweg von einem Seminarwochenende in Halle. In Leipzig musste ich vom Tunnelgleis zu den oben gelegenen Gleisen ganz ans andere Ende des Bahnhofs. Ich hatte nur wenig Zeit für den Umstieg in den Zug nach Dresden. Trotzdem wollte ich es versuchen. Manchmal warten die Züge ja auf Anschlusszüge und der nächste Zug fuhr erst wieder in einer Stunde.

Kaum hatte die S-Bahn angehalten, bin ich zu den Treppen geflitzt. Den Fahrstuhl zu nehmen machte keinen Sinn, weil es zu lange gedauert hätte. Nach der Hälfte der Stufen bekam ich auf einmal ein Brennen in der Lunge, sodass ich anhalten musste. Dazu kamen ein Hustenanfall und kurze Zeit später Übelkeit. Den Zug konnte ich vergessen. Bis der nächste Zug kam, war mir nicht mehr schlecht, der Husten ging im Laufe der Zugfahrt zurück. Dabei fragte ich mich: „Was war das gerade? Asthma? Ich hatte ja nicht direkt Atemnot gehabt."

Zu Hause angekommen, recherchierte ich gleich. Tatsächlich war es ein Asthmaanfall gewesen. In der Literatur wird auch beschrieben, dass frau in den Wechseljahren Asthma bekommen kann. „So ein Mist!", dachte ich. „Allergien hatte ich schon mein Leben lang. Sollte es jetzt immer weiter bergab gehen mit meiner Gesundheit?" Das waren keine guten Aussichten. Zufälligerweise war ich genau drei Wochen vorher auf einem anderen

Seminar von der Deutschen Akademie für Akupunktur e. V. Hier hatte ich das erste Mal gehört, dass bei Frauen die Eierstöcke die Hormonproduktion in den Wechseljahren einstellen und bioidentisches Progesteron helfen kann. Spontan hatte ich mir einen Stapel Bücher zu diesem Thema gekauft. Und tatsächlich, ein Progesteronmangel kann auch Asthmaanfälle begünstigen.

Als Nächstes machte ich einen Test auf Hormone im Speichel. Mein Progesteron war total im Keller. Als ich diesen Hormonmangel mit einem bioidentischen Hormon ausglich, ging es mir schlagartig besser. Ich konnte wieder acht Stunden am Stück arbeiten und klar denken. Also bin ich tiefer in das Thema Hormone eingestiegen. Mit der Zeit verstand ich, dass Hormone nur Botenstoffe sind. Tatsächlich geht es um die Energie in den Zellen. Damit mein Körper diese ausreichend produzieren kann, benötigt er die entsprechenden Voraussetzungen. Und schon war ich mitten im Thema Gesundheit im Spiegel der Hormone.

Ich fragte mich, warum mir mein Arzt nicht helfen konnte? Doch diese Frage war einfach zu beantworten: Er hatte es im Studium nicht gelernt. Im Humanmedizinstudium geht es darum, Krankheiten zu erkennen und zu behandeln. Es werden allerdings vorrangig Symptome bekämpft, eine ursächliche Therapie wird selten durchgeführt. Außerdem war ich für meinen Arzt nicht krank genug, auch wenn es mir nicht gut ging. Hierzu fällt mir eine Fabel von Charles Handy ein. In dieser Geschichte wird ein Frosch in einen Topf mit kaltem Wasser gesetzt.

Wenn nun die Temperatur langsam genug erhöht wird, ahnt der Frosch nichts von der Gefahr, bleibt sitzen und stirbt endlich, wenn es zu heiß geworden ist. Doch dies entspricht nicht den Tatsachen, denn in der Realität springt ein Frosch heraus.

Manchmal habe ich das Gefühl, dass wir Menschen dümmer sind als der Frosch. Wir sitzen in einem Topf mit warmem Wasser, es geht uns gut. Mit der Zeit bekommen wir immer mehr gesundheitliche Probleme, das Wasser wird wärmer. Wir gehen zum Arzt, er findet nichts, und wir machen weiter so wie bisher. Unsere gesundheitlichen Probleme nehmen weiter zu, das Wasser fängt an, unangenehm warmzuwerden. Der Arzt stellt erste Diagnosen und gibt uns ein Mittel, damit wir uns nicht so warm fühlen. Wir behandeln die Symptome und machen weiter wie bisher. Mit der Zeit geht es uns noch schlechter, das Wasser wird heiß. Der Arzt gibt uns zusätzliche Medikamente. Wenn wir weiterhin nicht bereit sind, etwas gegen die Ursachen für unsere gesundheitlichen Probleme zu unternehmen, köcheln wir vor uns hin und irgendwann ist es vorbei.

Auch ich hatte das Gefühl, in so einem Topf festzu-
sitzen. Doch der Asthmaanfall war mein Weckruf. Bis
zu diesem Zeitpunkt hatte ich das Gesundheitssystem
nicht großartig hinterfragt und in Bezug auf meine
Gesundheit vollständig den Ärzt:innen vertraut. Endlich
fing ich an, die Verantwortung für meine Gesundheit zu
übernehmen. So begann mit meinen Wechseljahren die
beste Zeit meines Lebens. Heute weiß ich, wo ich stehe,
und bin mit mir im Reinen. Um gesund zu werden oder
zu bleiben, ist es hilfreich zu wissen, wodurch Gesundheit beeinflusst wird.

Was hat Einfluss auf unsere Gesundheit und damit unsere Hormone?

Hormone sind körpereigene Botenstoffe, welche Infor-
mationen übertragen. Dabei können sie direkt in
Stoffwechselvorgänge eingreifen und diese herunter-
bzw. hochregulieren. Viele Hormone, wie z. B. die
Steroidhormone und damit auch das Östradiol und
Testosteron sowie die Schilddrüsenhormone, sind
Transkriptionsfaktoren.

Was bedeutet Transkriptionsfaktor? Das Wort Tran-
skription leitet sich vom Lateinischen ab und steht für
„schriftlich übertragen, umschreiben". Die Steroidhormone docken an einen passenden Rezeptor an
und aktivieren diesen damit. Mithilfe des akti-
vierten Rezeptors können bestimmte Informationen
im Zellkern von der DNA (desoxyribonucleid acid,

Desoxyribonukleinsäure – DNS) abgelesen werden. Spezielle RNA-Moleküle (ribonucleid acid, Ribonukleinsäuren – RNS) transportieren diese Information aus dem Zellkern heraus und sorgen dafür, dass mithilfe dieser Informationen Proteine, also Eiweißmoleküle, hergestellt werden können. Dies können z. B. Enzyme sein, die wir für unsere Stoffwechselvorgänge benötigen.

Vereinfacht gesagt: Stell dir vor, Transkriptionsfaktoren sind der Schlüssel zum Archiv (DNA). Der Rezeptor ist der Projektleiter, der einen Bauplan braucht und den entsprechenden Schlüssel raussucht. Mit diesem Schlüssel geht er zum Archiv und holt den passenden Bauplan (RNA) heraus. Dann ist auch klar, dass ein Bauplan allein nicht reicht. Es werden Arbeiter:innen, Baumaterialien, Werkzeuge, Maschinen und entsprechende Produktionsräume benötigt. Beim Bau bzw. der Produktion können verschiedenste Probleme auftreten. Dies können Lieferengpässe, schlechte Ausgangsmaterialien, ungenügende Entsorgung, unmotivierte Mitarbeitende, herrische Chef:innen, veraltete Maschinen und Werkzeuge, ein hoher Krankenstand und vieles andere sein.

Was beeinflusst nun genau unsere Gesundheit und unsere Hormone?

Vielleicht ist dir aus der vorhergehenden Schilderung klar geworden, dass es eine Vielzahl an Einflussfaktoren gibt. Nachfolgend habe ich einige aufgeführt:

- Allgemeine Faktoren wie Alter, Geschlecht, Genetik
- Belastungen von Körper, Geist und Seele durch Stress, Entzündungen, Allergien, Narben,

Stoffwechselstörungen, Energiemangel in der Zelle

- Fremdbestandteile in unserem Körper wie Prothesen, Piercings, Tattoofarben, Viren, Bakterien, Pilze, Würmer
- Belastungen im Mund- und Kieferbereich durch tote Zähne, Metalle, Schwermetalle, hormonaktive Substanzen, Zahnfleischentzündungen, Fehlstellungen, Knochenveränderungen
- Ernährung, Lebensmittel, Sucht- und Genussmittel
- Bewegung, natürliches Licht und Schlaf
- Einbettung in unser Umfeld und die Art unserer Beziehungen
- Umwelteinflüsse
- Luft-, Boden- und Umweltverschmutzung
- Belastungen durch ionisierende, elektromagnetische und radioaktive Strahlungen
- Schadstoffe wie Pestizide, Pflanzenschutzmittel, Bisphenol A (BPA), Weichmacher, Leicht- und Schwermetalle, Pharmazeutika

Die Lösung für Gesundheit und damit ausgeglichene Hormone ist ganz einfach: „Je artgerechter wir als Menschen leben, umso gesünder sind wir in der Regel."

Nur was ist artgerecht und gesund? Das Wissen hierzu wird in unserer heutigen Zeit wieder neu entdeckt und ständig erweitert. Die Grundlagen sind für alle Menschen gleich, die Feinheiten dagegen durchaus sehr individuell.

gesunde Ernährung + gesunder
Lebensstil + gesunde Umwelt
= gesunder Mensch

Ich hoffe, ich konnte zeigen, dass unser Denken und Handeln von unseren Hormonen mitbestimmt wird und ein ausgeglichener Hormonhaushalt ein Zeichen von Gesundheit ist. Wie kann dieses Wissen helfen, unseren inneren Frieden zu finden?

Indem wir verstehen, dass wir es in der Hand haben, jederzeit die Verantwortung für uns und unser Handeln zu übernehmen. Indem wir jeden Tag etwas Gutes für uns tun. Indem wir lernen, dass jede Lebensphase eine Chance ist. Indem wir begreifen, dass es nicht die EINE Lösung gibt. Indem wir uns annehmen und lieben, wie wir sind.

Nachdem mir diese Zusammenhänge immer klarer geworden sind, fing ich an, auf gute Beziehungen zu achten meine Ernährung umzustellen, ausreichend zu schlafen und Bewegung zu bekommen, Schadstoffe in meiner Umgebung zu reduzieren sowie mich und meine Umwelt bewusster wahrzunehmen. Auch wenn nicht alles perfekt ist, habe ich damit meinen Frieden gefunden.

Ausklang

Ich musste lernen, mehr zu kämpfen, um Frieden zu finden. Andere Menschen müssen lernen, weniger zu kämpfen. Ich musste lernen, in allen Lebensbereichen die Verantwortung für mich und mein Leben zu übernehmen.

Heute weiß ich, dass weder Kampf noch Frieden gut oder schlecht sind. Für ein Gleichgewicht braucht es Pro und Kontra. Frieden ist nicht einfach da. Wir gestalten ihn jeden Tag mit unseren Entscheidungen, im Innen wie im Außen. Die Verbindung ist die Liebe. Die Liebe zu mir, zum Leben, zu den Menschen, der Natur und der Welt.

Wir brauchen starke, gesunde und liebende Väter und Mütter, die starke, gesunde und liebende Kinder großziehen, die ihre Heimat und ihre Welt schützen und damit den Frieden in die Herzen der Menschen und in die Welt tragen. Frieden, Liebe und Gesundheit sind für mich untrennbar miteinander verbunden. Aus diesem Gefühl und Wissen heraus habe ich diese Zeilen geschrieben:

Bella ciao für Frieden, Liebe und Gesundheit (21.12.2021)

Eines Morgens, in aller Frühe,

fing das Leben an sich zu verändern, wir war'n ahnungslos!

Eines Morgens, in aller Frühe,

trafen wir auf unsern Feind.

Was ist hier los, wo geht es hin?

Ich steh' hier und ich frier' und ich fühl' in mir:

Hier wohnt die Angst, ich kann sie sehn',

doch ich kann sie nicht verstehn.

Wer ist der Feind, und wer ist Freund?

Und ich geh' und ich seh' und ich frag' mich hier:

Wer ist der Feind und wer ist Freund?

Es ist die Liebe, die vereint.

Eines Morgens, in aller Frühe,

fing das Leben an sich zu verändern, wir war'n hoffnungsvoll!

Eines Morgens, in aller Frühe,

trafen wir auf unsern Freund.

Stärkt die Alten und die Kranken.

Geht voran und schaut hin und vergesst sie nicht.

Helft den Alten und den Kranken,

denn Gemeinschaft, die ist stark.

Stärkt die Kleinen und die Schwachen.

Geht voran, blickt euch an, nehmt sie in den Arm.

Helft den Kleinen und den Schwachen,

und die Zukunft gehört uns.

Nehmt die Jungen und die Starken.

Geht voran, blickt euch an, zündet Leben an.

Nehmt die Jungen und die Starken,

denn die Zukunft, die liegt hier.

Stärkt die Menschen und Mutter Erde.

Geht voran, blickt euch an, zündet Hoffnung an.

Helft den Menschen und Mutter Erde,

denn unsre Heimat, die ist hier.

Komm wir pflanzen, unsre Liebe.

Geht voran, blickt euch an, zündet Frieden an.

Komm wir pflanzen, unsre Liebe,

denn dann sind wir wieder stark.

Diese Liebe, ist unsre Waffe.

Geht voran, blickt euch an, zündet Kerzen an.

Diese Liebe ist unsre Waffe.

Und Angst, die darf nun geh'n.

Und am Ende sind wir entschlossen.

Geht voran, blickt euch an, nehmt euch in den Arm.

Und am Ende sind wir entschlossen,

dass die Menschlichkeit hier bleibt.

Eines Morgens, in aller Frühe,

bella ciao, bella ciao bella ciao, ciao, ciao,

eines Morgens, in aller Frühe,

ging die Sonne wieder auf.

Möchtest du dir die Übung, in der du dich in Gedanken größer und kleiner machen kannst, direkt ansehen? Ich habe dazu ein kurzes Video aufgenommen. Über die Seite https://ichbinfrieden.de/naudszus gelangst du dahin. Als zusätzliche Überraschung kannst du einen Blick hinter die Kulissen werfen und sehen, wie das dazugehörige Bild entstanden ist.

Deine Dr. Julia Naudszus

Zeichnungen: Emilia Förster

Quellen

Buchner, Elisabeth (2016): Der Mann und seine Hormone. 1. Auflage, Familien Verlag Buchner

Buchner, Elisabeth (2013): Wenn Körper und Gefühle Achterbahn fahren. 10. Auflage, Familien Verlag Buchner

Derks, Lucas (2000): Das Spiel sozialer Beziehungen. Klett-Cotta

Handy, Charles (1998): Age of Unreason. Harvard Business Review Press

Horn, Florian (2020): Biochemie des Menschen. 8. Auflage, Thieme

Jacob, Dr. Susanne (2022): Stoffwechselstörung HPU/ KPU, Online im Internet: http://www.frauenaerztin-dr-jacob.de/praeventivmedizin/hpu-kpu/hpu-kpu-haemo-pyrrollaktamurie-stoffwechselstoerung.php, Stand: 02.04.2022, Abfrage: 02.04.2022, 15.13 Uhr, S. 1–3

Kleine, Bernhardt; Rossmanith, G. Winfried (2021): Hormone und Hormonsystem – Lehrbuch der Endokrinologie. 4. Auflage, Springer Spektrum

Lee, John R. (2016): Natürliches Progesteron. 7. Auflage, AKSE Verlag

Nischwitz, Dr. Dominik (2019): In aller Munde. 4. Auflage, Mosaik

Pape, Hans-Christian; Kurtz, Armin; Silbernagl, Stefan (Hrsg.) (2019): Physiologie. 9. Auflage, Thieme

Schmitzer, Sonja; Ostermann, Dr. Karsten (2021): Warum bin ich so müde? 1. Auflage, riva

Weber, Stefanie (2017): BASICS Gynäkologie und Geburtshilfe. 6. Auflage, Urban & Fischer in Elsevier (Verlag)

Wie du mit guter Kommunikation zum Frieden beitragen kannst

Stefan Randa

Hallo liebe:r Leser:in, in diesem Buch findest du viele verschiedene Perspektiven zum Thema Frieden. Nun ist der Moment gekommen, an dem du meinen Blickwinkel kennenlernst, denn Frieden, einer meiner bedeutendsten Werte, ist gerade jetzt wichtiger denn je. Darum bin ich sehr glücklich darüber, an dieser Stelle meinen Beitrag leisten zu dürfen.

Frieden hat viele Gesichter: Gerechtigkeit, Wahrheit, Empathie … Das Wichtigste für mich ist jedoch Verständigung, um Frieden zu erreichen und auch zu erhalten. Nur mittels Verständigung und Austausch, z. B. über unseren Standpunkt oder was uns persönlich Gerechtigkeit und Wahrheit bedeuten, können wir Frieden auf Dauer bewahren. Dabei helfen uns Kenntnisse in „guter" Kommunikation. Mit guter Kommunikation und den richtigen Worten kannst du deinen Frieden sehr leicht fühlbar und damit erlebbar machen. Sprache und Kommunikation waren mir schon immer sehr wichtig. Darum möchte ich dir gerne im Folgenden

121

einige Denkanstöße an die Hand geben, die dich hinsichtlich deiner Kommunikation inspirieren sollen.

Schon als Kind habe ich mich, soweit ich mich zurück- erinnern kann, nie mit anderen geprügelt, sondern immer versucht, mit Worten einen Streit friedlich beizulegen. Das hat hitzige Kontrahent:innen durchaus auch mal in Rage gebracht, insbesondere, wenn sie nicht so wort- gewandt waren oder ihnen die Argumente ausgingen. Herausfordernde Menschen begegneten mir im späteren Leben immer mal wieder – rückblickend finde ich es heute sehr vorteilhaft, bereits von Kindesbeinen an gelernt zu haben, wie ich mit friedvoller Kommunika- tion nicht nur beruhigend und ausgleichend wirken, sondern mit ihr auch viel besser zu Lösungen kommen kann. Eine angriffslustige Sprache, Provokationen und Beleidigungen in gleicher Art zu erwidern, bringt am Ende keine Vorteile, obgleich wir Menschen gerne in Versuchung kommen, bei heftigen Auseinander- setzungen auch mal heftig zu „re-agieren". Vielleicht ist das ja eine Art „Abwehrreflex" oder sogar angeboren?

Nun, es birgt eine kurze Befriedigung, unfair spie- lenden Kandidat:innen mal „so richtig die Meinung zu sagen". Ich habe jedoch gelernt, dass es sich lohnt, lieber die Vernunft vor diese Art von Befriedigung zu stellen. Aggressive Menschen sind aus einer gewissen Hilflosig- keit heraus aggressiv. Darum würden wir die Situation nur unnötig eskalieren, wenn wir in ähnlich impulsiver Form kontern. Außerdem verbauen wir uns damit zunehmend die Auswahl an Einigungsmöglichkeiten.

In unserer Verständigung finden wir solche „kommu-
nikativen Sackgassen" täglich: In unseren Beziehungen
mit Freunden und Familie, in der Politik, in der Wirtschaft etc. Im kleinen Maßstab führen Schwächen in der
Kommunikation fast immer zu einem handfesten Streit,
im Großen sind sie häufig fatal und enden nicht selten in
einem Krieg.

Ich habe mich schon früh mit der Frage beschäftigt, was
genau in der Geschichte letztendlich zu Kriegen geführt
hat. Ob es in deren Entstehungsgeschichte Parallelen gab
und wie man Kriege vielleicht sogar verhindern könnte.
Denn in einem Punkt sind wir uns sicher einig: Kriege
generieren weder bessere noch nachhaltigere Lösungen.
Sie vertiefen vielmehr bereits vorhandene Verletzungen.
Das war wohl auch ein Hauptgrund, weshalb ich als
Jugendlicher den Wehrdienst verweigert habe und man
mich heute als überzeugten Pazifisten bezeichnen kann.
Krieg ist eigentlich nur die „letzte Instanz", in der sich
bereits über lange Zeit stattgefundene schlechte Kommunikation manifestiert und gegenseitige Ignoranz entlädt.
Nun bist du wahrscheinlich kein:e Politiker:in, der/
die auf der großen Weltbühne über Krieg und Frieden
entscheidet. Lass uns daher gemeinsam den Beginn
einer typischen Auseinandersetzung im kleinen Rahmen
betrachten und wie wir alle im ganz normalen Leben mit
guter Kommunikation den Frieden erhalten können.

Eine Auseinandersetzung beginnt immer mit dem
Zeitpunkt, an dem Differenzen zwischen zwei oder
mehreren Parteien ausgesprochen und damit sichtbar
werden. Schon in diesem frühen Stadium können uns

Fehler unterlaufen, die wir später nur noch schwer zurücknehmen können. Daher ist es wichtig, dass wir bereits vom allerersten Moment an achtsam unser Verhalten beobachten – insbesondere unsere Kommunikation. Worauf dürfen wir dabei genau schauen? Zuerst ist es wichtig, dass wir, wann immer möglich, bewusst und nicht reaktiv kommunizieren. Das ist gar nicht so einfach. Man muss es etwas trainieren. Dann ist es aber gar nicht mehr so schwer.

Aufmerksamkeit vom ersten Moment an … Damit du verstehst, was ich genau meine, zeige ich es dir an einem kleinen Beispiel: Wenn wir auf einen überraschenden Vorwurf mit einer Rechtfertigung reagieren, folgt mit großer Wahrscheinlichkeit ein weiterer Schlagabtausch. Unser Gesprächspartner wird unsere Rechtfertigung nämlich in der Regel nicht gelten lassen. So führt eine Rechtfertigung in den wenigsten Fällen zu einer Lösung.

Reaktionen gehören zu unseren instinktiven Handlungen, geschehen daher meistens unbewusst, bevor wir sie kontrollieren konnten. Lass uns daher viel besser „agieren". Zum Beispiel, indem wir auf den Vorwurf mit einer offenen Frage antworten (offene Fragen sind „W-Fragen", z. B. wie, weshalb, welche usw.), etwa in der Art: „Wie kommst du zu dieser Sichtweise?" oder „Wie könnte es deiner Ansicht nach besser funktionieren?". Ich bin mir sicher, du spürst den feinen Unterschied. Damit sind wir sofort auf einer konstruktiven Ebene und zeigen unserem Gesprächspartner, dass wir sein Anliegen ernst nehmen und ihn respektieren. Unser Gesprächspartner wird uns nun auf unsere Frage antworten. Damit erhalten wir automatisch einen ersten Lösungshinweis. Wir haben also bereits den Grundstein für einen positiven Gesprächsausgang gelegt. Ist das nicht toll? Die Chance, dass sich hieraus noch ein festgefahrener Konflikt entwickeln kann, ist gerade erheblich gesunken.

In dem Moment, in dem wir „bewusst agieren" anstatt „unbewusst zu reagieren", steuern wir ein Gespräch und behalten das Ruder in der Hand. Letzteres ist sehr wichtig, denn nur wenn wir ein Gespräch im wahrsten Sinne des Wortes führen, können wir auch im besten positiven Sinne Einfluss nehmen. Neben offenen Fragen gehört dazu auch, dass du dich z. B. dafür bedankst, dass sich dein Gegenüber überhaupt öffnet. Das ist nämlich nicht selbstverständlich. Ein ernstgemeintes Dankeschön für eine Anregung oder eine Kritik drückt deine Wertschätzung aus und verbindet. Du könntest zum Beispiel deine Frage „Wie kommst du zu dieser Sichtweise?" mit „Vielen Dank, dass du mit mir teilst, wie du die Sache siehst" ergänzen. Fühlst du die Verbundenheit und das ehrliche Interesse, das du mit solchen Formulierungen signalisierst?

Wenn du Fragen stellst, formuliere sie gleich so, dass sie deinen Gesprächspartner nicht dazu verleiten, in den Rechtfertigungsmodus abzuleiten. Rechtfertigung ist ein rein reaktiver Vorgang. Damit werden lediglich die vorhandenen Unterschiede deutlicher hervorgehoben. Dennoch ist die Frage „Wie kommst du zu dieser Sichtweise?" schon recht gut. Sie wird uns bereits neue, wissenswerte Informationen liefern, aber stell die

Frage besser noch ein klein wenig anders: „Was meinst du, welche Auswirkungen hat deine Sichtweise?". Ich liebe solche Fragen, denn sie zwingen dein Gegenüber förmlich dazu, sich mit seinem bisherigen Standpunkt tiefer auseinanderzusetzen. Wenn du Glück hast, stößt er dabei auf Punkte, bei denen er diesen zu hinterfragen beginnt. Kommuniziere dabei stets friedvoll und empathisch. Fühle dich in die Interessen des anderen ein. Finde Schnittmengen anstatt Unterschiede. Und bleibe respektvoll, egal, wie sich der andere verhält und welche Perspektive er vertritt. Wenn du all diese Dinge berücksichtigst, wirst du jeder streithaften Auseinandersetzung sofort die Brisanz entziehen.

Da du dieses Buch liest, ist dir Frieden sicher ein sehr wichtiges Thema. Falls dich einige meiner Anregungen inspirieren, suche dir diejenigen aus, die dir besonders wichtig erscheinen, schreibe sie auf und hänge das Blatt irgendwo auf, wo du es Tag für Tag sehen kannst. Mir liegt es sehr am Herzen, dass du dich in entscheidenden Momenten an die wichtigen Punkte erinnerst, denn nur allzu gerne fallen wir in einem unbedachten Moment wieder in die reaktive Form zurück – vor allem, wenn wir es mit uneinsichtigen, streitbaren, aufbrausenden oder sogar unfairen Kontrahent:innen zu tun haben. Solange wir ebenso friedliebenden und konstruktiven Menschen begegnen, wie wir es sind, fällt uns eine gute Kommunikation in der Regel leicht. Unser Standpunkt wird vielleicht kritisch, aber doch wohlwollend gehört. Am Ende werden wir jede Meinungsverschiedenheit mit solchen Menschen friedlich beilegen können. Was aber tun wir, wenn unser Gegenüber stur und eigensinnig auf seinem Standpunkt beharrt? Wenn er andere Standpunkte absolut nicht anerkennen will oder diese sogar belächelt? Wenn er es auf Eskalation anlegt, all unsere Annäherungsversuche blockiert und zusätzlich mit unfairen Mitteln spielt, indem er uns beleidigt?

Selbstverständlich haben wir immer die Wahl, uns aus einem Gespräch zurückzuziehen. Handelt es sich um ein sehr wichtiges Thema, entfällt diese Option – leider. Unkooperativer Widerstand ist immer eine Herausforderung. Zum einen kommen wir hier meistens nur über Umwege zu einer guten Lösung, das bedeutet, wir werden improvisieren müssen. Zum anderen kann für uns eine echte Prüfung darin liegen, weiterhin friedlich zu bleiben. Du möchtest das beste Rezept wissen?

Lass dich nicht zu unbedachten Reaktionen verführen. Dafür dürfen wir besonders aufmerksam hinsichtlich unserer Sprache sein. In erster Linie gilt es, immer ruhig und besonnen zu bleiben. Jeder Schritt unseres Gegenübers in Richtung Eskalation sollte von uns mit einem Versuch der Entspannung beantwortet werden. Wir können z. B. artikulieren, welche bedrückenden Gefühle die Art und Weise der aktuellen Diskussion in uns auslöst. Wir können unsere besten Argumente bringen und immer und immer wieder versuchen zu überzeugen. Wenn unsere Argumente auf taube Ohren stoßen, können wir nochmals unser ehrliches Interesse an einer guten Lösung betonen, indem wir weitere Fragen stellen. Zum Beispiel: „Es ist schade, dass ich dich nicht überzeugen kann. Was meinst du, wie wir am besten eine Lösung finden können?".

Sollte sich die Diskussion dennoch hoffnungslos festfahren, passiert uns häufig etwas, was wir nicht tun sollten: Insbesondere empfindsame Menschen, die einer Auseinandersetzung nicht mehr Stand halten können, ziehen sich plötzlich zurück. Sie beenden das Gespräch, steigen aus dem Dialog aus und gehen in die „Schmoll-Ecke". Zu einer weiterführenden, klärenden Aussprache kommt es dann erst einmal nicht mehr. Sind uns das Thema und unser Gesprächspartner wichtig, ist solch ein Rückzugs-Verhalten keine gute Wahl, denn was sind die Folgen? Nicht mehr zu sprechen, ist gleichbedeutend mit einer Aufgabe. Das „Mauern" einer Gesprächspartei verschlimmert am Ende die Situation sogar, denn die in der Luft liegende Spannung wird ja nicht einfach verschwinden. Ganz im Gegenteil – sie wird sich mit jedem weiteren Tag, jeder weiteren Woche verstärken.

Das hier zugrunde liegende Prinzip kennen wir von woanders. Wie fühlt es sich an, wenn du etwas aufschiebst? Etwas, auf das du keine Lust hast, etwas, das dir schwerfällt, oder etwas, für das du gerade keine schnelle Lösung parat hast? Ich sag's dir: Du wirst Stress, Unbehagen und Schuldgefühle entwickeln. Diese unguten Gefühle werden sich im Laufe der Zeit aufsummieren. Am Ende musst du es eh erledigen. Warum also nicht gleich?

Mit Konflikten zwischen Menschen verhält es sich genauso. Ist ein Konflikt erst einmal erschaffen, indem jemand ein Problem in Worte gefasst und es allen betroffenen Parteien präsentiert hat, muss es früher oder später gelöst werden. Jeglichen weiteren Austausch zu vermeiden, ist im Ergebnis genauso schädlich wie eine schlechte Kommunikation, denn wir verhindern damit auch, dass uns unser Gesprächspartner besser einschätzen kann. Dadurch geben wir einer Verschärfung der Differenzen im wahrsten Sinne des Wortes „stillschweigend" immer mehr Raum, denn der Zeitfaktor spielt bei Konflikten eine wichtige Rolle. Je früher du etwas klären kannst, umso besser. Du kannst gerne um eine kurze Pause bitten, wenn dir alles zu viel wird – aber sei dir klar darüber, dass jede Meinungsverschiedenheit schon bald wieder an die Oberfläche kommen wird, wenn du sie nicht direkt austrägst. Wenn uns etwas wichtig ist, dürfen wir auch auf friedvolle Weise beharrlich sein. Umso schöner, wenn am Ende des Tages dann wieder Frieden herrscht.

Wenn du jenes Rückzugsverhalten von dir kennst, hilft es dir am besten, dich in Auseinandersetzungen mit schwierigen Gesprächspartnern gut zu beobachten. In dem Moment, in dem du am liebsten resignieren und alles hinwerfen möchtest, ist es wichtig, dass du als erstes wieder in eine wohlwollende, zugewandte Energie zurückfindest. Kommunikation bedeutet nicht immer nur rhetorisches Geschick – es geht auch um Mut, Kraft, Ausdauer und Energie. Das alles schöpfst du aus der Ruhe und der Klarheit in dir selbst. Übernehme Verantwortung, trete für deine Überzeugungen ein, bleibe aber jederzeit offen in den Lösungswegen. Verhalte dich stets ruhig, fair und respektvoll. Bleibe vor allen Dingen friedlich. Es wird sich auszahlen. Genauso hat Mahatma Gandhi mit friedlichen Mitteln und dank seiner aus tiefster Überzeugung genährten Beharrlichkeit seinem Land Indien in die Unabhängigkeit verholfen. Den Unterschied machten in der Geschichte der Menschheit immer jene besonnenen Menschen, die eine Überzeugung hatten und diese vertraten – und doch stets die Ruhe bewahrt haben und jeglicher Provokation widerstanden. Menschen, die ausgleichend und vermittelnd wirkten und echtes Verständnis für alle Beteiligten zeigten. Menschen, die in Lösungen dachten anstatt in Problemen. Und Menschen, die beharrlich blieben.

Im Gegensatz zu Präsident Obama, dem ersten Präsidenten der amerikanischen Geschichte, der über zwei volle Amtszeiten hinweg Krieg geführt hat, hat Gandhi keinen Friedensnobelpreis erhalten. Du bist darüber verwundert? Gerade in der aktuellen Zeit stoßen wir auf vielerlei Ungereimtheiten. Wenn wir uns über solch merkwürdige Dinge wundern oder aufregen, ist es wichtig zu erkennen, dass sie alle im „Außen" geschehen. Werde dir mehr und mehr klar darüber, dass allein deine inneren Überzeugungen für dich zählen. Mit reflektierten Überzeugungen, mit denen du selbst in deinem ganz persönlichen inneren Frieden bist, kannst du am Ende ein besseres, neues „Außen" erschaffen. Wie wichtig es gerade in unserer aktuellen Zeit mit Zuwanderungsproblematik, Corona-Krise und Ukraine-Konflikt geworden ist, in einen inneren Frieden zu finden, möchte ich im Folgenden beleuchten. Denn unsere Kommunikation hat sich in den letzten Jahren verändert.

Früher waren wir auch nicht immer alle einer Meinung. Es hat immer unterschiedlichste Sichtweisen gegeben, über die mitunter heftig gestritten und diskutiert wurde. Das ist nichts Neues. Auffällig ist, dass die Qualität der Debatte im Laufe der Zeit immer schlechter geworden ist, vor allem im politischen Bereich. Während wir uns vor noch nicht allzu langer Zeit konstruktiv austauschen konnten, mit der Absicht, am Ende zu einer Einigung zu kommen, gehen heute vormals friedliche Menschen verbal aufeinander los, als wenn es kein Morgen gäbe. Besonders auf Social Media scheinen viele vollkommen ihrer guten Sitten entledigt – Menschen, die sich zum Teil noch nie gesehen haben, bekriegen sich regelrecht. Manchmal habe ich den Eindruck, dass eine Einigung gar nicht mehr das Ziel ist.

So etwas belastet und ich bin nicht der Einzige, der schon seit längerer Zeit sehr verstört ist über das, was wir da täglich sehen: Endlosschleifen des Aneinander-Vorbeiredens, auswendig gelernte Plattitüden, Schubladendenken, Schwarzweiß-Malerei und jede Menge unversöhnliches Vokabular. „Totschlag-Begriffe" sind in Mode gekommen – „Nazis" gegen die „Teddybärwerfer", „Schwurbler" gegen „Corona-Ideologen", aktuell haben wir gerade die „Putin-Versteher". Wenn wir so respektlos miteinander reden, kann eine lösungsorientierte Kommunikation einfach nicht mehr gelingen. Sogar in der Politik, in den Medien und im öffentlichen Leben ist mittlerweile eine Sprache salonfähig geworden, bei der es uns früher einen Schauder über den Rücken gejagt hätte. Diese Entwicklung hat mittlerweile zahllose

Freundschaften, Ehen und ganze Familien entzweit. Nicht weil wir unterschiedliche Meinungen haben, sondern weil wir die andere nicht mehr akzeptieren wollen. Selbst in Unternehmen werden Mitarbeitende mittlerweile aufgrund ihrer Meinung gemobbt – genau genommen haben wir es mit einem noch nie gesehenen Verlust vieler langjähriger zivilisatorischer Errungenschaften in unserer Gesellschaft zu tun.

Friedliebende, sensible Menschen empfinden die aktuellen Geschehnisse als sehr belastend. Ich vermute, dir geht es da recht ähnlich. Das ist auch der Grund dafür, weshalb ich mich an diesem Buchprojekt unbedingt beteiligen wollte: Wir leben in einer Zeit der Transformation, in der offensichtlich alle ungelösten inneren Konflikte der Menschen an die Oberfläche gespült werden und sich auf Kommunikationsebene entladen. Mir ist es daher zum tiefen Bedürfnis – nein, vielmehr zu einer Mission – geworden, so vielen Menschen wie möglich einen vollkommen neuen Ansatz an die Hand zu geben. Einen Weg, wie wir ungeachtet aller Eindrücke der letzten Jahre in uns selbst den Frieden wiederfinden. Und einen Weg, wie wir unsere Mitmenschen an diesem Frieden teilhaben lassen können. Denn Frieden ist so viel mehr, als „friedlich" zu sein. Frieden ist ein Lebensgefühl. Ein Gefühl, das vielen Menschen abhandengekommen zu sein scheint. Frieden ist ein Gefühl der Liebe in unserem Herzen, das uns alle vereint. Wir dürfen alles, was uns derzeit trennt, überwinden und auflösen und brauchen dafür eine neue Perspektive.

Momentan fühlen wir uns fast täglich veranlasst, zu analysieren, zu bewerten, zu widersprechen, zu vermitteln und zu überzeugen. Wir versuchen damit, unsere Angst und Irritation zu kompensieren, die durch mediale und politische Einflussnahme zusätzlich befeuert werden. Doch wenn wir genau hinschauen, bestehen unsere Handlungen vorwiegend aus reaktiven Mechanismen. Was wir brauchen, ist hingegen eine Strategie, wie wir ungeachtet aller äußeren Einflüsse in eine aktive, selbstbestimmte Wirkung kommen. Ein Weg, wie wir unser eigenes Licht in uns entdecken und dieses erstrahlen lassen können.

Wie wäre es für dich, wenn du ab sofort der Versuchung widerstehen könntest, etwas zu kommentieren, von dem du denkst, es sei falsch? Lass diese Worte mal eine Minute wirken.

Es geht nicht darum, dass dir alles egal sein soll, was um dich herum stattfindet – aber schau: Bereits bei unseren Eltern haben uns Verbote und Zurechtweisungen nur wenig beeindruckt. Wir haben schon immer jene Dinge am ehesten angenommen, die uns vorgelebt wurden und die uns wirklich überzeugt haben. Wie findest du die Idee, aus einem reflektierten inneren Selbstverständnis heraus der Welt deinen ganz persönlichen Begriff von Frieden vorzuleben? So, wie du es im Außen sehen möchtest?

Du wirst jetzt vielleicht ins Grübeln kommen, ob dies nicht eine ziemlich schwierige Challenge werden könnte? Ja! Aber nur, solange du noch beobachtest, welche Wirkung du hinterlässt. Von dem Moment an, in dem du mit dir selbst im Frieden bist und aus deiner tiefsten Überzeugung heraus agierst, brauchst du keine Bestätigungen mehr.

Ich werde dir gleich 5 Übungen an die Hand geben, mit denen du

- wieder in Kontakt kommst mit deinem ursprünglichsten Kompass, deiner Intuition,
- deine eigenen Überzeugungen entdeckst und dich von Konventionen löst,
- mehr über deine Beweggründe und Werte erfährst,
- dein Wertesystem gründlich „updaten" kannst und letztendlich
- den Mut findest, für deine Wahrheit einzustehen und sie friedvoll zu leben.

Unser mächtigstes Werkzeug im Ausdruck unserer ganz eigenen Wahrheit ist – als hättest du es bereits geahnt – gute Kommunikation. Nimm die Challenge an!

Übung 1 – Unsere Intuition wieder spüren

Unsere Intuition ist unser innerer Kompass, der „siebte Sinn unseres Unterbewusstseins". Sie ist uns angeboren, funktioniert in Sekundenschnelle und liefert uns laut Definition eine erste Einschätzung zur Lage, bevor sich unser Verstand damit beschäftigen konnte. Unsere Intuition war einmal dafür vorgesehen, dass wir in Gefahrensituationen blitzschnell entscheiden und reagieren können. Obwohl sie ein sehr zuverlässiges Instrument ist, nutzen wir sie heute kaum noch. Warum eigentlich nicht?

Schauen wir auf Ereignisse in unserer Vergangenheit, lag unsere Intuition in den allermeisten Fällen richtig. Denk z. B. mal zurück, als du damals dein „tolles" Projekt gestartet hattest. Es ist am Ende gescheitert – doch du hattest bereits am ersten Tag dieses komische Gefühl im Bauch. Oder denk' an jemanden, der dich mal über den Tisch gezogen hat. Irgendetwas kam dir mit Sicherheit bei der Person schon beim ersten Kennenlernen seltsam vor. Wenn wir einen Moment darüber nachdenken, erkennen wir, aus welchen Gründen wir unsere Intuition so oft verleugnen:

- weil wir Erwartungen unseres Umfelds erfüllen möchten
- weil wir Konditionierungen folgen (wir haben es schon immer so gemacht)
- weil wir aus Gründen der Sicherheit nicht den Mut zum nächsten, längst fälligen Schritt haben
- weil wir inzwischen überholten Prägungen aus unserer Kindheit folgen

Spüre mit dieser Übung, wie sich deine Intuition anfühlt:

Übung „Schlechtes Gefühl":

Schließe deine Augen, nimm drei tiefe Atemzüge und stelle dir eine Situation aus deinem Leben vor, in der so gut wie alles schiefgegangen ist. Spüre das furchtbar schlechte Gefühl, als alle Augen auf dich gerichtet schienen. Erlebe erneut all deine Schuldgefühle von damals, den Selbstzweifel und deine Wut in diesem Moment. Du spürst vielleicht, wie sich dein Magen zusammenzieht, eine Enge in deiner Brust. Vielleicht atmest du nur noch ganz flach.

Übung „Gutes Gefühl":

Mache die gleiche Visualisierungsübung, nur dieses Mal mit dem schönsten Moment in deinem Leben! Erlebe noch einmal diese überschäumende Freude, vielleicht deine Tränen vor Glück, die kindliche Leichtigkeit, die dich in diesem Augenblick durchflutete. Spüre ruhig länger in dieses Gefühl hinein. Atme ganz tief durch. Dir rinnt ein warmer Schauer der Freude durch den Körper. Vielleicht liegt auch gerade ein Lächeln auf deinem Gesicht.

Diese beiden Sinneszustände sind es, über die deine Intuition mit dir kommuniziert. Es gibt nur diese beiden – „gut" und „schlecht". Die Botschaft reicht jedoch aus, damit du verstehst und eine Entscheidung treffen kannst. Deine Intuition spricht nicht immer so laut mit dir, wie in diesen beiden zugegebenermaßen extremen Übungsbeispielen, sondern meistens viel subtiler und leiser. Aber da du mit beiden Gefühlen nun wieder Kontakt aufgenommen hast, probiere dich doch gleich an der nächsten Übung aus.

Übung 2 – Der erste Impuls ist immer der richtige

Mit dieser Übung möchte ich dich zu einem kleinen Experiment animieren, wie du wieder mehr Vertrauen in deine Intuition gewinnst. Die meisten unserer Entscheidungen treffen wir aufgrund langwieriger Gedankenprozesse unseres Verstandes. Wir gehen im

Geiste viele Male sämtliche Pros und Contras durch. Selbstverständlich beeinflussen uns auch die Erwartungen unseres Umfelds, unsere Konditionierungen, Prägungen aus unserer Kindheit oder Abwägungen zu unserer personellen und finanziellen Sicherheit. Nicht immer treffen wir so die besten Entscheidungen. Wir geben uns zum Beispiel mit Menschen ab, die uns nicht guttun, gehen Berufen nach, die wir nicht mögen, und kaufen uns Dinge, die wir scheußlich finden, nur weil sie gerade „hip" sind. Oft haben wir uns mit einem kompletten Lebensmodell angefreundet, das nur „irgendwie" für uns funktioniert. Aus Bequemlichkeit oder auch aus Angst vermeiden wir es, daraus auszubrechen. Schlechte Entscheidungen führen irgendwann dazu, dass wir uns selbst schlecht fühlen. Besonders Entscheidungen, die wir aus Angst treffen, führen zu inneren Konflikten, weil wir im Grunde nicht wirklich zu dieser Entscheidung stehen. Wenn du wissen möchtest, wie sich eine „echte" Entscheidung anfühlt, die du aus deinem tiefsten Inneren getroffen hast, dann ist die folgende Übung für dich:

Übung „Erster Impuls":

Suche dir eine aktuell anstehende Entscheidung aus, die du bisher aus Zeitgründen aufgeschoben hast. Du bist dir bisher noch nicht ganz klar, weil du dir „vorher erst noch ein paar Gedanken machen wolltest". Ein neues Projekt, eine Person, ein neuer Job oder eine Grundsatzentscheidung …

Jetzt versuche mal, alle Gedanken (wirklich alle!), die du dir bisher zu dieser Sache gemacht hast, beiseite zu legen. Ich weiß … das ist gar nicht so einfach. Versuche es einfach, so gut es geht. Schließe gerne die Augen dabei. Stell dir die

Sache bildhaft vor – alle Menschen, die damit verbunden sind. Wie wird dein Alltag aussehen? Lass alles wie einen Film in deinen Gedanken abspielen. Und jetzt fühle ganz intensiv rein und hör auf dein Bauchgefühl. „Ja" oder „Nein"?

Wenn du jetzt mit der entgegengesetzten Antwort gerechnet hast und sie sich deshalb seltsam für dich anfühlt: Keine Sorge, es ist dein Ego, das protestiert, weil du es nicht hast teilhaben lassen. Es will dich schützen. Aber die Antwort, die du bekommen hast, ist deine wahre innere Antwort. Die Antwort deiner Intuition! Anders entscheiden kannst du dich natürlich immer, doch vertraue einfach mal diesem Gefühl. Wie du dein gesamtes derzeitiges Leben mit dieser Übung schritt-weise optimieren kannst, zeig ich dir jetzt.

Übung 3 – Die Guten ins Töpfchen

Mit dieser Übung möchte ich dich ermutigen, dein Leben ein wenig aufzuräumen. Lass uns all deine Werte und Lebensanschauungen, die nicht mehr zu dir gehören, auf den Prüfstand stellen. Die Frage nach unseren ganz persönlichen Wünschen und Vorstellungen vom Leben können wir oft nur vage beantworten, weil unser Verstand auf Verneinungen trainiert ist. Alles, was wir NICHT (mehr) wollen, kann er daher sofort benennen. Das machen wir uns bei der folgenden Übung zunutze. Wir verwenden dabei wieder die Intuitionsabfrage, wie du sie jetzt bereits kennst.

Übung „Was kann weg?":

Nimm dir ein Blatt Papier sowie einen Stift und teile das Blatt in 3 Spalten auf. Gehe jetzt deine aktuelle Lebenssituation durch. Schreibe in die linke Spalte untereinander in Stichworten auf, was sich aktuell für dich nicht (mehr) gut anfühlt. Nimm deine Intuition zu Hilfe.

Beispiel: „Ich bin genervt, dass mein ganzer Tag voller Termine ist".

Schreibe nun in die mittlere Spalte, WARUM du das nicht (mehr) haben möchtest.

Beispiel: „Ich fühle mich gestresst. Mein ganzer Tag ist blockiert. Ich kann mir nichts Richtiges vornehmen."

Zuletzt formuliere in der rechten Spalte deine Antworten aus der mittleren Spalte in ihr positives Gegenteil um. Das offenbart erstaunliche Erkenntnisse über deine Wertvorstellungen und die Richtung, in die es dich zieht. Ich liebe diese Übung!

Beispiel: „Ich wünsche mir zeitlich mehr Freiheit, mehr Flexibilität, Unabhängigkeit, mehr Freiraum."

Übung 4 – Hab Mut, unpopulär zu sein!

Solange wir selbst nur wenig Klarheit über unsere eigenen Werte sowie unsere wirklichen Wünsche und Vorstellungen haben, orientieren wir uns am Verhalten anderer. Wir fühlen uns naturgemäß unwohl damit, mit unseren Sichtweisen allein dazustehen. Verbunden mit Ausgrenzung oder sogar Diffamierung, wie wir es derzeit in vielerlei Kontexten erleben, steigert sich dieses Unwohlsein zu einer Angst, denn „Ausgestoßen-Sein" ist eine Ur-Angst des Menschen. Recherchiere dazu u. a. gerne mal die Experimente von Solomon Asch zum Thema Gruppenzwang.

Indem wir unsere Selbstsicherheit, unsere Klarheit und Authentizität mithilfe der vorhergehenden Übungen stetig weiterentwickeln, gelangen wir zu immer mehr innerem Frieden, mit dem uns Gruppenzwang mehr und mehr egal wird. Eine starke innere Haltung braucht etwas Mut. Aber Mut ist letztlich nur eine Entscheidung. Sie wird umso einfacher, je mehr wir uns unserer Selbst sicher sind.

Übung „Ich bin ich":

Wir leben in einer Gesellschaft mit freier Meinungsäußerung. Das bedeutet, wenn wir eine Meinung haben, die von der Mehrheit nicht geteilt wird, bringt uns das nicht um wie in der Zeit der Säbelzahntiger, als wir dem Tode geweiht waren, wenn wir von unserem Stamm ausgeschlossen wurden. Besinne dich auf deine Überzeugungen und deine Werte. Atme, fühle deine innere Ruhe und deine Kraft. Du bist richtig! Es kann dir nichts passieren, solange du friedlich deine Meinung vertrittst. Du bist nicht auf der Welt, um Mehrheiten zu erfreuen. Stehe zu dir! Du kannst notfalls Abstand nehmen von Menschen, die dir aufgrund deiner Meinung nichts Gutes wollen. Es werden sich neue Verbindungen ergeben. Pflege das Verhältnis zu den Menschen, die dir wichtig sind.

Friedvoll kommunizieren – deine Checkliste

Um mit unserer gesellschaftlichen Situation und den damit einhergehenden Begleiterscheinungen souveräner und gelassener umzugehen, ist es wichtig, dass wir in innerem Frieden mit uns selbst sind. Mithilfe meiner bisherigen Übungen wirst du schrittweise den Weg dorthin finden. Jetzt geht es darum, wie wir wieder friedvoll kommunizieren können:

- Distanziere dich entschieden von Feindbildern, Ignoranz oder Denunziation. Sie dienen der Spaltung. Echte Lösungen werden damit verhindert.

- Bleibe beharrlich im Dialog. Ein dauerhafter Abbruch der Konversation verhindert den Frieden.

- Agiere in Liebe, Frieden und Verbundenheit – anstatt zu re-agieren in Aufregung und Entrüstung. Agieren ist immer zielführend. Reagieren kann dies nicht leisten.

- Verwende offene Fragen, die lösungsorientiert formuliert sind. Sie veranlassen die andere Seite zum Nachdenken. Allein das kann bereits die Wende bringen.

- Schätze deine Intuition wie deinen besten Freund und Ratgeber. Achte auf sie, nimm sie wichtig. Dein erster Gedanke ist immer der richtige.

- Spüre bei jeder Situation und Entscheidung in deinem Leben hinein, was du nicht mehr haben möchtest und wie du es stattdessen magst. Frage nicht nach dem „Wie" und „Wann", das wird sich fügen. Deinem ersten Impuls zu vertrauen, ist wie eine Saat, die garantiert erblühen wird.

- Finde den Weg zu deiner eigenen Wahrheit. Deine innere Entwicklung ist ein nie endender Prozess. Indem du mehr Klarheit über dich und das Leben gewinnst, bist du immer seltener auf äußeres Feedback und Orientierung angewiesen. Werde zum Schüler des Lebens und zum Lehrer deines Umfelds.
- Achte stets auf deine gute Kommunikation. Sei achtsam für die Bedürfnisse deiner Gesprächspartner:innen. Nimm ihre Argumente ernst. Informiere dich umfassend. Bleibe respektvoll und stets lösungsorientiert. Frieden ist Achtsamkeit.

Zum Schluss möchte ich dir noch ein kleines Geheimnis verraten – den wahren Schlüssel zu deinem inneren Frieden. Gaur Gopal hat so schön gesagt:

„Kannst du die Dinge ändern? Ja? Then, why worry."

„Kannst du die Dinge nicht ändern? Nein? Then, why worry."

Diese Aussage birgt so viel Weisheit! Sie macht uns deutlich, dass wir dort, wo wir Einfluss haben, Verantwortung übernehmen dürfen. Dort, wo wir hingegen nichts bewirken können, liegt unsere Transformation in der Akzeptanz. In einer Welt mit immer mehr Polarisierung darfst du deine ganz persönliche innere Friedensbotschaft entwickeln und aktiv vorleben. Auch schlechte Zeiten sind immer FÜR uns, weil sie wichtige Botschaften in sich tragen. Wo wir erkennen, dass wir nicht viel ändern können, tun wir gut daran, dies für uns hinzunehmen und zu akzeptieren. Richten wir den Fokus besser auf die guten Dinge, die übrig sind – und davon gibt es jede

Menge! Indem wir uns über etwas ärgern, geben wir ihm nur mehr Energie, weil wir unsere Aufmerksamkeit darauf richten. Ich bin überzeugt davon, dass das Leben in jeder Lage angenehm und friedlich sein kann.

Wenn wir jeden Tag mit Lust und Freude das Schöne sehen und alles, was sich schwer anfühlt, weniger beachten, können wir jeden Tag einen Schritt näher zu unserem eigenen Glück finden. Wir brauchen positive Menschen, die sich abkoppeln vom Gelernten, die auf kreative Weise viele Dinge neu denken und neu gestalten. Zum Beispiel Dinge, die sich totgelaufen und festgefahren haben. Was, denkst du, kannst genau DU beitragen? In deinem Bereich, mit deinen ganz persönlichen Talenten?

Alles ist mit allem verbunden. Wir brauchen keine weitere Spaltung, keine immer neuen Feindbilder und auch keine neuen Kriege auf der Welt. Wenn wir wieder lernen, in gegenseitigem Verständnis und aufmerksam zu kommunizieren und das Gespräch als das schöpferischste Werkzeug der Verbindung neu zu würdigen, wird sich vieles zum Guten wenden.

Versuche jeden Tag, das Gefühl „Ich bin Frieden" in dir wahrzunehmen. Es ist so stark, dass du nicht mehr reagieren, bewerten oder kommentieren musst. Mit diesem Gefühl gelangst du in den Zustand „Ich LEBE Frieden". Leben ist Agieren – und Agieren ist Verantwortung übernehmen, weißt du noch? Die Welt braucht Menschen, die Verantwortung übernehmen und ihre Friedensbotschaft in dieser schwierigen Zeit leben. Menschen wie dich. Lass dein Licht leuchten.

Dein Stefan Randa

PS: Ich habe ein paar Überraschungen für dich vorbereitet, mit denen du deine ganz eigene Friedensbotschaft weiterentwickeln kannst. Hast du Lust?

https://ichbinfrieden.de/randa

In Frieden kommen mit Verlust – wenn einer fehlt

Almut & Klaus Nasilowski

Seit mehr als 70 Jahren leben wir in Deutschland in einem friedlichen Land. Trotzdem stellt sich uns die Frage, wie wir mit uns selbst und der Welt in Frieden sein können.

Innerer Frieden fehlt uns, wenn wir einen Verlust hinnehmen müssen. Der am stärksten wirkende Verlust ist meist der eines geliebten Menschen. Aber auch derjenige des Partners oder einer Freundin kann uns schwer treffen, ebenso wie der Verlust von Heimat bei einem Ortswechsel, des Arbeitsplatzes oder gar des eigenen Unternehmens. Er erscheint uns besonders dann als ein grausamer, ja ein zutiefst ungerechter Verlust, wenn wir keine Erklärung dafür finden.

Verlust des Kindes aus Sicht von Almut

Vor 20 Jahren habe ich, Almut, den einschneidendsten Verlust meines Lebens hinnehmen müssen. Es war der Tod unseres 16 Monate alten Sohnes Balduin Felix Paul Nasilowski (*2000, +2002). Ein Verlust, der mich ohne jede Vorwarnung traf. Von diesem Erlebnis und den Jahren danach möchte ich dir hier erzählen.

Lieber bALdUin,

in meiner 11. Schwangerschaftswoche mit dir kauften wir einen rosa Elefanten an der Tankstelle und nannten ihn Baldufant. Laura Flora, deine 2-jährige Schwester, trug ihn unter ihrem Pullover, während ich mit dir schwanger ging …

Balduin Felix Paul, das bedeutet kühner, glücklicher, kleiner Freund.

Ich wusste von Anfang an, dass du ein Junge sein würdest. Das hatte mir die hellsichtige Mutter meiner Gitarrenschülerin Gudrun verraten. Simone aus unserer Rebirthing-Gruppe nahm deine Energie wahr, als würdest du gerade über unseren Köpfen Purzelbäume schlagen. Wir, dein Vater Klaus und ich, beschäftigten uns damals intensiv mit Rebirthing.

Bei deiner Geburt durften wir bereits lernen, dass nicht alles nach Plan und wie im Fernsehen verläuft, denn die Wehen wurden schwächer und ich wurde wieder nach Hause geschickt. Wir konnten also in Ruhe „Birnen, Bohnen und Speck" essen, unser typisch schleswig-holsteinisches Lieblingsgericht. Wieder zurück im Geburtshaus erlebte ich die allerschönste meiner drei Geburten: Mit dem Kopf nach unten schauend kamst du aus meinem Schoß und drehtest dich unter Wasser so, dass wir uns beide in die Augen schauen konnten: „Hallo mein Schatz, hallo mein Spatz, hallo, hallo …".

Gefühle von Liebe und Freude durchströmten mich und ich sprudelte über vor Glück und Dankbarkeit.

16 Monate durften wir dich unseren kleinen Hobbel Bobbel in unserem Leben haben: Du hast gelacht wie ein Lachsack, wenn Klaus, dein Vater, dich in die Luft geworfen hat. Du hast die Musik geliebt und warst immer dabei, wenn Laura in ihrer Musikgruppe war. Wie oft sind wir durchs Wohnzimmer getanzt, während Laura „Ballent" in ihrem Tutu machte.

Balduin an seinem ersten Geburtstag, eigenes Foto

Mit Freunden waren wir an deinem Geburtstag auf Rhodos und haben Pfannkuchentorte gegessen wie bei Peterson und Findus. Das Foto von dir war lange Zeit in einer Klarsichtfolie am Grab. So ist durch das Wasser im Regen dieses kleine Kunstwerk entstanden. Ich liebe dieses Bild sehr! Im Januar 2002 hast du angefangen zu laufen und zu sprechen: „Mapa" war dein erstes Wort!

Nachts hast du dann immer schlechter geschlafen. Jede Nacht hast du geschrien. Wir wussten nicht warum und waren froh, dass Fritz, dein Patenonkel, damals bei uns wohnte und uns unterstützte.

Am 30. Januar, am 63. Geburtstag deines Großvaters Johannes, hast du aufgehört zu atmen. Als ich dich im Bett fand, warst du bereits tot und bist in meinen Armen ganz schwer geworden. Ich habe bis heute das Gefühl, du hattest auf mich gewartet. Ich rief deinen Papa an und sagte ihm: „Du musst sofort kommen!"

Deine Großmutter Elisabeth erzählt bis heute von dem schrecklichsten Erlebnis ihres Lebens, als ich bei ihr anrief und sagte: „Mama hol dir mal einen Stuhl und setz dich hin. Ich muss dir was sagen …" Bis heute hat sie das noch im Ohr.

Natürlich fehlst du seitdem, lieber Balduin.

Schön, dass du bei uns warst.

Deine Mama Almut

Nichts war wie vorher. Von einer Stunde auf die andere stand unser Leben auf dem Kopf. Eben noch hatte sich vieles um unser jüngstes Kind gedreht. Nun war es plötzlich nicht mehr da. Ein riesiges Loch tat sich in unserem Leben auf. In der ersten Woche konnte ich nur Äpfel essen und nahm 4 kg ab. Ich lag im Bett und weinte. Nichts interessierte mich mehr. Allein die Anteilnahme der Menschen um uns herum gab mir ein wenig

Trost und Halt. Anstatt wie geplant wieder anzufangen zu arbeiten, nahm jetzt die Trauer große Teile meines Lebens ein. Immer wieder fragte ich mich, was ich hätte tun können, um den Tod zu verhindern. Hatte ich etwas falsch gemacht? Mich nicht genug gekümmert oder etwas übersehen? WARUM passierte uns das? WARUM ausgerechnet wir? Ich stellte fest, dass ich diese Frage nach dem WARUM einfach nicht beantworten konnte. Ich musste sie loslassen. In meinem Kopf bildeten sich Nervenbahnen zurück und das tat weh! Impulse wie: „Jetzt lege ich Balduin ins Bett. Jetzt muss ich ihn stillen …" – das alles war auf einen Schlag nicht mehr nötig.

Ich weiß noch genau, wie ich wenige Tage später in Kiel mit meinem Fahrrad an der Ampel stand und auf Grün wartete. In dem Moment wurde mir klar: „Mein Herz tut mir körperlich sooooo weh. Ich weiß nicht, ob das jemals aufhört und, wenn ja, wann." Ich brauchte Hilfe. Daher besuchten Klaus und ich 2,5 Jahre lang eine Trauergruppe, die im Bestattungsinstitut angeboten wurde. Später habe ich erfahren, dass über 50 % der Paare, die ihr Kind verloren haben, diesen Verlust nicht gemeinsam bewältigen und sich trennen. Das konnte ich gar nicht glauben und bin zutiefst dankbar, dass wir zusammengeblieben sind. Das haben wir sicher auch dieser Gruppe zu verdanken. Es fühlte sich so an, als seien wir in ein unbekanntes Land katapultiert worden – das Land der Trauer. Ohne Landkarte und Gebrauchsanweisung mit unbekannten Fallen und Gefahren.

Jeder Mensch erlebt die Trauer auf seine Art und bewältigt den Verlust anders. Das ist es, was so manches Paar an die Grenzen von Verständnis und Belastbarkeit bringt. Bei uns war ich diejenige, die aufhörte zu arbeiten und sich immer wieder der Trauer hingab, während Klaus wie gewohnt zur Arbeit ging. Wir bewegten uns zwischen den Extremen von Versteinern und Überschwemmung.

Eine Woche nach dem Tod von Balduin bekam ich die Gelegenheit, mich in einer systemischen Familienaufstellung von Balduin zu verabschieden. Das hat mir sehr geholfen mit dem Tod in Frieden zu kommen. Zusätzlich besuchte ich im März zusammen mit unserer Tochter Laura ein Seminar des Vereins Verwaiste Eltern e.V. Es ging um das Thema „Farben des Frühlings – Farben der Trauer". Ein weiterer, hilfreicher Meilenstein auf unserem Trauerweg.

Gestalten des Trauerweges, eigenes Foto

Zusammen mit den anderen Teilnehmenden gestaltete ich den Trauerweg in Bildern. Wir alle hatten unser Kind/ unsere Kinder verloren. Jetzt bekamen wir die Gelegenheit, unsere Trauer im Rahmen eines Gemeinschaftsbildes und in Einzelbildern auszudrücken. Im Prozess des Malens kamen wir aus dem Grübeln ins Handeln. Unsere Gefühle nahmen Gestalt an. Das erleichterte uns ein wenig. Wir erlebten uns als miteinander verbunden. Wir konnten uns frei mitteilen und austauschen und uns gegenseitig Halt geben. Hier waren wir nicht länger bemitleidenswerte Sonderfälle in einer ansonsten heilen Welt.

Während unsere Kinder in einem Nebenraum betreut wurden, beschäftigten wir uns auch mit der Frage, was sie in dieser Situation brauchten. Wir hatten nicht bedacht, wie wichtig ihnen in dieser Krise Sicherheit und Normalität waren – Essen, Trinken, Spielen und Miteinandersein. Zudem erfuhren wir von der Seminarleiterin ihre Geschichte mit ihrem Sohn Frank. Inzwischen, sagte sie, begleite sie die Trauer wie eine Melodie im Hintergrund. Das gab mir die Hoffnung, dass auch für mich dieses erdrückende Gefühl eines Tages abebben könnte.

Im Laufe der Jahre erfuhr ich immer wieder, wie meine Trauergeschichte andere Menschen traf. Dabei habe ich gelernt, achtsam zu sein und abzuwägen, wann ich diese Geschichte wem auf welche Weise erzähle. Ich weiß, dass ich die Menschen damit direkt im Herzen berühre. Das kann erschüttern, aber auch tiefe Verbindung und Nähe schaffen.

Die wichtigste Erfahrung aus dieser Zeit: Niemand sollte allein trauern. Schmerz, Verlust und Trauer sind Teil des Lebenskreises. Rituale helfen, die seelischen Verletzungen zu heilen. Gerade sich mitzuteilen und einander beizustehen stärken uns. Ich habe gespürt, dass es ein soziales Netz für mich gab, das mich auffing. Ein Netz, das ich vorher nicht als solches wahrgenommen und für selbstverständlich gehalten hatte – wie der Fisch im Wasser.

Trauer braucht Raum und Zeit. Die gute Nachricht ist: Du kannst den Trauerprozess aktiv mitgestalten. Lass nicht zu, dass die Trauer zu groß wird und dir zu viel von deinem Leben stiehlt! Sei mutig und bleib verbunden! Denn du lebst! Erlaube dir, DEIN Leben zu feiern, zu genießen und zu planen. In Erinnerung von dem, was war, geerdet im JETZT, mit Blick in die Zukunft, verbunden mit dem großen Ganzen.

LAU findet sich in all unseren Namen. Das war uns nicht bewusst, als wir die Namen gewählt haben: kLAUs, ALmUt, LAUra und LUciA und auch bALdUin. Einer fehlt und ist trotzdem immer dabei – und das Leben geht weiter! Wir Menschen können dem Leben Bedeutung und Sinn geben und das Leben gestalten.

Vier Nasis: kLAUs, ALmUt, LAUra und LUciA, eigenes Foto

Der Verlust des Kindes aus der Sicht von Klaus

Als Vater Balduins möchte ich den Beitrag aus meinem Erleben ergänzen. Der Plötzliche Kindstod – das ist der Fachausdruck für einen medizinisch nicht erklärbaren Tod von Kleinkindern bis zum Alter von 5 Jahren – war für mich ebenfalls ein Schock aus heiterem Himmel. Als ich nach dem Anruf meiner Frau nach Hause eilte und wenige Minuten später meinen Sohn bereits steif und leblos in meinen Armen hielt, brach eine Welt für mich zusammen.

In dem Moment war mir klar, dass jede medizinische Hilfe zu spät kommen würde. Wir nahmen uns einen Moment des Innehaltens und Abschiednehmens, bevor

153

wir den Notarzt riefen. Dieser kam, um den Tod festzu-
stellen, und in seiner Folge die Polizei. Diese beschlag-
nahmte unser Reihenhaus für einige Zeit, um Bilder
vom „Tatort" zu machen. Die Leiche wurde in das
gerichtsmedizinische Institut gefahren und untersucht.
Wir wurden weder über die Dauer der Untersuchungen
informiert noch über ihre Ergebnisse. Erst als ich einen
Gerichtsmediziner auf eigene Initiative anrief, erfuhr
ich, dass unser Sohn ohne erkennbare Ursache aus dem
Leben getreten war.

Auch wenn alle Beteiligten nett und respektvoll mit uns
umgingen, blieb ein Nachgeschmack: Wir waren nun
nicht mehr nur Opfer eines unerklärlichen Geschehens,
wir wurden von der Gesellschaft offenbar auch als
potenzielle Täter gesehen. Das Gefühl blieb, etwas falsch
oder zumindest nicht ganz richtig gemacht zu haben.
Hätten wir noch etwas für ihn tun können, ihn vielleicht sogar retten können? Wir machten uns gegenseitig
keine Vorwürfe dieser Art, um uns nicht noch mehr zu
belasten, aber manchmal kamen diese Gedanken doch
in mir hoch.

In den folgenden Wochen konzentrierte ich mich
auf meine Arbeit und den Haushalt, um ein Stück
Normalität mit meiner Frau und meiner kleinen Tochter
zu bewahren. Ansonsten zog ich mich zurück. Ich
brauchte Ruhe und Leere, um das Erlebte zu verarbeiten.
Während meine Frau und unsere Tochter auf dem
Seminar „Weg der Trauer" waren, war ich krank und
verbrachte ruhige Tage zu Hause. Später besuchten wir
gemeinsam einmal wöchentlich die Trauergruppe, die

auch mir Trost und Halt gab. Für zwei Jahre war sie eine Institution in unserem Alltag mit nur noch einem Kind.

Mir fiel auf, dass nur Frauen und Paare diese Gruppe besuchten. Die Männer mussten sich manchmal von ihren Frauen sagen lassen, dass sie nicht richtig trauerten oder zu wenig Gefühle zeigten. Den Frauen hingegen wurde gesagt, sie gäben sich der Trauer zu sehr und zu lange hin. Solche Bewertungen sind Gift für Beziehungen in einer solchen Krise, aber sie sind in den Köpfen der Beteiligten präsent und werden manchmal auch ausgesprochen.

In unserer kompetent und liebevoll geleiteten Gruppe verloren solcherlei Vorwürfe und Schuldzuweisungen an Schärfe und Bedeutung. Alle erfuhren, dass es so viele Arten zu trauern gibt, wie es Betroffene gibt. Männer trauern manchmal anders als Frauen. Sie teilen sich weniger mit, weinen weniger und konzentrieren sich auf das Weiterleben und Geldverdienen. Sie gehen in die Verbitterung oder suchen nach einfachen Erklärungen, um den „Fall" endlich abzuschließen – und müssen oftmals erfahren, dass es diese nicht gibt.

Ich möchte allen Trauernden empfehlen, sich der Trauer zu stellen und sich im geschützten Rahmen einer Gruppe auszutauschen. Das sage ich auch und gerade den betroffenen Männern. Mir persönlich wurde dabei klar: Ich war nicht das einzige Opfer eines Schicksalsschlages. Es gibt viele andere Betroffene, jeder mit seiner eigenen Geschichte und seiner eigenen Art, sie zu erleben und schließlich zu bewältigen. Dies brachte mir – neben der großen Anteilnahme unserer Nächsten – inneren Frieden.

Grab von Balduin mit selbstgestalteter Grabholzplatte, eigenes Foto

Nach anfänglicher Abwehr war ich bald auch wieder bereit, mir ein neues Kind schenken zu lassen. Unsere jüngere Tochter kam auf die Welt und wuchs gesund und glücklich zu einer jungen Frau heran. Dafür bin ich Gott und natürlich meiner Frau bis heute dankbar.

Erst jetzt nach 20 Jahren habe ich mit meiner Erzählung „Im Garten der leichten Leute" ein Stück Frieden mit dem stets unerwarteten Tod gefunden. Es ist die Geschichte eines abgestürzten Bergsteigers, der seinen Tod Schritt für Schritt anzunehmen lernt, eines jungen, mutigen Mannes, der den höchsten Gipfel erreichen wollte und stattdessen einen wundersamen, verborgenen Garten im Tal des Lebens entdeckt.

Diesen Frieden wünsche ich dir auch.

Frieden in mir – 3 Übungen dazu

Lieber Leser und liebe Leserin, wir wünschen dir, im Einklang mit allem zu leben, und geben dir gerne 3 Übungen auf den Weg zu deinem inneren Frieden mit. Sie folgen der Frage: Wie komme ich in Frieden mit mir selbst, mit meinen Mitmenschen und mit der Welt an sich – mit dem, was war, was ist und was sein wird?

1. Ho'opono pono – heilige Worte mit immens viel Kraft

Vorübung zum Hoóponopono: In die Augen schauen

Da es in diesem Ritual darum geht, einem Menschen in die Augen zu schauen, empfehle ich dir, zunächst einmal diese Erfahrung mit einem Menschen zu machen, mit dem du dich wohlfühlst und dem du vertraust. Setzt euch einander gegenüber und schaut euch ca. 2 Minuten lang in die Augen. Teilt euch anschließend mit, welche Gefühle, Bilder und Gedanken das in euch ausgelöst hat. Damit eröffnest du dir einen Raum, der dir die nächsten Erfahrungen mit Ho'opono pono ermöglicht und erleichtert.

Ho'opono pono

Auf Hawaii gibt es ein Verzeihensritual, das uns hilft, in Frieden mit der Vergangenheit zu sein: Wenn etwas geschehen ist, mit dem ich nicht einverstanden bin, blockiert dieser Widerstand den Lebensfluss in mir – unabhängig davon, ob ich im Recht bin oder nicht, ob ich Täter oder Opfer oder auch nur Mitwisser bin. Es steht da etwas im Raum und damit gilt es umzugehen.

Wie mache ich das? Ich mache mir klar, um welches Thema es mir geht. Wem möchte ich verzeihen? In meinem Fall verzeihe ich meinem Sohn, dass er vor mir seinen eigenen Weg gegangen ist, auf dem ich ihn nicht begleiten kann und darf: Ich stelle ihn als Kleinkind vor mich hin – vielleicht auch als erwachsenen Mann, als Tier, als Engel – also in einer Gestalt die für mich stimmig ist. Dabei stelle ich mir vor, wie wir uns in die Augen schauen, und sage:

Ho'opono pono (3x)

Es tut mir so leid.

Ich verzeihe dir.

Ich danke.

Ich liebe dich.

Du stellst also die Person, der du verzeihen möchtest, in Gedanken vor dich hin, schaust ihr in die Augen und singst dabei das Ho'opono pono. Nachdem du 3x gesprochen hast, stellst du dich selbst in Gedanken vor dich hin, schaust dir liebevoll in die Augen und sprichst:

Ho'opono pono

Es tut mir so leid.

Ich verzeihe mir.

Ich danke.

Ich liebe mich.

Du kannst auch einen Spiegel benutzen.

Es tut mir so leid:

Für die meisten von uns ist es eine riesengroße Herausforderung, jemanden, der dich vielleicht tief verletzt hat, als Menschen im Prozess des Verzeihens so nah an dich heranzulassen – auch wenn es „nur" in der Vorstellung ist. Vielleicht denkst du auch: „So ein Quatsch! Das tue ich niemals, das bringt doch nichts, das wäre ja noch schöner!" Ich bitte dich, tue es trotzdem. Für dich selbst, für deine Kinder, deine Familie, deine Freunde, für die Welt. Du musst die Tat nicht gut finden, doch du darfst verzeihen. Das hat eine starke Kraft und befreit dich von einer großen Last. Lass es dir am Beispiel unserer Geschichte verdeutlichen.

Ich verzeihe mir:

Allein die Idee, dir selbst zu verzeihen, mag dir schier unmöglich erscheinen. Ich verzeihe mir, dass ich meinen Sohn nicht beschützen konnte. Vielleicht war meine Seele neugierig und wollte wissen, wie es sich anfühlt, tieftraurig zu sein, und wir beide waren verabredet für diese Erfahrung? Bewusst würde ich diese Trennungsschmerzen nicht wählen. Ich habe also etwas getan oder nicht getan und vielleicht habe ich auch zugelassen, dass mir oder anderen etwas angetan wurde. Das alles gilt es zu verzeihen, um frei zu sein für mein JETZT und noch viel mehr für die Zukunft, in die ich hineinlebe, ohne Angst und Wut, recht haben, der bessere Mensch sein müssen und was mich noch alles an die Vergangenheit bindet.

Ich danke:

Die Schwingung von Dankbarkeit ist noch höher als die der Liebe. Wenn ich bewusst für etwas oder jemanden dankbar bin, entsteht eine positive Feedbackschleife. Die entstehenden interferenten Schwingungen verstärken und bekräftigen sich. Diese physikalischen Gesetzmäßigkeiten nutzt diese Übung.

Zusatztipp: Finde jeden Tag 3 Dinge, für die du dankbar sein kannst. Denn worauf du deine Aufmerksamkeit lenkst, das wird mehr!

Ich liebe mich:

„Liebe deinen Nächsten wie dich selbst." Ja, du darfst gut für dich sorgen. Das ist die Voraussetzung dafür, dass sich deine Liebe weiterverbreiten kann: Sie fließt hinein in die Partnerschaft, Familie, Gemeinde, in dein Land und in die ganze Welt. Ich liebe und akzeptiere mich, so wie ich bin! Schluss mit „Ich bin nicht gut genug!" und „Ich bin es nicht wert!"

Warum wirft der Elefant die Bäume um?

Weil er es kann!

Ich liebe und akzeptiere mich, so wie ich bin. WARUM? Weil ich es kann! Weil Glücklichsein unser aller Geburtsrecht ist!

Ho'opono pono

Tu's einfach. Du darfst frei und glücklich sein und im Frieden! In Einklang mit ALLEM, was ist.

2. Gefühle loslassen

Nach einer seelischen Verletzung oder einem Verlust-
ereignis werden wir von starken, manchmal widersprüch-
lichen Gefühlen überschwemmt und dadurch hand-
lungsunfähig. Als seelisch verletzter Mensch verlierst
du die Kontrolle und fühlst dich deinen Gefühlen
ausgeliefert. In einer solchen Situation traust du dich
vielleicht nicht, deine Gefühle zuzulassen, denn es sind
zu viele, der Schmerz ist zu groß. Du hast also die Wahl:
Entweder im Ansturm deiner Gefühle unterzugehen
oder die Gefühle wegzuschieben, zu verdrängen. Die
zweite Strategie bringt zwar zunächst deine Handlungs-
fähigkeit wieder und Erleichterung, aber sie kostet dich
auch viel Kraft. Sie geht auf Kosten deiner Offenheit,
deiner Fähigkeit zu fühlen und damit deiner Lebensqualität. Frauen wählen nach meiner Erfahrung oft
den Weg der Emotionalität, der ihnen auch im Alltag
eher vertraut ist. Männer wählen vielmehr den Weg der
Abspaltung und Verdrängung als Ergebnis einer, unter
rationalen Gesichtspunkten getroffenen Entscheidung.
Verdrängung ist als Überlebensstrategie in der Trauer bis
zu einem gewissen Grad wichtig, um überhaupt weiterleben zu können, dabei liegt es mir fern, Strategien zur
Bewältigung der Trauer moralisch zu bewerten.

Häufig kann man aber auch beobachten, dass sich Trau-
ernde und Traumatisierte nach innen und nach außen
verschließen. Sie leben dann nur noch einen Teil des
Lebens, das sie ohne das Ereignis leben könnten. Eine
Frau, deren Sohn bereits vor etlichen Jahren gestorben
war, antwortete mir beispielsweise einmal auf die Frage,

wie es ihr gehe: „Wie soll es mir schon gehen. Mein Sohn ist immer noch tot!" Daher scheint es mir wichtig, nicht in bestimmten Reiz-Reaktionsmustern steckenzubleiben. Stattdessen möchte ich mit dieser Übung, lieber Leser und liebe Leserin, dazu beitragen, deine mögliche Handlungspalette zu erweitern. Sie funktioniert nach dem Prinzip, das Einstein so treffend formuliert hat: „Probleme können nie mit den Mitteln gelöst werden, durch die sie aufgetreten sind."

Sorge zunächst für einen sicheren, geschützten Rahmen für die Übung. Stelle sicher, dass du ungestört bist, dass Telefon und Medien schweigen und niemand zuhört, der es nicht soll. Das kann zu Hause sein oder an einem anderen vertrauten Ort, etwa in der Natur. Wenn du jemanden hast, dem du dich bedingungslos anvertrauen kannst, kann das eine Hilfe sein, zum Beispiel ein guter Freund oder eine gute Freundin, die für dich als Unterstützung da sind.

Nimm nun einen Kugelschreiber in die Hand und stell dir vor, wie all deine Gefühle, gegen die du ankämpfst und die du nicht haben willst, in diesen Stift fließen. Solche Gefühle können Wut, Angst, Trauer, Scham, Schuld, Verzweiflung oder Ohnmacht sein. Oft steht die Wut im Vordergrund, denn sie ist stark und aggressiv. Da die Wut ein sehr dominantes Gefühl ist, muss sie in der Regel zuerst bearbeitet werden. Sie überdeckt darunterliegende Gefühle, wie zum Beispiel die eigentliche Traurigkeit, die Verbundenheit und auch die Liebe. Wut kann sehr destruktiv sein, sowohl gegen andere als auch gegen sich selbst. In manchen Fällen kann

Wut aber auch Positives bewirken, wie etwa eine nötige Abgrenzung oder eine fällige persönliche Veränderung. Hier einige Beispiele:

- Wut auf die Kinder, Nachbar:innen, den Verein, die alle etwas von dir wollen
- Wut auf dich selbst, die/der du dir das gefallen lässt
- Wut auf das Leben, das dir Schicksalsschläge zumutet wie den Tod eines Angehörigen
- Wut auf Gott, der Krieg, Streit, Verletzung und Tod zulässt
- Wut auf den Körper, der krank wird und uns Schmerzen bereitet
- Wut auf Gefühle, die dich unkontrolliert überschwemmen

Spüre die Gefühle, die dich beherrschen. Gehe voll in diese Gefühle hinein, mache sie riesengroß in dir und lass sie dann in den Kugelschreiber fließen. Wenn dir danach ist, weine, heule, schimpfe, schreie oder lache – alles das darf sein, denn es ist Ausdruck deiner Gefühle. Mache dir dabei klar: „Ich bin nicht mein Gefühl, denn ich bin ja das ICH, das diese Gefühle hat." Und dann lässt du los. Du lässt den Stift einfach fallen und erlebst: „Ich kann die Gefühle auch loslassen. Ich bin immer noch ich, ganz und vollständig, auch ohne diese Gefühle." Genieße das Gefühl der Losgelöstheit und der Befreiung.

Nun hast du die Erfahrung gemacht, dass du dich von deinen scheinbar übermächtigen Gefühlen lösen kannst. Meist sind die Gefühle mit dieser einfachen Übung nicht vollständig verschwunden, aber die Übung wirkt wie ein

Anker. Du hast erlebt, dass du etwas aktiv tun kannst, dass du deinen Gefühlen nicht ohnmächtig ausgeliefert bist. Du hast erfahren, dass es auch anders geht, dass du es zumindest zeitweise schaffen kannst, dich aus dieser belastenden, unerträglich scheinenden Situation zu lösen. Später kannst du dich an diese hoffnungsvollen Momente erinnern und dich mit ihnen verbinden. Allein dadurch gewinnst du an Kraft und Zuversicht und wirst irgendwann wieder ins aktive Leben zurückfinden. Diese Übung erinnert dich auch daran, dass du mehr bist als ein Mensch in einem menschlichen Körper. In Wahrheit bist du ein vollkommenes göttliches Wesen mit unendlich vielen Möglichkeiten. Mach dir das bewusst und führe diese Übung in diesem Bewusstsein durch. Probiere es aus: Es darf leicht und einfach gehen! Dein Herz versteht das.

3. Verbindung aufnehmen mit dem Wasser

Ohne Wasser gibt es kein Leben. Wasser ist unsere Quelle. Wir bestehen zu etwa 60 % aus Wasser. Jeder Mensch ist da gleich. Als Ungeborene haben wir uns im Fruchtwasser geborgen, beschützt und geliebt gefühlt. Alle Wasser fließen ins Meer. Ein einzelner Tropfen im Meer erscheint uns bedeutungslos und doch: Viele, viele Tropfen gemeinsam bilden das Meer. Es ist ein Sinnbild dafür, dass wir alle miteinander verbunden sind. Der Fisch im Wasser ist in seinem Element. Dort fühlt er sich wohl. Er vermisst nichts. Ihm fehlt nichts. So wohl darfst auch du dich fühlen. Mit der folgenden Übung verbindest du dich über das Medium Wasser mit Wohlsein und Frieden.

Trinke 1–5-mal täglich ganz bewusst ein Glas Wasser. Es darf, muss aber nicht ein besonders gutes Tafel- oder Mineralwasser sein. Kraftvoll ist es, im Alltag kurz innezuhalten und das Wasser in einem schönen Glas zu genießen. Bei jedem Schluck denke daran: „Ich bin in Frieden mit mir und ich fühle mich wohl." Formuliere es ganz klar. Du kannst es laut sprechen oder auch nur denken, ganz wie es für dich passt. Diese Übung wird dein Wohlsein und deinen inneren Frieden erhöhen.

Wenn du das eine Woche lang täglich eingeübt hast, dann gehe zum nächsten Schritt: Trinke dein Wasser wieder ganz bewußt und denke bei jedem Schluck Wasser: „Ich bin im Frieden mit mir und ich bin im Frieden mit dir und wir beide fühlen uns wohl." Nach der zweiten Übung kommst du mehr und mehr in die Verbindung mit den Menschen, die dich umgeben, letztlich mit allen Menschen.

Ziel der Wasser-Übung ist es, sich eins zu fühlen mit „allem, was ist", dem Göttlichen oder dem Universum. Es ist eine uralte Weisheit: Wer sich eins fühlt mit den Menschen und auch mit der Natur wird diese nicht bekämpfen oder gar zerstören. So verankerst du in deinem System das Bewusstsein, dass wir alle als Menschheit miteinander verbunden sind.

Lieber Leser und liebe Leserin, vielen Dank für deine Aufmerksamkeit!

Wir hoffen, wir konnten dich ein Stück begleiten auf deinem Weg zum inneren Frieden und dir Klarheit, Freiheit und Stärkung geben. Wenn du mehr über die

Übungen und weitere Methoden und Tätigkeiten von uns erfahren willst, laden wir dich ein, diesem Link zu folgen: https://ichbinfrieden.de/nasilowski.

Frieden entsteht an der Basis unserer Gesellschaft. Wir, Klaus und Almut, wünschen uns für alle Menschen eine Welt, die wie ein geschützter umfriedeter Garten ist, wo Gewalt nicht normal ist, wo wir uns trauen, feinfühlig und verletzlich zu sein, uns mitzuteilen und uns helfen zu lassen. Wir wünschen uns eine Art des Umgangs auf Augenhöhe, in dem wir uns um Klarheit bemühen, Konflikte frühzeitig erkennen und sie mit einer friedlichen Sprache miteinander lösen.

Eure Almut und Klaus Nasilowski

Aufbruch in den Frieden

Antonia Roethlin

Ich bin Frieden. Die Aussage streift mich wie ein sanfter Windstoß. Je länger ich mich von ihr treiben lasse, desto stärker zieht sie an mir. Wiederhole sie leise in Gedanken. Spreche sie laut aus: Ich bin Frieden. Das fühlt sich gut an. Doch schwingt da noch anderes mit. Der Gedanke springt auf: Bin ich Frieden? Was zu Beginn leicht zu beantworten scheint, wirft Fragen auf. Wie einfach sich diese prägnante Aussage bei mir festsetzt. Wie sie sich in meinen Gedanken und meinen Wahrnehmungen einnistet. Sie zieht mich an und ich wehre mich nicht. Ich spüre eine enorme lebensbejahende Energie darin, Frieden zu sein. Eine unbeschreibliche Weite öffnet sich vor meinen Augen. Es gibt keine Anzeichen von Grenzen. Ich sehe, wie der Frieden der Freiheit die Hand reicht. Dahin will ich noch viel bewusster ziehen: in den Frieden in mir. Lass uns einander die Hand geben und zusammen aufbrechen. Lass uns den Frieden suchen, dort, wo wir ihn in jedem Moment erfahren können. Dort, wo wir direkt seinen Ursprung gestalten – in uns selbst.

Wie innen, so außen

Die Frage nach dem Frieden in mir lässt die aktuellen Weltgeschehnisse nicht mehr nur im Außen abspielen. Ich richte den Fokus auf mich selbst. Was sagen die Auseinandersetzungen in der Welt über mich aus? Führe ich selbst Konflikte mit mir, deren ich mir nicht bewusst bin? Wie ruhig und friedlich ist es tatsächlich in mir? Ja, diese Fragen haben mich aufhorchen lassen. Und sie werfen Licht auf Bereiche in meinem Leben, in denen noch Unruhe herrscht.

Äußere Umstände mit der eigenen Innenwelt abzustimmen, ist eine Sichtweise nach dem hermetischen Prinzip der Entsprechung: „Wie oben, so unten; wie unten, so oben." Das Prinzip besagt, dass eine Harmonie, eine Übereinstimmung, eine Entsprechung zwischen den verschiedenen Plänen von Manifestation, Leben und Dasein bestehe. Die alten Hermetiker betrachteten es als eines der wichtigsten mentalen Mittel, durch welche der Mensch die Hindernisse beseitigen kann, die das Unbekannte vor seinen Blicken verbirgt.[1]

Während einer Weiterbildung in gewaltfreier Kommunikation bin ich mit dem Prinzip der Entsprechung auf sehr angenehme Weise in Kontakt gekommen. Die Aufgabe besteht darin, sich während einer gewissen Zeit intuitiv zu bewegen und Aktivitäten nachzugehen. Entspanne dich und warte, bis du einen Impuls in dir

---

[1] Beck, Ralf (2013): Das Kybalion. Bedeutung und Anwendung der 7 hermetischen Prinzipien für freies Wachstum und Leben. E-Book.

wahrnimmst. Zieht es dich an einen Ort? Willst du etwas Bestimmtes tun? Springe jedoch nicht auf deine geschäftigen Gedanken auf. Erlaube dir, den Impuls auch in deinem Körper zu fühlen. Einem inneren Impuls zu folgen, fühlt sich leicht an. Es ist, als ob dein ganzes System „ja" dazu sagt. Den einen fällt es leicht, sich darauf einzulassen. Andere brauchen einen Moment, bis sie dem Geist erlauben können, die Kontrolle aufzugeben und sich einfach von innen heraus führen lassen.

Du kannst es mit der Bitte vergleichen: „Außen, zeige mir, wie es in mir drin aussieht. Was beschäftigt mich aktuell, das mir nicht wirklich bewusst ist? Was bereitet mir besonders Freude und ich merke es kaum? Was habe ich zu geben und halte es unbemerkt zurück?" Im Anschluss an das intuitive Zeitfenster gehst du in Gedanken das Erlebte nochmals durch. Welchen Impulsen bist du gefolgt? Wohin bist du gegangen? Was hat dich angezogen? Wovon hast du dich abgewendet? Lass diese Bilder auf dich wirken. Und vielleicht findest du Hinweise darauf, was sie über deine persönliche Befindlichkeit zu sagen haben.

Auf der anderen Seite können wir das Prinzip auch anwenden, indem wir das, was sich außerhalb abspielt, mit den Fragen prüfen: „Was hat das mit mir zu tun? Gehe ich damit (in mir) in Resonanz? Kann ich daraus einen Hinweis auf mein Leben, eine Situation erhalten?"

Intuitive Sparziergänge oder Momente, in denen ich mich ganz bewusst treiben lasse, sind Stunden der Entspannung. Einfach sein, ob in Bewegung, sitzend oder nur schauend, trägt keine Erwartung in sich. In solchen Momenten erfahre ich mich als sehr präsent, im Augenblick verankert. Der Geist und die Gedanken sind weniger laut, die Sinne stärker aktiviert. Da ich nicht weiß, was als Nächstes kommen wird, bin ich neugierig. In dieser Offenheit begegne ich mir selbst und dem Außen wohlgesinnter und friedlicher.

Aktuell stelle ich mir häufig die Frage, was mir Situationen und Erlebnisse über mich selbst sagen. Zum Beispiel befinde ich mich in einer ziemlich verfahrenen Situation in einem Projekt. Es stockt und kommt nicht vorwärts. Vom Energieverzehr fühlt es sich an, als ob ich gleichzeitig Gas geben und bremsen würde – nicht sehr effizient und zielführend.

Anfang März gehe ich mit meinem Partner auf eine leichte Wanderung. Als Ziel wollen wir wieder einmal Einsiedeln besichtigen und von dort mit der Bahn zurück zum Auto fahren. Tags zuvor habe ich beim Joggen das rechte Knie überlastet und bin daher nicht ganz so leichtfüßig unterwegs. Auf halber Wegstrecke erreichen wir den höchsten Punkt und machen eine Kaffeepause. Danach folgen wir dem schneebedeckten Weg den Hügel hinunter. Bereits nach den ersten Metern bleibe ich stehen und sage zu ihm: „Ich komme hier nicht runter. Mein Knie schmerzt zu stark und mit meinem hinkenden Schritt bin ich zu unsicher auf dem Schnee. Wollen wir umkehren und mit dem Auto nach Einsiedeln fahren?" Der Weg zurück ist kürzer und weniger steil, als der, der noch vor uns liegt. Wir kommen letztlich da an, wo wir hinwollen, einfach auf einem anderen Weg.

Was nehme ich davon mit auf meine persönliche Situation? Ich brauche nicht mit aller Anspannung am Projektplan festzuhalten. „Gehe nochmals über die Bücher!", lese ich daraus. Das Ziel lässt sich auch auf andere Weise erreichen. Im Augenblick finde ich ganz viele Anzeichen, die mir die Außenwelt über meine kleine Innenwelt spiegelt.

Tipp: Öffne dir selbst intuitive Zeitfenster!

Beginne am einfachsten in der Freizeit damit. Nimm dir eine Stunde Zeit, die du nicht verplanst. Geh auf einen Spaziergang, ohne den Weg schon abzustecken. Das kann auf einem Feldweg, im Wald, im Quartier oder auch in einer dir bekannten Stadt sein. Gehe aufmerksam und lass dich von dem leiten, was dich in der Gegend anzieht. Welche Wege sprechen dich an? Wovor bleibst du stehen? Was hörst du? Wie fühlst du dich dabei?

Sprich auch mal mit jemandem darüber, was du erfahren hast. Das kann sehr hilfreich sein. Das Gegenüber hört vielleicht andere Details heraus, die dir gar nicht bewusst sind, auf die du nicht achtest. So können sich weitere Ideen und Möglichkeiten auftun, was du von außen über dich erfahren darfst.

Ebenfalls vor kurzem war ich mit einem Kollegen spazieren. Er wählte einen Weg, der irgendwann nicht mehr gespurt war, sodass wir unsere Schritte selbst im hohen Schnee setzen mussten. Ich bin dabei kaum eingesunken, klar, ich bin auch einiges leichter als er. Doch sein Vorwärtskommen sah wirklich beschwerlich und anstrengend aus. Er sank mit jedem weiteren Schritt knietief ein und kämpfte sich buchstäblich voran. Umkehren war für ihn zu keiner Zeit eine Option. Dabei erzählte er mir von seiner weiterhin sehr zäh verlaufenden Scheidung. Kannst du die Ähnlichkeit von innen und außen erkennen? Es kann also ganz interessant und aufschlussreich sein, wenn du mit jemandem unterwegs bist und diese Person bewusst beobachtest. Wir kommunizieren sehr offen und unbewusst in unserer nonverbalen Sprache. Auf diese Weise öfters mal „zuzuhören", bringt uns einander näher und lässt manches besser verstehen.

> *„Ich nenne mich einen friedvollen Krieger ... weil die Schlachten, in denen wir kämpfen, in unserem Inneren sind."*
>
> *Dan Millman*[2]

ZuFRIEDENheit – ein Lebensziel?

Wie oft spreche ich von Zufriedenheit oder zufrieden sein und wie unbewusst fließt dabei das Wort Frieden ein. Kann Zufriedenheit ein Schlüssel sein, mit dem wir eine Tür zum Frieden in uns öffnen? Sie macht mich auf eine besondere Art neugierig. Ich öffne einen Spalt in ihre Richtung.

Zufriedenheit beschreibt den Zustand, wenn wir mit vorgefundenen bzw. erreichten Zuständen und/oder Ergebnissen einverstanden sind. Wir fühlen uns innerlich

---

[2] Millman Dan (2013). Der Pfad des friedvollen Kriegers. München: Wilhelm Heyne Verlag.

ausgeglichen und friedvoll. Ein Mensch ist beispielsweise dann zufrieden, wenn er:

- seine Ziele erreicht hat,
- die Gegebenheiten bzw. Umstände vollständig akzeptiert,
- die ihm wichtigen Werte in gewünschtem Maße vorhanden sind bzw. gelebt werden und/oder
- seine eigenen Erwartungen niedrig und seine Bedürfnisse gering sind (Genügsamkeit).

Die Vorteile von Zufriedenheit zeigen sich vielfältig: Echte Zufriedenheit kann uns entspannter und ruhiger werden lassen. Somit kann ein Zustand von „Zufriedensein" Stress erheblich reduzieren und auf Dauer sogar eliminieren. Sie kann sich positiv auf die Wertvorstellungen wie Achtsamkeit, Dankbarkeit, Besonnenheit usw. auswirken.[3]

Was bedeutet echte Zufriedenheit für mich? Ich empfinde mich in diesem Zustand als besonders entspannt, ruhig und erfüllt. Alles fühlt sich leicht und unbeschwert an. Die Energie fließt ungehindert, innen und außen ist in harmonischer Schwingung. Dadurch bin ich offen und unvoreingenommen in Bezug auf das, was als Nächstes kommt. Diese Momente genieße ich sehr und lerne, sie immer länger auszuweiten. Dass die Zufriedenheit im Laufe des Lebens ein Ziel des Menschen sein kann, verstehe ich sehr gut. Sie ist ein

---

[3] Sauer Frank H. (2019). Mein Werte Buch. Arbeitsbuch zur Ermittlung persönlicher Werte. 1. Auflage. INSTUISTIK-Verlag.

Ziel, das entdeckt werden möchte und ich befinde mich auf dieser Entdeckungsreise. Vielleicht ist sie auch eine Reise für dich.

Gerade die stressreduzierende Wirkung sollte uns dazu motivieren, Zufriedenheit als ein natürliches Mittel in unser Leben zu integrieren. Stress, Leistungsdruck und Überforderung sind nur einige Dinge, die uns belasten. Doch alles, was uns anspannen lässt und zu erdrücken scheint, hindert uns an einem friedlichen Umgang mit uns selbst. Wie oft ist eine Krise notwendig, um sich diesen inneren Auseinandersetzungen wirklich bewusst zu werden. Wie lange verleugnen wir alle Anzeichen und wischen sie weg, weil wir nicht in die Selbstverantwortung gehen. Sich mit seinem ganz persönlichen Zustand von Zufriedensein zu beschäftigen, stellt für mich einen guten und leichten Einstieg dar. Hätte ich den Zufriedenheits-Check früher angewandt, wäre ich vermutlich nicht in ein Burn-out gelaufen.

Wenn plötzlich nichts mehr geht, der Körper seine Leistungsbereitschaft einstellt und alles wegzubrechen scheint – dann fällt die eigene Welt in sich zusammen. Dieser Moment trägt auf den ersten Blick nichts Friedliches in sich und doch hat er viel mit dem zu tun, was wir im allgemeinen Sprachgebrauch unter Krieg und Frieden verstehen. In dem Augenblick, in dem wir etwas Schwerwiegendes eingestehen müssen, ergeben wir uns. Wir hören auf zu kämpfen. Wir erkennen, keinen Sieg davon zu tragen. Wir geben auf, lassen uns fallen. Und genau hier können wir die Weichen neu stellen. Akzeptiere ich die Situation, lasse Schwert und Banner auf dem Boden und entscheide mich für einen anderen Weg? Oder ziehe ich alle möglichen Register, um weiter dagegen anzugehen, weil ich mich schlicht nicht damit einverstanden erkläre? Wachstum findet in der Entspannung statt, nicht in der Anspannung. Zufriedenheit lässt sich auch nicht mit Druck erreichen. Könnte es also sinnvoll sein herauszufinden, in welchen Lebensbereichen wir angespannt, verbissen und mit schwerer Last unterwegs sind?

Betrachten wir in diesem Zusammenhang die Altersgelassenheit. Gelassenheit beschreibt die Fähigkeit, Dinge oder Situationen so zu akzeptieren, wie sie sind.

> *„Gelassenheit ist eine anmutige Form*
> *des Selbstbewusstseins."*
>
> Marie Freifrau von Ebener-Eschenbach
> (1839–1916)

Etwas zu akzeptieren bedeutet, mich nicht mehr dagegen aufzulehnen. Ich gehe nicht mehr gegen etwas an. Spannung lässt nach und ich kann mich neu ausrichten. Rentner:innen werden häufig als gelassener und zufriedener wahrgenommen. Was können wir aus dieser zunehmenden Gelassenheit im Alter für uns ziehen? Wie können wir uns leichter dem Leben hingeben, auch in den anspruchsvollen Lebensphasen vor dem Ruhestand? Können wir mit einem zufriedenen Selbst-Sein unseren ganz persönlichen Beitrag für ein friedvolles Miteinander leisten? Ich sage ganz klar ja! Alles, was wir denken, fühlen und tun, hat einen Einfluss auf uns selbst und verändert unser Wirkungsfeld. Und gelassener zu werden, hilft uns dabei, friedvoller zu werden.

Ich finde zufriedene Menschen attraktiv. Sie wirken entspannt und offen. Ich wende mich ihnen gerne zu. Ihre Gesichtszüge sind weich und sie wirken freundlich. Das Lächeln ist echt und erreicht auch ihre Augen. Alte Menschen, die zufrieden und besonnen wirken, lösen in mir Freude und Dankbarkeit aus. Sie zeigen mir, wie innere Haltung und ein passender Lebensstil bis ins hohe Alter wirken, und schenken mir damit schöne Zukunftsperspektiven. Und dennoch können die zunehmenden Lebensjahre nicht allein dafür verantwortlich sein. Dabei stelle ich mir gerade die Frage: „Wie wäre es wohl, wenn alle Menschen über 65 Jahre zufrieden und erfüllt leben würden? Was hätte das für eine Auswirkung auf die jüngeren Generationen?" Ich bade noch etwas in dem Wohlgefühl, das bereits die Vorstellung bei mir auslöst. Ja, lass uns ein wenig in die Zufriedenheit eintauchen und herausfinden, wie gelassen und ausgeglichen du aktuell bist und gerne sein möchtest.

ZuFRIEDENheit – ein Gradmesser?

Starten wir mit einem kurzen Check, wie du deinen Grad an Zufriedenheit selbst einstufst. Wie zufrieden bist du aktuell in deinem Leben? Weißt du, was dir guttut, dich glücklich macht und dir Freude bereitet? In welchen Momenten fühlst du dich ausgeglichen und entspannt? Mit welchen Menschen verbringst du am liebsten Zeit und kannst dich unbeschwert geben? Welche Aktivitäten bereiten dir besonders viel Spaß?

Tipp: Brainstorming auf deinem Zufriedenheitspfad

Nimm zwei Blatt Papier und einen Stift. Auf dem ersten Blatt notierst du alles, was dir gefällt, du gerne tust, dich erfüllt, du liebst, dich begeistert, du tun willst usw. Auf dem zweiten Blatt notierst du, was dir nicht gefällt, du nicht oder nicht mehr haben willst, was dich ärgert, nervt usw.

Auf welchem deiner Blätter stehen mehr Einträge? Auf Nummer eins oder zwei? Viele Menschen wissen oft, was sie nicht wollen, haben aber wenig Ahnung davon, was sie wirklich möchten. Wenn du möglichst viel Energie darauf verwendest, Dinge und Situationen nicht haben zu wollen, läufst du eher in die Gegenrichtung von Zufriedenwerden. Sich auf dem Pfad der Zufriedenheit bewegen heißt auch, sich für das einzusetzen, was dich erfüllt und dir gefällt. Und die Ziele zu erreichen, die dir persönlich wichtig sind.

Zu wissen, was du nicht willst, ist immerhin ein Anfang, um herauszufinden, was du anstelle dessen möchtest. Frage dich zu den einzelnen Punkten: „Was lehne ich dabei ab? Was gefällt mir daran nicht? Weshalb ärgert mich das so?" Deine Antworten können dir Aufschluss geben, was du im Gegenzug gerne hättest oder sich gut anfühlen würde. Findest du solche Punkte, formuliere sie für dich unter dem Blickwinkel „gefällt mir". Ergänze gerne dein erstes Blatt damit.

Gehe es spielerisch und wohlwollend an. Vergiss nicht, dabei zu lächeln und dich locker zu fühlen. Du bist die schreibende Person. Niemand sonst notiert etwas auf deinem Blatt.

Nun versuchen wir uns am Rezept der Altersgelassen-heit. Welche Zutaten mögen hierzu einen maßgebenden Beitrag leisten? Was davon können wir in unseren eigenen Lebensplan bereits jetzt einfließen lassen, um gelassener zu werden?

Nehmen wir als Ausgangslage den Ruhestand und gehen von einem durchschnittlichen Eintrittsalter um das 65. Lebensjahr aus. Er ist in der Regel kein überraschendes Ereignis, sondern auf der Lebenszeitlinie bereits markiert. Und sind wir ehrlich, für die meisten in der Vorstellung ein Lebensabschnitt, auf den sie sich freuen.

Der Wegfall von der Berufszeit fällt als erstes auf, der sich positiv auf unser Wohlbefinden auswirken kann. Der Leistungsdruck nimmt ab. Viele Verpflichtungen fallen weg. Wir lassen eine Menge Verantwortung hinter uns. Der Faktor Stress kann sich erheblich reduzieren. Die Erwartungen an uns selbst können sich verändern, weil wir uns nicht mehr beweisen müssen. Die Unsicher-heit vor wirtschaftlichen Veränderungen belastet uns weniger.

Leisten, verpflichten, verantworten, hetzen, erwarten, vergleichen, beweisen und belasten sind eine gute Mischung für einen Anspannungs-Cocktail. Wieviel davon trinkst du täglich während deiner Arbeitszeit? Eine gesündere Zusammensetzung oder eine weniger hohe Dosis bewirken definitiv ein entspannteres Körper-gefühl. Wir sehen klarer, sind widerstandsfähiger und können uns eher aus druckerzeugenden Situationen herausnehmen. Unsicherheit und Angst stellen die Gelassenheit immer in den Schatten.

Der Bereich Beruf und Karriere kann eine zentrale Hürde zu mehr Gelassenheit sein. Das ist dir sicher bekannt. Deshalb achte besonders auch hier darauf, wie es dir geht, du dich fühlst, welche Gedanken dich nach Hause begleiten. Es ist ein Feld, auf dem viele Schlachten ausgetragen werden.

Weiter fällt die Entschleunigung auf, die uns die neue freie Zeit schenkt. Gelassenheit wird wohl kaum damit gefördert, wenn wir diese wieder möglichst zubetonieren. Doch jedem Individuum seine eigene Ruhestandsplanung. Zeit zu haben, mag für viele eine Wunschvorstellung sein in der Phase von Arbeit und Familie. Und doch ist es so essenziell, Freiraum für sich selbst zu schaffen. Dich dem zu widmen, was dir gefällt, dir Spaß bereitet und dich glücklich macht. Wenn du das schon gut für dich herausnehmen kannst – gratuliere! Falls nicht, dann lade ich dich ein, dir diesen Freiraum vorzustellen. Was machst du gerade darin? Höre ich dich lachen? Spürst du Energie in dir fließen? Könnte doch ein gutes Hilfsmittel sein, um friedlicher zu werden. Sind wir voller Freude und fühlen uns wohl, suchen wir nicht nach der nächsten Unstimmigkeit.

Das sind nur zwei Faktoren, die uns beim Älterwerden dahingehend unterstützen können, gelassener und zufriedener zu werden. Natürlich fließt da noch einiges andere hinein. Auch solches, das unsere Ausgeglichenheit beeinträchtigen kann. Zum Beispiel kann uns die Gesundheit zu Änderungen veranlassen, finanzielle Sorgen können belasten, die Endlichkeit rückt näher uvm.

Was können wir bereits aus diesen wenigen Zutaten erkennen? Genau. Gelassen und zufrieden sein stellt sich nicht von alleine ein. Auch im Alter nicht. Und wirklich alt werden nur diejenigen, die es schaffen, Stress und Druck zu reduzieren. So gesehen ist Zufriedenheit kein schlechtes Lebensziel. Als Wegbegleiterin ist sie eine echte Unterstützung in vielen Belangen. Freunde dich heute mit ihr an und bleib bis zum Ende mit ihr verbunden.

Tipp: Bestandsaufnahme deiner Lebensbereiche

Dazu nutzen wir das Tool vom Lebensrad. Ein einfaches Hilfsmittel, um eine Standortbestimmung deiner persönlichen Zufriedenheit zu erfassen. Visualisieren hilft dir dabei, leicht zu erkennen, wie zufrieden du in den einzelnen Bereichen schwingst.

Schritt 1:

Zeichne die nachfolgende Abbildung auf ein Blatt Papier. Ziehe dazu einen Kreis und unterteile ihn in acht gleich große Felder. Für das Beispiel sind acht wesentliche Lebensbereiche aufgeführt. Fühl dich frei, wenn du für dich weitere wichtige anfügen möchtest.

Lebensrad

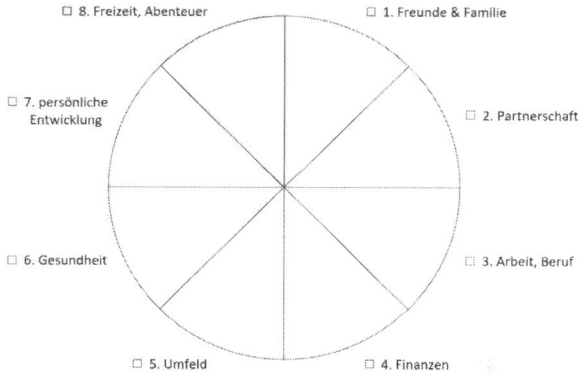

Schritt 2:

Nimm jetzt einen Stift oder möglichst verschiedene Farbstifte, damit dein Lebensrad schön bunt wird. Bilde nun in den einzelnen Zonen ab, wie du deine Zufriedenheit darin auf einer Skala von 1 bis 10 beurteilst. 10 steht für volle Zufriedenheit und füllt den ganzen Bereich vom Mittelpunkt bis zum Rand aus. Bei einer 5 ist noch die Hälfte ausgefüllt, bei weniger rückst du entsprechend

Antonia Roethlin

näher zum Mittelpunkt hin. Reflektiere und bestimme deine aktuelle Position je Lebensbereich.

Beispiel Lebensrad

Schritt 3:

Betrachte dein Ergebnis. Was fällt dir auf, wenn du auf dein Lebensrad schaust? In welchen Bereichen wirkst du für dich zufrieden? Was ist deiner Meinung nach dabei ausschlaggebend, dass du dich ausgeglichen und entspannt fühlst? Was fällt dir positiv auf? Was überrascht dich? Welche Teilbereiche fühlen sich mehr nach einem Kampf an? Gibt es Themen, in denen du dir mehr Zufriedenheit wünschst?

Ziehe deine Notizen von „gefällt mir" und „gefällt mir nicht" zum Abstimmen hinzu. Findest du einige Anhaltspunkte von „gefällt mir" in den Lebensbereichen mit hoher Zufriedenheit? Beschäftigen dich Tätigkeiten aus der Liste „gefällt mir nicht" in den eher wenig zufriedenen Themenfeldern? Welche Menschen sind für den Zufriedenheitsstand in den Feldern mit sozialen Kontakten am meisten ausschlaggebend? Erhöhen sie den Stand oder lösen sie eher Spannung aus?

Schritt 4:

Erlaube dir, das Bild und die ersten spontanen Ergebnisse wirken zu lassen. Es ist einfach ein grober Überblick zu deiner aktuellen Befindlichkeit. Von dir für dich erstellt. Bleib möglichst locker dabei und fange nicht an zu bewerten. Freue dich und sei dankbar, dass du dir die Zeit dafür nimmst!

Schritt 5:

Wenn du soweit bist, nimm ein weiteres leeres Blatt und zeichne ein neues Lebensrad. Ziehe wieder einen Kreis und unterteile diesen in acht Felder oder die Anzahl deiner persönlich gewählten Lebensbereiche.

Schritt 6:

Lass uns nun die Zufriedenheit ab dem Zeitpunkt „Abenteuer Ruhestand" in deiner Wunschvorstellung voraussehen. Wie zufrieden, entspannt und erfüllt möchtest du dich in den einzelnen Lebensbereichen später fühlen? Welche Felder sind dir dabei besonders wichtig? Wie gewichtest du deine Lebensbereiche ab deinem Wunschalter für den dritten Lebensabschnitt? In welchen Themen spürst du, dass sich diese später markant entspannter anfühlen können? Zeichnet sich vielleicht auch das Gegenteil ab? Gibt es Themen, die einzelne Bereiche durch Unbehagen und Sorgen weniger zuversichtlich stimmen lassen?

Schritt 7:

Lege nun dein aktuelles Lebensrad links und das Abenteuer Ruhestand Lebensrad rechts vor dir ab.

- Was fällt dir auf, wenn du die beiden Diagramme anschaust?
- Wo verändern sich deine Bereiche von heute auf später markant? Wo kaum?
- Was wäre nötig, um die Felder mit hoher Zufriedenheit von heute auch im Alter halten zu können?
- Was wäre nötig, um bereits heute entspannter in Teilbereichen zu sein, die du später als zufriedener einstufst?
- In welchem Teilbereich möchtest du so schnell wie möglich eine Veränderung erwirken, damit deine Zufriedenheit steigt?

Meines Erachtens ist die Zufriedenheit ein praktischer Gradmesser, um sich länger anhaltender Anspannung in seinem Leben bewusst zu werden. Um sich klar zu machen, wo wir mit uns im Konflikt sind. Ich gebe zu, mich hätte die Idee in meiner Phase der Überlastung nicht sonderlich begeistert. Doch ich wäre wohl selbst erschrocken, wie mich nur schon die Frage nach dem Zufriedensein gefordert hätte. Die einfache Grafik hätte mir vor Augen führen können, was ich eigentlich alles verdränge. Veränderung kann da beginnen, wo wir sie erkennen. Und wenn wir anfangen zu akzeptieren, was ist, öffnen wir uns für neue Möglichkeiten.

„Nicht die Jahre in unserem Leben zählen, sondern das Leben in unseren Jahren zählt."

Adlai Ewing Stevenson (1900–1965)

Vergeben – eine friedvolle Macht?

Ein besonders machtvoller Aspekt in unserem persönlichen Friedenssystem ist, vergeben zu können. Wir werden verletzt, sind enttäuscht, streiten, werden verlassen und tragen unsere Narben davon. Sie sind Zeichen unseres Lebens. Sie zeugen von unserem Wunsch und Mut, uns immer wieder auf andere einzulassen. Wir erlauben uns, dadurch viele unserer Bedürfnisse zu erfüllen. Entsprechend setzen wir uns den Wünschen, Erwartungen und Bedürfnissen des Gegenübers aus. In den Momenten, wo wir uns nicht auf Augenhöhe begegnen, schaffen wir Raum für Verletzungen. Oder wir werden in einem Augenblick in eine Situation hineingezogen, die uns seelisch und physisch verletzen kann.

Solange wir an der Vergangenheit und an dem festhalten, was die Wunde weiter offenlässt, entscheiden wir uns für den Schmerz. Manchmal wollen wir daran festhalten, weil es das Einzige ist, das uns aus der Situation oder der Verbindung zu diesen Menschen geblieben ist. Der Schmerz ist uns vertraut und das ist besser als nichts. Kaum ein Gefühl lässt sich körperlich so deutlich spüren wie ein Schmerz, der uns im tiefsten Inneren verletzt hat. Selbst in der Erinnerung an solche Ereignisse atmen wir oberflächlich, es wird eng um die Brust und wir haben einen fahlen Geschmack im Mund. Wir fühlen uns niedergeschlagen, Tränen lösen sich, der Magen spielt verrückt und manchmal möchten wir einfach irgendetwas zerschlagen.

Kannst du erkennen, wie viel Energie du hierfür aufwendest? Wieviel Spannung du in dir erzeugst? Wie streng du in diesen Momenten wirkst und wie lieblos du mit dir selbst umgehst? Du hältst die Geschichte wie ein Seil in der Hand. Vergeben ist, die Hand zu öffnen und das Seil freizugeben. Und in dem Moment die Selbstbestimmung wieder zu dir zurückzunehmen.

Je näher wir an eine gute Wundheilung kommen, desto versöhnlicher stehen wir im Leben – mit uns und den andern. Vergeben macht in erster Linie dich selbst frei. Du erlaubst dir, dich nicht länger vom Schmerz steuern zu lassen. Dir die Macht über dich zurückzuholen, anstatt sie anderen zuzugestehen. Verzeihen heißt nicht zwangsläufig, Gras über die Sache wachsen zu lassen. Es bedeutet auch nicht, das, was vorgefallen ist, gutzuheißen, zu dulden, zu rechtfertigen oder eine Tat zu verleugnen. Natürlich sollst du dich nach wie vor schützen, verteidigen und, wo angebracht, auch aktiv werden. Vergeben wird dich jedoch aus der Anspannung und dem Tal des Nebels bringen.

Wenn wir wirklich die Absicht haben, friedvoller zu werden, dann kommen wir nicht darum herum, uns mit dem, was war, zu versöhnen. Solange wir die Geschichten weiter mit uns nach vorne tragen, werden wir nie die Stille und Ruhe in uns erlangen, die mit dem Frieden einhergehen. Und male dir aus, wie viel leichter dein Weg wird, wenn du anfängst, alles da abzuladen, wo du es aufgenommen hast. Anstelle damit bis ins hohe Alter weiterzugehen und gar noch daran zu verbittern. Sobald wir vergeben, ermächtigen wir auch andere, uns zu vergeben. Für all die Wunden und Narben, die wir bei anderen hinterlassen. Indem wir bereit sind zu geben, zeigen wir uns offen zu empfangen. Und hören auf zu warten, die anderen mögen uns den Frieden bringen.

Tipp: Sehe das Schöne im anderen

Es gibt unzählige Rituale und Methoden, die uns aufzeigen, wie wir vergeben können. Ich zeige dir hier einen Einstieg, mit dem du direkt starten kannst. Du brauchst keine Hilfsmittel dazu, außer deine Bereitschaft, vergeben zu wollen.

Ich habe mich bereits in jungen Jahren dabei am Muster der klassischen Grabrede bedient. Solche Reden sind wohlwollend und respektvoll formuliert und zeigen die guten Seiten eines Menschen auf. Eine solche Rede ist nicht vorwurfsvoll oder anklagend. Im Gegenteil, wir nehmen uns dabei aus der Geschichte heraus. Falls dir die Bezeichnung nicht gefällt, nenne sie einfach anders. Du brauchst dabei nichts aufzuschreiben, außer du möchtest es. Der Prozess liegt darin, das negative und schmerzhafte Bild vom Gegenüber abzulegen. Es geht darum, uns aus der eigenen dunklen Verstrickung herauszuholen. Wir entscheiden uns, Licht in uns zu lassen und den anderen wieder als Menschen zu sehen. Jemandem, dem wir uns auf diese Weise innerlich zuwenden, können wir leichter verzeihen. Fokussiere dich ausschließlich auf die Eigenschaften, die du an dieser Person bewunderst, die dir gefallen und dich beeindrucken. Auf alles, was dich angenehm mit ihr verbindet bzw. verbunden hat. Steht dir diese Person nicht so nahe, dann betrachte, in welchem Umfeld der Kontakt entstand. Dabei findet sich bestimmt etwas, das sie besonders gut kann oder positiv an ihr auffällt.

Manchmal kann es zu Beginn recht harzig sein und dir fällt kaum etwas ein. Quäle dich nicht, sondern bleibe verständnisvoll und lass dir Zeit. Du machst das für dich. Niemand drängt dich auf der anderen Seite. Stell dir einfach immer wieder diesen Menschen vor und beobachte, was dir nach und nach dabei auffällt. Ich habe die Erfahrung gemacht, dass ich dadurch ein anderes Verständnis und Mitgefühl für diese Person entwickeln kann. Das hilft mir, wirklich vergeben zu können. Probiere es aus, du hast nichts zu verlieren! Überlege dir drei Menschen, die dir für dein Empfinden etwas getan haben, oder drei Situationen, in denen du verletzt wurdest. Sobald du dich bereit fühlst, wählst du einen der Namen und beginnst mit der Übung.

> *„Jenseits von Richtig und Falsch liegt ein Ort. Dort treffen wir uns."*
>
> *Dschalal ad-Din al-Rumi (islamischer Mystiker, 1207–1273)*

Auch die Vergebung ist wie eine Münze und hat zwei Seiten. Den anderen zu verzeihen, ist die eine Seite. Dir selbst vergeben zu können, die andere. Wir sind bekanntlich unsere strengsten Richter:innen. Solange wir uns diesen selbst gefällten Urteilen über uns weiter mit Härte aussetzen, wird unser Friedenspfad steinig bleiben. Mit jeder stillen Urteilsverkündung ritzen wir uns selbst

Wunden. Und in der Verkündung sind wir sehr schnell. Unsere innere einseitige Rechtsprechung ist ein altes Modell. Wenn sie uns schadet, ist es Zeit, sie zu modernisieren. Ich möchte dir einen Friedensanwalt oder eine Friedensanwältin an deine Seite stellen und damit das Machtgefälle ausgleichen. Wecke in dir die Stimme der wohlwollenden Unterstützung. Erlaube dir, dir die selbst zugefügten Wunden zu vergeben. Du hast es verdient, dich zu heilen und zu versöhnen. Lass dich nicht länger von ihrem Schmerz klein machen. Wir brauchen dich für eine friedliche Welt in deinem schönsten Licht!

Eine Zukunft, wenn wir alle Frieden sind

Wir haben einen direkten Zugang zur kraftvollsten Quelle des Friedens – uns selbst. Wenn wir uns entscheiden, Frieden in uns zu schaffen, legen wir unser Schutzschild ab. Wir erklären uns bereit, mit nichts als einer weißen Fahne ins Feld zu ziehen, anstatt in kämpferischer und verteidigender Stellung auszuharren. Das bedeutet in keiner Weise, dass sich deine Pläne und Vorhaben zu ändern haben. Du gehst sie einfach mit einer anderen inneren Haltung an. Im Einklang mit dir und weniger mit den Vorgaben und dem herausfordernden Material von außen.

Wenn wir damit beginnen, diesen Frieden in uns zu erschaffen, werden wir auch im Außen Neues erleben. Wie das aussehen könnte, davon mache ich mir keine Vorstellung. Wie kann ich mir etwas vorstellen, das ich gar nicht kenne? Die Vorstellung ist aus meiner Sicht nie ganz neu oder rein, denn sie enthält bereits, was ich erfahren, erlebt und erfühlt habe. Davon wähle ich in der Regel das Angenehme. Und wie reagiere ich darauf, wenn sich diese Vorstellung nicht bewahrheiten wird? Diese Frage darfst du für dich beantworten. Ich erlaube mir die Unkenntnis, keine Ahnung zu haben, wie es dir damit geht, dich auf das Unbekannte einzulassen. Ich wünsche mir einfach, dass wir alle damit beginnen, liebevoll und friedlich mit uns selbst umzugehen. Und neugierig und offen beobachten, was sich verändert – bei uns selbst, im Außen und miteinander. Ohne zu wissen, was es ist und wie es sein wird. Anders wird es bestimmt. Darauf vertraue ich.

Was immer dich zu diesem Buch geführt hat, ich bin dankbar dafür. Dankbar, dich als Wegbegleiter:in zu erkennen. Lass uns den Funken des Friedens weiter in uns entfachen und als leuchtende Beispiele wirken! Gerne reiche ich dir noch ein Streichholz auf deinem fried-vollen Pfad. Öffne den Link <u>https://ichbinfrieden.de/roethlin</u> und lade dir eine Übung zu mehr ZuFRIE-DENheit herunter.

Deine Antonia Roethlin

Wie der Weg zum inneren Frieden gelingen kann

Dr. Frank Grossmann

Vorwort

Den Weg zum inneren Frieden finden wir oft einfacher, wenn wir Selbstkompetenz erwerben. Diese ist niemandem in die Wiege gelegt, aber alle können sie erlernen. Je mehr wir üben, desto besser können wir darin werden. Der innere Frieden ist sehr individuell. Bei dem einen reicht bereits die gesunde Distanz zum Stress, beim anderen, schwer Erkrankten, braucht es viel mehr, um dort anzukommen.

Der Wunsch, den inneren Frieden zu erlangen, scheint oft dann am größten, wenn wir in einer Krise stecken. Nicht wenige Menschen, die das Gefühl haben, vor einem Scherbenhaufen ihres Lebens zu stehen, oder durch die schwere Diagnose einer ernsten Krankheit aus der Bahn geworfen werden, verspüren plötzlich das Bedürfnis, dass sie diese Herausforderung als Ganzes annehmen wollen. Viele dieser Betroffenen möchten, einem unbestimmten Wunsch folgend, ein echteres oder intensiveres Leben, denn plötzlich wird ihnen bewusst, dass das bisherige Leben fremdbestimmt, öde,

191

unehrlich oder angepasst war. Nun, da die verbleibende Zeit begrenzt scheint, möchten sie diese besser nutzen.

Für viele Menschen ist der innere Frieden am Lebensende sehr wichtig. „Komisch, dass ich nicht schon viel früher darauf gekommen bin", fragen sich dann viele. Das liegt womöglich an der Gesellschaft und auch an uns selbst, denn wir verbringen sehr viel Zeit damit zu liefern, zu glänzen und zu zeigen, wer wir sind und was wir erreicht haben. Das nützt aber wenig, wenn wir plötzlich sehr krank werden, den/die Partner:in oder den Job verlieren oder im Burn-out landen.

Oft suchen wir erst spät nach dem Sinn des Lebens und auch nach dem inneren Frieden. Wie wir dahin gelangen können und was ihn ausmacht, soll dieser Beitrag beleuchten.

Ein paar Fragen an uns

Beginnen wir mit ein paar Fragen, die du dir womöglich schon gestellt hast. Es gibt ja kein Schulfach zum Thema, nicht einmal eines über Sozialkompetenz, obwohl beide eng miteinander zusammenhängen, wie du sehen wirst.

Also, was ist der „Innere Frieden"? Wieso geht er verloren? Und wie können wir ihn wieder zurückgewinnen?

Was passiert eigentlich mit uns, wenn dieser Frieden plötzlich gestört wird oder nicht mehr vorhanden ist? Damit meine ich den Frieden in unserem Kopf und Bauch, den viele von uns täglich erstreben. Was passiert mit uns und unserem Körper, wenn dieser Frieden längere Zeit nicht mehr vorhanden ist?

Warum möchten die meisten von uns in Harmonie leben, die doch so gut wie nie vorhanden oder gar vollkommen ist? Dazu zähle ich die Harmonie, die wir in unserer Gesundheit anstreben, die aber recht vielen Menschen mit einer schweren und „seltenen Krankheit" oder im Alter vorenthalten bleibt.

Wie oft gelingt es vielen unter uns nicht einmal im gesunden Alltag, diese Fragen anzuschauen und befriedigende Antworten darauf zu finden, wo wir doch genau dann Zeit dafür hätten? Warum wird der Wunsch nach diesem „persönlichen Frieden und Harmonie" oft erst dann offensichtlich oder dringend, wenn wir realisieren, dass unsere Zeit auf Erden endlich ist? Wie können wir dann diesen inneren Frieden trotz Krankheit und der stets wechselhaften oder disharmonischen Umgebung erlangen?

Ich beginne am besten mit ein paar Gedanken und Erläuterungen zum Thema, weil ich damit unsere Spiegelneuronen am einfachsten aktivieren kann. Denn immer dann, wenn wir uns, geleitet durch reflexive Gedanken, in unsere Mitmenschen hineinversetzen, gelingt uns das Nachdenken und Mitfühlen besser.

1. Lisas Geschichte

Dazu erzähle ich dir zuerst eine kleine Geschichte. Es ist die Geschichte von Lisa.

Lisa war 8 Jahre alt, als sie bemerkte, dass ihre Muskulatur im Sport nicht immer so funktionierte, wie sie sich das wünschte. Der Sportlehrer, ein strenger Zeitgenosse

der Zunft, tadelte sie häufiger, weil sie in der Gymnastik-
stunde plötzlich das Gleichgewicht verlor und vom
Barren rutschte. Lisa war sonst sehr geschickt und sport-
lich, doch nun konnte sie sich nicht mehr so gut festhalten, wie die anderen Mädchen in ihrer Klasse.

Da ihre Noten im Durchschnitt sehr gut waren,
bemerkte niemand, dass Lisa im Sport von Jahr zu Jahr
immer schlechter abschnitt. Und da Lisa sehr gerne ihre
Zeit mit ihren Freundinnen verbrachte, versuchte sie,
nicht über diese Probleme zu reden, denn sie hatte große
Angst, wegen des Andersseins ausgegrenzt zu werden.
Lisa wollte so sein, wie alle anderen Mädchen in ihrer
Klasse. Oder eigentlich wie alle Menschen, die eine zeit-
gemäße Sozialisierung erfahren haben und in einem
normalen Netz von Familie, Freunden und Bekannten
leben.

Dieses Verhalten und der Wunsch, gleich zu sein, ist
bei allen Menschen ähnlich. Dieser Wunsch entspricht
unserem angeborenen wie auch angelernten Verhalten.
Gleichzeitig gibt es unterschiedliche Hierarchien im
Tierreich, zu dem wir Menschen, aus der Perspektive
der Evolution gesehen, ja dazugehören, wie ein etwas aus
dem Raster gefallener Affe.

Ein krankes Zebra versucht zum Beispiel, mit der Herde
mitzuhalten und nicht aufzufallen, denn einmal auf der
Beobachtungsliste von hungrigen Löwen oder Hyänen
wäre das fatal für das Zebra. Solange das Zebra jung ist,
kümmert sich die Mutter um das kranke Junge, aber
sobald es selbstständig ist, ist es eines von vielen in der
Herde und der Herde ziemlich egal. Jedes einzelne Tier

rennt bei einem Angriff von Raubtieren um sein Leben. Ist die gesunde Herde schneller, bleibt es zurück und wird damit ganz leicht zur Beute. Alle gesunden Tiere sind, aus unserer Couch-Perspektive, mehr oder weniger in Balance, aber nie komplett im Frieden, weil es noch die Hierarchien und Kämpfe der Hengste um die Rangordnung gibt.

Einem kranken Affen geht es etwas besser, falls er zufällig zur Gruppe der Menschenaffen gehört, denn seine Familie bietet ihm Schutz und stößt ihn nicht aus. Sie verteidigt ihn sogar gemeinsam, sollte er von einem Raubtier oder anderen, fremden Affen angegriffen werden. Sie würde ihn auch nicht einfach zurücklassen, sollte sie den Standort wechseln müssen. Doch auch hier gibt es Hierarchien und Kämpfe innerhalb der Sippe. Dennoch strebt die Affenfamilie immer wieder nach Harmonie und Frieden, sodass Stress nur ausnahmsweise zum Alltag gehört.

Lisas Mutter würde sehr wahrscheinlich, wüsste sie um die Probleme ihrer Tochter, alles tun, damit es Lisa bald wieder besser geht. Aber in der Schule muss die kleine Lisa am Ball bleiben. Leistungsdenken und der Vergleich, wer besser ist, stehen leider sehr oft im Vordergrund.

So vermeidet Lisa über viele Jahre hinweg, über ihre Probleme im Sport zu reden, denn im Alltag fällt ihr Handicap ja kaum auf. Selbst als sie das Gymnasium mit guten Noten abschließt, bemerkt es niemand in ihrem Umfeld. Da ihre Eltern beruflich sehr stark engagiert sind und glauben, mit Lisa stimme alles, fällt die körperliche Einschränkung, die Stück für Stück stärker wird, selbst ihrer Mutter lange Zeit nicht auf.

Erst als Lisa zu Hause eines Tages die Tasse aus der Hand fällt, versucht sie, sich zu erklären. Die Mutter ist erstaunt, dass Lisa das Problem so lange verschweigen konnte. Sie bringt Lisa sofort zur Untersuchung, doch dort kann man die Symptome lange keiner bekannten Krankheit zuordnen. Erst nach Jahren und vielen weiteren Untersuchungen, als im Studium die Schulter bei Lisa öfters auskugelt und sich stärkere Schmerzen im Arm einstellen, kommt ein Rheumatologe auf den Verdacht einer genetischen Erkrankung und lässt einen Test bei Lisa durchführen. So findet er heraus, dass Lisa an der seltenen Krankheit Ehlers Danlos leidet. Eine fortschreitende und meist tödlich verlaufende Erkrankung des Bindegewebes, bei der im schweren Fall auch das Gewebe, welches die inneren Organe hält, reißen kann und der Tod binnen weniger Stunden eintritt.

Lisa ist zu diesem Zeitpunkt bereits 21 und hat unzählige Untersuchungen über sich ergehen lassen müssen. Die vielen Termine, die Schmerzen und ihre Ungewissheit haben sie erschöpft und zermürbt. Niemand hat ihr erklärt, wie sie trotz ihrer Situation in einen inneren Frieden findet. Dies geht übrigens vielen Menschen mit einer Krankheit so. Auch bei einer Krebsdiagnose bemerken viele Betroffene erst, dass ihr Gleichgewicht auf den Kopf gestellt wird und der innere Frieden komplett verloren gegangen ist. Das hängt auch mit unserer Erziehung und unserem Umfeld zusammen, in dem wir aufgewachsen sind, denn niemand hat uns beigebracht, wie man die Harmonie behält und den inneren Frieden bewahren kann.

Wenn wir bereits als Kind den Spruch von Erwachsenen hörten oder lesen konnten „Ein Indianer kennt keinen Schmerz", aber nie einen Indianer dazu befragen konnten, gehen wir davon aus, dass Indianer keinen Schmerz kennen, immer auf die Zähne beißen und deshalb Helden sind. Auch das Wort „Heulsuse" suggeriert, dass Mädchen eher schwächer sind und ein Kind, welches Trauer und Gefühle zulässt und diese mit seinen Tränen öffentlich zeigt, ausgegrenzt wird. Es wird uns also bereits von Kindesbeinen an in vielfältiger Weise durch die Erwachsenenwelt mitgeteilt, dass wir besser nicht über Schmerzen und Gefühle reden oder Tränen und Schwäche zeigen. Weder körperliche noch seelische. Dabei wäre es so einfach, denn es braucht nicht sehr viel, um den eigenen Gefühlen zuzuhören und diesen Raum zu geben. Und Tränen können sehr heilsam und tröstend sein.

2. Der gestörte Frieden und was das mit uns macht

Neben dem Verhalten, das Kinder durch die Eltern, Freunde und das soziale Umfeld mitbekommen und auf das sie konditioniert werden, nehmen wir Menschen auch bestimmte Rollen ein, um in der Gesellschaft unseren Platz zu finden. Dazu gehört das Verhalten, in einer sozialen Gruppe keine Schwäche zu zeigen oder nicht der „bunte Vogel" sein zu wollen, weil wir damit eine Angriffsfläche für Kritik, Ausgrenzung und Disharmonie bieten und vermutlich eher von Menschen, die wir gernhaben, abgelehnt werden. Das schadet unserem Bestreben nach Harmonie und Frieden und langfristig unserem emotionalen Gleichgewicht.

Harmonie und Frieden sind deshalb so wichtig, weil sie im fein austarierten System, welches man sich wie ein Plus und Minus der Körperenergien vorstellen kann, eine wichtige Balance ermöglichen. Das korreliert mit unseren zwei sich gegenseitig verhaltenden Systemen. Da ist einmal der Sympathikus, der als Notfallsystem unsere rasche Reaktionsbereitschaft ermöglicht. Wir können ihn uns vorstellen wie den Knopf für den lebenserhaltenden Sprint beim Zebra, das vor den Löwen davonrennt. Es versetzt uns als Primaten, zu denen wir ja gehören, in einer Notfall-Situation in die Lage, zum Beispiel vor einer hungrigen Hyäne auf den nächsten Baum zu klettern.

Auf der anderen Seite gibt es den Parasympathikus, der unsere biologischen Systeme wieder in den entspannten Modus bringt und die Stresshormone, wie Adrenalin und Kortison, abbauen hilft.

Sobald der Zustand der Erregung also vorbei ist, versucht der Körper, den Parasympathikus zu aktivieren und damit in den ausbalancierten Zustand zurückzukehren. Im Alltag gelingt unserem Körper das ganz gut. Ist er allerdings ständigem Stress ausgesetzt, kann es sein, dass die Selbstregulation immer schlechter gelingt und eines Tages das Burn-out an die Tür klopft.

Der Körper braucht einerseits eine gesunde Balance von Anspannung und Entspannung, denn das trägt zum Training dieser beiden Systeme bei, die uns die Natur mit in die Wiege gelegt hat. Aber ein Zuviel der Anspannung kommt einem gestörten inneren Frieden gleich und hält unseren Körper dauerhaft im Alarmzustand. Dieser Zustand wiederum braucht sehr viel Energie, schwächt langfristig das Immunsystem und führt zu einer inneren Dysbalance. Wir kennen das aus Situationen, die Stress verursachen. Da tauchen zum Beispiel plötzlich diese Fieberbläschen an den Lippen auf. Das akute Erscheinen der Herpesviren zeigt, dass das Immunsystems überlastet oder aber durch Dauerstress in die Defensive geraten ist. Langfristig lassen sich Dauerstress und erlebte Traumata heute in der Medizingenetik oder, genauer gesagt, der Epigenetik darstellen. Mit dieser Forschung lässt sich bereits heute beweisen, dass Stress und Traumata unser Genom beeinflussen und damit auch die Zellengesundheit unseres Körpers.

Unser Körper ist erstaunlich lange in der Lage, die durch Stress ausgelöste Situationen zu kompensieren. Doch langfristig führt bei fast allen Menschen die Erschöpfung oder das Fehlen der Mechanismen für die Bewältigung von Trauer, Stress und Verlust in die Disharmonie oder auch zu gestörter Immunantwort sowie hormoneller und zellulärer Dysbalance. Nach vielen Jahren dieser Dauerbelastung kann dies auch andere Krankheiten, wie das Chronische Erschöpfungssyndrom (Burn-out), oder Autoimmunkrankheiten bis hin zu Krebs begünstigen. Zusammengefasst heißt dies, dass der innere Frieden für

die Abwehr, das mentale Gleichgewicht und das Wohlbefinden eine große Rolle spielt.

3. Das Streben nach Harmonie

Für viele von uns erscheint der innere Frieden normal
und vorhanden, solange wir uns im Gleichgewicht und
gesund wähnen. Das liegt daran, dass die meisten unter
uns in der Kindheit und Jugend kaum Berührungs-
punkte oder Erfahrungen mit Stress oder Krankheiten
hatten. Nur wenige haben schwere Traumata oder den
Verlust der Eltern, Großeltern oder der Geschwister
erlebt. Oft haben viele auch nicht gelernt zu trauern.
Da ist dann zwar ein Verlustgefühl und eine Traurigkeit, aber für die Trauer selbst ist in unserer modernen
Gesellschaft kaum Platz. Der Alltag ist sehr rasch wieder
der alte, der uns zwingt, schon bald erneut im „Normal-
modus" zu funktionieren.

Es ist für uns einfacher, in Harmonie zu leben und danach
zu streben, denn dieser Zustand fühlt sich ideal an und
wird durch Glückshormone, die man auch Endorphine
nennt, begleitet. Wir werden in diesem Zustand quasi
dauerhaft belohnt. Und weil wir lieber belohnt werden
wollen, vermeiden wir den Gedanken an Situationen, die
Stress im Gehirn und im Körper verursachen, solange
es geht. Das ist per se eine verständliche Situation, denn
wer möchte schon freiwillig im Stress landen? Aber
durch diese „Sucht nach Harmonie" benutzen wir alle
möglichen Dinge, um uns von der Realität abzulenken,
denn die ist eigentlich gar nicht so nett, wie wir es uns
einreden. Da gibt es Streit unter Nachbar:innen, Stau im

Verkehr, Stress mit den Kolleg:innen, Überstunden im Beruf. Dann sind da noch die Kinder, die regelmäßig unsere Haare zu Berge stehen lassen. Wenn wir ganz genau hinsehen, ist die Natur, so schön wir sie beim Spaziergang im Wald finden mögen, doch eigentlich grausam. Tiere fressen einander. Das blaue Meer wird besonders nachts zu einem Kampfplatz der Oberen der Nahrungskette gegen die Unteren.

Solange alles gut läuft, das Kühlregal im Supermarkt voll ist und das Leben nach Plan und ohne chronische Krankheiten verstreicht, wiegen wir uns in Harmonie. Doch dieses Streben hat auch seine Tücken, denn wir verlernen, unsere Gefühle und den Umgang mit dem Stress zu trainieren. Dieses Verhalten zeigt sich besonders dann als trügerisch, wenn Menschen plötzlich fremdbestimmt in eine Situation gezwungen werden. Die kürzlich zurück gelegte Etappe der Corona-Pandemie zeigt dies eindrücklich. Es gab noch nie so viele verhaltensauffällige Kinder, die bei Ärzt:innen vorgestellt wurden, wie in diesen zwei Jahren. Auch die Praxen der Psycholog:innen und Psychiater:innen sind im 3. Jahr in Folge ausgebucht, weil viele von uns mit dem Dauerstress, der durch Angst, begründet oder unbegründet, ausgelöst wurde, nicht mehr gut zurechtkommen.

4. Der Weg zum Frieden in uns

Um die Balance und den Frieden herzustellen, gibt es verschiedene Wege. Doch bevor das gelingt, steht noch etwas anderes an. Nämlich, dass wir uns unserer Gefühle, der Konditionierung, aktuellen Belastung und der

Zwänge, in denen wir uns womöglich befinden, bewusst werden. Nur durch das Bewusstwerden können wir zu der Erkenntnis gelangen, dass etwas aus der Balance geraten und nicht mehr in Ordnung ist. Wir müssen also eine Art Kompetenz über unser Bewusstsein erlangen, damit wir den Weg zu mehr Harmonie finden können. Das klingt einfacher als gedacht, denn zu oft wurden wir darin bestärkt, uns selbst und auch den anderen etwas vorzumachen, nicht über unsere Gefühle zu reden und seelischen Schmerz zu unterdrücken.

Du stellst dir jetzt vermutlich die Frage: Kann ich das erlernen? Oder ist es dafür bereits zu spät?

Die gute Antwort ist, dass die Selbstwahrnehmung der Kompetenz für jeden erlernbar ist und man die Mechanismen dafür genauso trainieren kann, wie wir die Mechanismen der Verschleierung unserer Gefühle gelernt und immer wieder verstärkt haben. Eine Ausnahme stellen hier Menschen mit Autismus oder einer anderen krankhaften psychischen Störung dar. Von Autismus betroffene Personen haben das angeborene Handicap, dass sie keinen Zugang zu ihrer Gefühlswelt haben. Bei psychischen Störungen empfehle ich die Unterstützung durch erfahrene Therapeut:innen, die dich hierbei Schritt für Schritt begleiten und bestärken.

Der innere Frieden kann erst dann von uns herbeigeführt werden, wenn wir unsere Gefühle kennen und wenn wir mit ihnen umgehen können. Das ist leicht gesagt und es kann auch dir gelingen, sich immer näher und besser kennenzulernen.

Die erste Hürde ist es, den inneren Schweinehund zu überlisten. Mit der Gewissheit, dass es anderen Menschen so geht wie dir, hast du bereits das gute Gefühl, nicht allein damit zu sein. Diese Veränderungen herbeizuführen, wird allerdings nicht von heute auf morgen gelingen. Frage einmal einen Menschen, der jahrelang seine Gefühle unterdrückt hat und schließlich nach einer Krise vollkommen zusammenbrach, wie lange er gebraucht hat, um wieder ins Gleichgewicht zu gelangen. Oder gehe in ein Yoga-Studio und interviewe dort Menschen, die jahrelang diese Technik der Entspannung und inneren Klarheit über Körper und Geist trainiert haben. Die meisten werden dir mitteilen, dass es lange dauert und Disziplin braucht, bis der Geist und die Gefühle klar sind. Doch das sollte dich nicht davon abhalten, deinen Weg zu gehen und damit zu beginnen. Da jeder einen individuellen Weg hinter und vor sich hat, brauchen wir einen individuellen Plan und Zeitraum, um uns weiterzuentwickeln. Aber beginnen musst du allein. Das kann niemand anderes als du selbst.

Sollte sich morgen eine Krankheit oder Krise bei dir bemerkbar machen, hast du oft nicht die nötige Energie, dich auch noch um die innere Balance und Gefühle zu kümmern. Es scheint also eine gute Empfehlung zu sein, deiner inneren Stimme jetzt zu lauschen. Sie ist sicher vorhanden, aber möglicherweise durch all die Nebengeräusche des Alltags und der Ablenkungen einfach sehr leise geworden.

Zusammengefasst darf man also sagen, dass unser „Ich" sich nur dann öffnen und weiterentwickeln kann, wenn wir uns auf unsere Gefühle und unser Bewusstsein einlassen und uns mit unseren traurigen wie auch den schönen Gedanken und Empfindungen auseinandersetzen können. Das lässt sich, wie so viele Dinge im Leben, üben. Wenn man es regelmäßig macht, erlebt man auch Fortschritte. Wie sich das Bewusstsein, die Gedanken und Gefühle und dazu auch unsere Handlungen und sogar unsere Äußerungen verändern können, beschreibe ich im kommenden Abschnitt. Ein Training dieser Mechanismen und der Gefühle wäre für viele Menschen hilfreich und wichtig. Wir alle sind dazu in der Lage und selbst im hohen Alter zeigt sich schon bald der Erfolg.

5. Was kann ich selbst für mich tun?

Um mit Erfolg für sich zum Ziel zu gelangen, braucht es eine Strukturierung. Dafür gibt es ein paar Grundübungen, die jeder in seinen Alltag integrieren kann. Ich nenne sie die Übungen der Achtsamkeit. Dazu gehören insgesamt 4 ÜBUNGEN.

1. Wahrnehmung der Gefühle
2. Konzentration des Denkens
3. Einstellung auf das Positive
4. Die Freiheit deiner Gefühlswelt und Kommunikation

Was meine ich damit, wenn ich die Wahrnehmung der Gefühle beschreibe? Dazu möchte ich ein Beispiel geben, das sicherlich vielen von uns schon begegnet ist.

Stelle dir folgende Situation vor: Du sitzt im Büro und ein/e Vorgesetzte:r oder Mitarbeiter:in sagt wieder diesen bekannten Satz: „Warum hört mir hier keiner zu und alle machen immer diesen gleichen Mist?" Dieser Satz ist in deinen Augen nicht nur ungerecht, sondern er hat dich in der Vergangenheit gewöhnlich genervt oder sogar wütend gemacht und womöglich distanziert oder irritiert reagieren lassen. Nun hinterfragst du in diesem Moment kurz dein aktuelles Gefühl: „Was ist mein Gefühl und warum macht mich das gerade so wütend?" Du richtest also regelmäßig deine Konzentration auf dein aktuelles Gefühl.

Der zweite Schritt ist, sich bei einem negativen Gefühl auf etwas Positives zu konzentrieren. Beispielsweise könntest du dir sagen: „Das ist nicht mein Zirkus und nicht meine Affen" und dich so von dem Gesagten distanzieren. Oder du suchst ein positives Argument für das eben Vernommene wie „Sie sagt es, weil sie frustriert und unsicher ist, aber es ist nicht meine Verunsicherung". Dann merkst du bereits, wie das übliche Gefühl der Anspannung erst gar nicht von dir Besitz ergreift.

Das Besondere dabei ist, dass die Übungen der Achtsamkeit in 2 Phasen aufgeteilt sind. Um damit auch kleine Erfolge zu erleben, solltest du die Übungen täglich für ein paar Minuten über mehrere Monate hinweg machen, denn so kann die alte Gravur in deinen Gedanken und Verhaltensmustern überschrieben werden. Sei dir bewusst, dass es den meisten Menschen ähnlich geht. Niemand erlangt darin sofort Erfolg. Würde der sich unmittelbar einstellen, bräuchten wir diese Übungen gar nicht.

Die Phase 1 ist der Zeitraum zum Erlernen der Übungen. Das Ziel der Phase 1 ist es, dass wir jede Übung gerne und geschmeidig, also ohne Fehler, durchführen können. Dafür benötigt jeder Mensch unterschiedlich lange, da wir alle anders ticken und unterschiedliche Baustellen im Kopf und Körper haben. Im besten Fall praktizierst du jede Übung eine Woche lang. Damit hast du 4 Wochen vor dir, in denen du einfach mal probieren und erfahren kannst, wie es sich anfühlt.

In der Phase 1 kannst du den Misserfolg locker ignorieren. Du wirst erleben, dass einzelne Übungen sehr gut, andere nur mit größerer Konzentration oder Anstrengung gelingen. Das Ziel ist es, am Ball zu bleiben und nicht aufzugeben.

Phase 2 ist die regelmäßige Fortsetzung aller Übungen. Sie ist dann erreicht, wenn du alle Übungen mindestens über 5 Monate durchgeführt hast und darin geübt bist. Am Ende der Phase 2 wirst du womöglich bereits erleben, wie dich belastende Lebenssituationen nicht mehr aus der Bahn werfen und dich nicht mehr so stark psychisch tangieren. Du wirst, wenn du die Übungen mehrere Monate gemacht hast, eine innere Zufriedenheit und Ruhe spüren, die einem Glücksgefühl gleichkommt.

Aber wichtig in diesem Zusammenhang ist, dass wir uns parallel zu den Übungen unseren alten Konflikten und Problemen im Alltag stellen und diese verändern. Das ist das eigentliche Ziel, denn nur mit der Auflösung von alten Mustern gelingt es uns, ein neues Gleichgewicht und die neue innere Balance zu finden und weiterhin zu behalten.

6. Stück für Stück zurück zum inneren Frieden

Übung 1: Die Wahrnehmung der Gefühle

Für diese Übung nimmst du dir jeden Tag 10 bis 15 Minuten Zeit. Schalte dein Telefon aus und sei einmal für niemanden erreichbar. Das gilt übrigens für alle Übungen.

Suche dir einen gemütlichen Ort, zum Beispiel deinen Lieblingssessel oder das Bett.

Dann erinnere dich, welche Situation und welches Gefühl dich im Verlauf des Tages besonders bewegt hat. Das können negative und auch positive Gefühle sein. Was hat das mit dir gemacht? Warum warst du genervt oder erfreut? Wichtig ist, dass du versuchst herauszufinden, was dir Kopf, Herz und Bauch über das Gefühl sagen. Lass diese einfach zu und bewerten sie nicht, denn diese Gefühle sagen etwas über dein Bewusstsein aus. Du kannst diese auch in ein kleines Tagebuch schreiben, um dich später erneut daran zu erinnern. Das Aufschreiben hilft, den Kopf und Bauch zu entlasten, denn wenn wir etwas niederschreiben, wird es sichtbarer und hilft uns, uns darauf zu konzentrieren. Diese Übung trägt dazu bei, uns unserer oft unbewussten Gefühle zu erinnern, denn unser Bewusstsein nimmt nur einen Bruchteil der Gefühle wahr, die wir im Laufe des Tages erleben. Um uns dieser zu erinnern, unser Gefühl zu trainieren und die Sinne dafür zu schärfen, hilft diese Übung. Du führst sie nun jeden Tag einmal durch und das eine Woche lang.

Übung 2: Konzentration des Denkens

Die Konzentrationsübung dient dazu, uns auf unser Denken und den Körper zu konzentrieren. Dazu gibt es verschiedene Möglichkeiten. Ich beschreibe hier zwei.

Du nimmst dir täglich 15–30 Minuten Zeit und legst einen simplen Gegenstand vor dich hin. Das könnte zum Beispiel ein Bleistift sein. Nun konzentrierst du dich auf den Bleistift und beschreibst ihn: Das Graphit ist in der Mitte und ist grau. Das Weichholz, welches das Graphit umgibt, ist meist rund oder eckig geformt. Du beschreibst diesen Gegenstand und konzentrierst dich dabei ganz genau auf seine Einzelheiten. Das fokussiert deine Gedanken auf etwas Simples und schärft deine Konzentration. Du könntest aber auch in den Garten oder Wald gehen und dir dort eine Blume oder einen Baum aussuchen und diese genauso betrachten.

Eine andere Übung, die ich sehr gerne und regelmäßig mache, ist auch sehr gut geeignet, sich auf das Denken und den Körper zu konzentrieren. Dazu legst du dich bequem hin und stellst eine schöne, entspannende Musik an. Ich bevorzuge dafür Tai-Chi-Musik. Nun liegst du bequem auf dem Rücken und konzentrierst dich auf einen Arm. Du sagst dir: „Mein linker Arm wird immer schwerer", und spürst, wie dieser immer schwerer wird.

Wenn du es richtig machst, spürst du diesen Arm nach wenigen Minuten gar nicht mehr. Er ist zwar immer noch da, aber dein Körper hat die Kontrolle dafür abgegeben. Dann machst du das mit dem anderen Arm und danach mit den Beinen. Jedes Mal, wenn deine Gedanken abschweifen, holst du sie wieder zu deinem Körper zurück.

Danach konzentrierst du dich darauf, wie du langsam ein- und ausatmest. Du wirst bemerken, wie du dich dabei entspannst und wie sich deine Gedanken auf den Körper und deine Atmung fokussieren lassen. Im Idealfall fängst du auch an, mehr Speichel zu produzieren. Das ist ein sehr gutes Zeichen, denn in der Entspannung übernimmt der Parasympathikus die Oberhand über unsere Körperfunktionen. Dabei produzieren wir fast alle mehr Speichel. Schluck diesen einfach hinunter. Versuche, diesen Zustand zu genießen, und du wirst bemerken, wie du fast in einer Art Trance in deinen Körper eintauchst. Diese Übung unterstützt ganz besonders gut deine Selbststeuerung, weil du dem Kopf ganz gezielt die Kontrolle über deinen Körper geben und dabei die störenden Geräusche und Gedanken des Alltags ausblenden kannst. Das Ziel ist nicht, dass du einschläfst. Solltest du es trotzdem tun und dich hinterher erholt fühlen, dann lass es einfach geschehen. Idealerweise sollte diese Übung 30 Minuten dauern.

Zum Ende der Übung tauchst du langsam wieder aus der Entspannung auf und spürst, wie dein Gefühl wieder in die Gliedmaßen zurückkommt und dein Geist wieder wach wird.

Ich benutze diese Übung immer, wenn ich gerade sehr angespannt oder auf Reisen bin und dringend eine Pause nötig habe. Nach 30 Minuten fühle ich mich so erfrischt, als ob ich einen doppelten Espresso getrunken hätte.

Wenn du diese Übung eine Woche lang machst und später drei- bis viermal pro Woche, wirst du schon sehr bald den positiven Effekt spüren. Du wirst im Alltag ausgeglichener und entspannter sein. Auch hier gilt: Übung macht den Meister. Je besser du darin wirst, desto stärker wird der Erholungseffekt sein. Der hohe Puls wird sich regulieren und vielleicht sogar andere Effekte, wie ein durch Stress hervorgerufenes Ekzem, werden sich verbessern.

Übung 3: Einstellung auf das Positive

Diese Übung ist eine der Schwersten, denn sie verlangt von uns, dass wir in einer für uns als schwierig bewerteten Situation das Positive sehen. Das ist gar nicht so leicht, denn oftmals haben wir gute Gründe, uns zu distanzieren oder uns über eine Handlung oder Situation zu ärgern, aber sie trägt, wenn man sich abgrenzen kann, auch dazu bei, den inneren Frieden zu finden.

Die buddhistische Lehre sagt, dass es nie nur etwas Schlechtes in einer Sache gibt, sondern immer auch etwas Gutes. Wir müssen nur versuchen, den Sinn für uns darin zu erkennen. Dadurch können wir dem etwas Gutes abgewinnen und daran wachsen. Das klingt zwar für viele paradox, hilft aber beispielsweise, sich beim Streit mit dem Nachbarn gedanklich auf die andere Seite eines Konflikts zu bewegen. Oft erkennen wir dann, dass er aus seiner Perspektive genauso recht hatte wie wir.

Ich nenne dir vielleicht Beispiele, die so nicht unbedingt auf dich zutreffen müssen, doch möchte ich damit deine Fantasie anregen. Stell dir vor, deine Katze springt auf den Schrank und stößt dabei eine Vase herunter. Sie war ein Geschenk. Zuerst bist du darüber wütend und traurig. Wenn du dir deiner Gefühle bewusst bist, versuche jetzt, dich auf etwas Positives dabei zu konzentrieren. Dass zum Beispiel die Vase nur ein Gebrauchsgegenstand war und nicht die Katze stürzte und sich das Bein brach.

Oder du stolperst beim Aussteigen aus dem Bus und verletzt dir den Fuß oder das Handgelenk, weshalb du für ein paar Wochen einen Gips tragen musst. Die Zeit, die du jetzt ruhig sitzen musst oder weniger mit der Hand machen kannst, ist wertvolle Zeit, die du für dich selbst nutzen kannst. Lass die anderen rennen und schalte einmal einen Gang runter.

Versuche, diese Übung mit etwas Einfachem zu starten, damit dir der Perspektivwechsel leichter fällt. Wenn du die Übung regelmäßig absolvierst, wirst du vermutlich darin immer besser. Wichtig ist noch zu erwähnen, dass du nicht versuchen solltest, für eine wirklich ungerechte Handlung, die dir widerfahren ist, eine Entschuldigung oder Erklärung zu erzwingen. Das gilt zum Beispiel für Handlungen, die unentschuldbar sind, wie körperliche Angriffe oder Missbrauch (sexuell oder seelisch). Hier sollten wir uns immer klar davon abgrenzen und Hilfe bei einer Fachperson suchen, die uns bei der Lösung des

Konflikts unterstützt. Das können ein guter Freund, ein/e Polizist:in oder auch ein/e Therapeut:in sein.

Übung 4: Die Freiheit deiner Gefühlswelt und Kommunikation

Um mit dieser Übung zu beginnen, möchte ich etwas voranstellen. Unser Leben ist nicht dafür gemacht, immer und überall zu siegen, recht zu bekommen oder alles nach unseren Wünschen und Plan zu erhalten. Das Leben gleicht oft einer Achterbahn. Das gilt für alle Menschen, auch wenn es manchmal so aussieht, als ob andere öfters Glück haben oder einfach erfolgreicher sind. Aber auch berühmte Menschen spüren Widerstände des Lebens, fallen die Treppe hinunter oder müssen die Scherben der Vase aufheben, die die Katze verursacht hat. Eine berühmte Person aus meinem Freundeskreis, die ich sehr schätze, sagte einmal zu mir: „Für viele sieht es so aus, als ob mir alles im Leben einfach zufällt. Aber auch ich hatte sehr schwierige Momente in meinem Leben, war nicht immer glücklich und musste immer an meinem Leben arbeiten. Nur wollte das niemand hören. Es klingt eben besser, wenn man ein Märchen erzählt, weil viele genau das lieber hören wollen."

Probiere diese Übung aus. Lass dich ein. Erlebe die Worte und Reaktionen deiner Umwelt und analysieren deine Gefühle. Fasse diese zusammen und formuliere daraus einen freien Wunsch. Probiere mindestens eine Situation pro Tag aus. Am besten fängst du mit einer leichten an, damit du auch einen ersten Erfolg hast. Je besser du wirst, desto mehr Spaß macht es und desto schwierigere Themen kannst du dir vornehmen.

Dazu gebe ich dir eine Anleitung. Nehmen wir unser Beispiel vom Anfang. Du bist im Büro und die Kollegin oder Vorgesetzte kommt mit diesem Satz, der dich bislang genervt hat. Du kennst inzwischen den Hintergrund deiner Emotionen und lässt den Satz einfach so stehen, denn es ist ja nicht mehr dein Zirkus und deine Affen.

Dann formulierst du vorsichtig und besonnen, zuerst im Kopf und später auf der Zunge. Wie zum Beispiel: „Liebe Sybille, ich verstehe deinen Frust, aber habe damit nichts zu tun. Denn weder habe ich hier einen Fehler gemacht, noch zu verantworten. Danke, dass du mich in Zukunft mit deinen Äußerungen, die ich persönlich als ungerecht empfinde, verschonst. Das hilft mir, die Atmosphäre und Stimmung im Büro nicht weiter zu belasten. Und dafür danke ich dir." Wenn wir dies auch für andere wichtige Themen erreichen und sogar in einer Krebserkrankung etwas Positives sehen können, haben wir den wichtigsten Weg zu unserem inneren Frieden zurückgelegt.

Jeder Tag in unserem Leben birgt etwas Einzigartiges. Jeder Tag stellt dir frei zu wählen, ob du weiterhin im alten Muster verweilen willst oder frei mit deinen Gedanken und der Kommunikation leben möchtest. Mit dieser Übung erlangst du deine Selbstkompetenz über deine Gefühle und Worte zurück, die zur Selbststeuerung und als Weg aus Stress, Angespanntheit, Leere und Sinnlosigkeit beitragen.

Den Weg zum inneren Frieden finden wir dann besser, wenn wir unsere Selbstkompetenz erwerben. Diese ist niemandem in die Wiege gelegt, aber alle können sie erlernen. Je mehr wir üben, desto besser können wir darin werden, damit wir am Ende des Lebens im inneren Frieden sind und leichter loslassen können.

Dein Dr. Frank Grossmann

Meine Literaturempfehlungen für dich:

Joachim Bauer „Selbststeuerung, Die Wiederentdeckung des freien Willens", 2018, Blessing Verlag

Ulrich Kropiunigg, „Indianer weinen nicht", 2003, Kösel Verlag

Anselm Grün, „Gelassenheit – das Glück des Älterwerdens", 2021, Herder Verlag

Jörg Zink, „Trauer hat heilende Kraft", 2015, Kreuz Verlag

Annette Bopp, Danila Nagel, Gerd Nagel, „Was kann ich selbst für mich tun? Patientenkompetenz in der modernen Medizin", 2005, Rüffel & Rub Verlag

Dr. Andrew Weil, „Gesund älter werden", 2006, Verlag Berlin

Gerald Hüther, „Was wir sind und was wir sein könnten", 2013, Fischer Verlag

Fritz Roth, Georg Schwikart, „Nimm den Tod persönlich", 2009, Gütersloher Verlagshaus

Friede, Freude, Führungskraft

Dein Beitrag für wirksame und friedvolle Führung

Carla Lippert

Was hat „Ich bin Frieden" mit mir als Führungskraft zu tun? Im Business geht es um Erfolg und Wachstum. Es geht darum, Ziele zu erreichen. Es geht um Strukturen und Prozesse, die darauf einzahlen. Und es geht um Kultur, um Kommunikation und Interaktion zwischen den unterschiedlichsten Akteuren, was ebenso eine maßgebliche Auswirkung auf das Business hat. Ja, darum geht es im Business und um noch so viel mehr.

Unternehmen bestehen aus Individuen. Jeder Mensch zeichnet sich durch seine persönliche Haltung aus und trägt damit zum Unternehmenserfolg bei. In meinem Artikel richte ich den Fokus darauf, wie Führungskräfte mit einer Haltung von „Ich bin Frieden" einen wertvollen Beitrag im Unternehmen leisten können. Welche Werte können wir mit „Ich bin Frieden" verbinden und weshalb lohnt es sich, als Führungskraft diese zu

215

verfolgen und in der Organisation erlebbar zu machen? Aus meiner persönlichen Erfahrung können wir dadurch ein inspirierendes, kreatives und pulsierendes Umfeld schaffen, das Erfolg und Wachstum ermöglicht. Ein Umfeld, das Mitarbeitende begeistert, zugleich Orientierung und Sinn gibt. Sie werden motiviert, auch in anspruchsvollen Phasen aktiv mitzugestalten, Verantwortung zu übernehmen und ihre Potenziale zu entfalten. Führungskräfte mit der Haltung „Ich bin Frieden" zeichnen sich durch eine starke Persönlichkeit aus – mit bewusster Wahrnehmung, starkem Mindset und in Balance. Was es braucht, um sich als Führungskraft weiter in diese Richtung zu entwickeln, auch darum wird es in meinem Artikel gehen.

Motive, um die Haltung „Ich bin Frieden" weiterzuentwickeln

In der Theorie klingt es logisch. Auf Strategieklausuren und Führungskräftetrainings wird sie vereinbart: eine wertschätzende, vertrauensvolle und von Respekt geprägte Zusammenarbeit auf Augenhöhe über alle Ebenen. In der Realität sieht es oftmals anders aus. Nicht selten herrschen fast schon kriegsähnliche Zustände, auch wenn sie vordergründig niemand so nennen würde. Diese Bezeichnung ist hart, fast schon provokativ, doch ich habe es selbst schon erlebt. Organisationseinheiten und Abteilungen, die von Misstrauen geprägt sind. Maßnahmen und Meinungen werden messerscharf verteidigt. Im Vorfeld von Sitzungen werden taktische Angriffe überlegt, durch die die Interessen anderer ausgeschaltet werden können. Es geht darum, als Sieger:innen aus dem Raum zu gehen.

Ich erinnere mich noch gut an eine Runde hochkarätiger Führungskräfte, die dieses Spiel bis auf die Spitze trieben. In den jährlichen Strategierunden pflegten sie wertschätzende Feedbackrunden und formulierten ihre Leitlinien: Sätze geprägt von gegenseitigem Respekt, Vertrauen, gemeinsamer Verantwortung, Loyalität, Exzellenz im Business und hoher Menschlichkeit. Sie wurden gedruckt, gerahmt und gut sichtbar in allen Büroräumen aufgehängt. Alle verließen beschwingt und zutiefst zufrieden die Strategieklausur.

Doch wie verlässlich war das gemeinsame Commitment im Businessalltag? Es war nicht zu spüren: weder an den Ergebnissen noch in der Art der Zusammenarbeit. Es herrschte eine Kultur, die von Angst, Konkurrenz- kampf und Neid geprägt war. Jede der Führungskräfte schmückte sich mit seinen Schergen, die bestens gerüstet in wöchentliche Berichtsrunden aufliefen. Ein Gefühl von Beklemmung und Anspannung machte sich von der ersten Minute an bereit. Gestandene Frauen und Männer wurden zu Spielfiguren. Stimmen fingen an zu zittern. Fakten wurden verdreht und am Ende kam es stets zum Showdown. Die Verlierenden verließen nieder- geschlagen und mit gesenktem Haupt den Raum. Die Gewinner:innen rieben sich die Hände und posierten mit geschwellter Brust. Ein Spektakel, das sich von Woche zu Woche wiederholte. Es war alles andere als eine fried- volle Atmosphäre, vielmehr ein fast schon zerstörerisches

Umfeld, das Neid und Missgunst durch die gesamte Organisation fließen ließ.

Charakteristisch ist in derartigen Strukturen eine fehlende Übernahme von Verantwortung. Führungskräfte beklagen, dass Mitarbeitende „ihr Gehirn am Eingangstor abgeben" und sehen sich verstärkt gezwungen, Kontrolle auszuüben. Es scheint ein Teufelskreis zu sein, in dem nicht selten Abteilungen und Organisationen feststecken. Doch: Es gibt einen Ausweg daraus – maßgeblich geprägt durch die Haltung der Führungskräfte.

Unterschiedliche Akteure – als mögliche Orientierung und Angebot zu denken

Auf Basis persönlicher Erfahrungen wie auch in der Begleitung von Führungskräften möchte ich für Organisationen mit kriegsähnlichen Zuständen vereinfacht vier Typen von Führungskräften klassifizieren.

Dominante Krieger:in: Typische Verhaltensmuster im Außen sind geprägt durch Merkmale von Opportunist:innen[1] in Kombination mit einem autoritären und dominanten Führungsstil[2]. Sie, die Führungskraft, ist im Außen laut und drängt sich in den Mittelpunkt. Ihr Blick ist scharf. Sie schwankt zwischen Langeweile und Aggression. Sie hat die große Linie im Blick und verliert

---

[1] Gewinnt, egal mit welchen Mitteln, ich-bezogen; manipulativ, „Macht schafft Recht". Harvard Business Manager 7/2005

[2] Moderner Führungsstil – die 7 wirksamsten Modelle in 2022 und wie Sie sie anwenden. https://www.harbinger-consulting.com/blog/moderner-fuehrungsstil/

sich zugleich in Details. Diskussionen können über Stunden gehen und abrupt enden. Sie ist berechenbar unberechenbar und doch Strateg:in durch und durch. Es kostet ihr Umfeld Kraft und Energie. Sie inspiriert andere Menschen und Führungskräfte auf ihre ganz besondere Art und Weise.

Sie zieht **Mitläufer:innen** an. Führungskräfte, die ihr Spiel mitspielen, sich diesem hingeben und untergeben. Vordergründig werden Kreativität, Verantwortung und Erfolg eingefordert. In der Realität sind Macht, Status und das eigene Ego spürbar. Neben aktiven Mitläufer:innen bilden sich passive, resignierte Führungskräfte aus. Sie setzen alles daran, um unter dem Radar zu bleiben, unauffällig mit Dienst nach Vorschrift, um selbst nicht unter die Räder zu kommen.

Dominante Krieger:innen verstehen es durchaus, sich gegenüber der Unternehmensleitung als kriegerische:r Held:in zu positionieren. Aufmerksamkeit und Anerkennung sind nicht selten unbewusste Motive, die hinter Verhaltensmustern dominanter Krieger:innen liegen. Menschen wollen dazugehören, einen für sie angemessenen Platz im System einnehmen. Frühkindlich geprägte Glaubenssätze[3] wie bspw. „Ich muss laut sein, ansonsten werde ich übersehen", in Übersteigerung ausgeprägte Antreiber (z. B. „Sei stark"), Agieren im Drama-Dreieck (Führung aus der Retter-Rolle oder Verfolger-Rolle) können zugrunde liegende Motive sein.

---

[3] Glaubenssätze sind tief verankerte Annahmen über uns selbst und die Welt um uns herum, deren Ursprung meist in unserer Kindheit liegt.

Neben den Mitläufer:innen und Resignierten sind zwei weitere Typen von Führungskräften zu beobachten: Deserteur:innen und Friedensvermittler:innen. Beiden ist gemein, die Strategie des/der dominanten Krieger:innen mit negativen Auswirkungen auf das Unternehmen zu durchschauen. **Deserteur:innen** spielen für eine gewisse Zeit mit, räumen jedoch konsequent das Feld, wenn keine positiven Veränderungen erkennbar sind. Sie haben keine Lust auf kräftezehrende, energieraubende Kämpfe. Sie ziehen es vor, sich ihrer Werte treu zu bleiben. Als Unternehmen kann es erstrebenswert sein, diese Führungskräfte zu halten, da sie aufgrund ihrer Fähigkeiten, Motivation und Erfahrungen ein wertvoller Beitrag sind. Es gilt, sie für die Haltung „Ich bin Frieden" zu sensibilisieren, woraus sie für sich persönlich einen Mehrwert ziehen können, bspw. Stärkung der inneren Balance.

Friedensvermittler:innen sind diejenigen Führungskräfte, die bereits mit einer Haltung „Ich bin Frieden" agieren. Sie setzen sich bewusst für ein kreatives und pulsierendes Umfeld ein. Sie erkennen und schätzen die Stärken der unterschiedlichen Akteure, wie bspw. auch der dominanten Krieger:innen, und sind interessiert daran zu verstehen, was Menschen bewegt und was für eine erfolgreiche Zusammenarbeit erforderlich ist. Friedensvermittler:innen führen aus dem Antrieb, Impulse und Rahmen für ein wertschätzendes und motivierendes Miteinander zu geben – durch Einbindung und Integration aller Akteure. Sie fördern und fordern die Transformation aus einem kriegsähnlichen Zustand hin zu einer inspirierenden, friedvollen Atmosphäre, in der Erfolg und Wachstum selbstverständlich werden. Sie schaffen ein Umfeld, das motiviert und in dem Mitarbeitende bereit sind, über sich hinauszuwachsen.

Stärken stärken, um die Haltung „Ich bin Frieden" zu fördern

Sind die Führungstypen auch noch so unterschiedlich, so besitzen alle Stärken, die für den Unternehmenserfolg wertvoller Beitrag sein können. Der Haltung „Ich bin Frieden" kommt hierbei eine entscheidende Rolle zu. Mit ihren drei Schlüsselfaktoren bewusste Wahrnehmung, starkes Mindset und innere Balance unterstützen sie darin, die Stärken weiter auszubauen und die Basis für ein wirksames und friedvolles Miteinander auf allen Ebenen zu schaffen. Vertrauen und Zutrauen, Respekt und Wertschätzung, Interaktion auf Augenhöhe und Verbundenheit spielen eine entscheidende Rolle – Verbundenheit untereinander und insbesondere mit mir selbst als Führungskraft und Mensch.

„Ich bin Frieden" erfordert Mut, Verbindlichkeit und gemeinsame Werte

In meinen über 20 Jahren Management- und Führungserfahrung habe ich viele Abteilungen mit einer von „Ich bin Frieden" geprägten Haltung erleben dürfen. Darunter waren fordernde und äußerst anspruchsvolle Momente, die wir gemeinsam gemeistert haben – motiviert und

221

inspiriert von unserer Haltung. Es zeigt, wie wirkungs-voll und mächtig „Ich bin Frieden" sein kann.

Die Haltung ist schnell formuliert. Sie spürbar in Unter-nehmen zu verankern ist das, wobei Führungskräfte einen wertvollen Beitrag leisten können und müssen. Führungskräfte mit einem Gefühl tiefer Verbunden-heit, Mut, innerer Stärke und Balance – zugleich fokus-siert und gelassen, kraftvoll und klar, voller Energie und Power. Führungskräfte, die bereit sind, in ihrer Rolle als Leitfigur für ein inspirierendes und pulsierendes Umfeld zu sorgen, in dem alles möglich ist – insbesondere Frieden.

Gemeinsame Werte sind dafür eine wichtige Basis wie auch die Bereitschaft, Verantwortung abzugeben und aus der Komfortzone heruaszutreten, sodass Potenziale sich entwickeln dürfen. Eine Auswahl an Werten, die meiner Erfahrung nach unterstützend sein können:

- Vertrauen und Zutrauen
- Respekt und Wertschätzung
- Verbundenheit (mit sich selbst und mit anderen)
- Achtsamkeit und Mitgefühl
- Neugier und Offenheit
- Verbindlichkeit und Verlässlichkeit
- Bewusstsein für Exzellenz in der Führung, auch gegenüber sich selbst

Im Folgenden möchte ich tiefer eintauchen in die Bedeutung von „Ich bin Frieden" und das Gefühl, das damit verbunden sein darf.

Wofür die Haltung „Ich bin Frieden" für mich persönlich steht und welches Gefühl ich damit verbinde

„Ich bin Frieden": drei Worte, ein Satz, ein Gefühl, eine Haltung.

Aus meiner Erfahrung ist es äußerst wertvoll, sich ein Bild von seiner ganz persönlichen Haltung von „Ich bin Frieden" zu machen. Nur wenn ich mir dieser bewusst bin, gelingt es mir, sie in all meinem Tun und Sein zu verankern. Als Inspiration möchte ich meine persönliche Haltung an dieser Stelle teilen:

Gerne schließe ich für einen Moment die Augen, wenn ich diese Worte spreche, mich mit ihnen verbinde. Ich mache ein bis zwei tiefe Atemzüge und lege eine Hand auf mein Herz: Ich bin Frieden. Ganz bewusst formuliere ich die Worte, laut und leise in meinem Inneren. Es entsteht ein Gefühl von Verbundenheit, Ruhe und Zuversicht. Ich bin bewusst im Jetzt und Hier, geerdet, in meiner Mitte. Diese Worte sind klar und kraftvoll. Sie sind beruhigend und ermutigend. Sie sind stark und mächtig. „Ich bin Frieden" lässt ein Kribbeln im ganzen Körper entstehen. Ich fühle mich wach und lebendig. Diese Haltung öffnet den Raum, Nähe entsteht: Nähe zu und mit mir selbst und anderen. Raum für mich und andere – für andere Sichtweisen, Meinungen, Perspektiven und Erfahrungen. „Ich bin Frieden" ist für mich eine Haltung von Größe, Vertrauen und Zutrauen, von

Schutz und Geborgenheit. „Ich bin Frieden" bedeutet für mich, ganz bei mir zu sein, in meiner Balance – innen wie außen. Selbstvertrauen, Selbstwert und Selbstliebe stehen im Einklang damit.

- Selbstvertrauen im Sinne von Vorhersagbarkeit, Verlässlichkeit und Verbundenheit.
- Selbstwert als Zeichen dessen, mir meines eigenen Wertes bewusst zu sein. Mich an meinen Werten auszurichten, als unverzichtbare Leitlinien, denen ich treu bleibe – egal wie herausfordernd Situationen gerade sind.
- Selbstliebe: Ich bin mit mir im Reinen, liebe mich so, wie ich bin, mit all dem, was ist, und kämpfe nicht gegen mich an. Ich bin mir dessen bewusst, was ich brauche, was mir guttut, und setze es um – verbunden und verlässlich mit mir selbst.

Ich bin bereit, alles dafür zu tun, um die Haltung zu leben. Ich bin bereit, mutig zu sein, unbequeme Wege zu gehen, raus aus meiner Komfortzone. Mich nicht Umständen hinzugeben, sondern diese aktiv zu verändern. Meine vorherrschenden Gefühle sind Freude, Neugier, Offenheit, Interesse, Begeisterung – hoch schwingende Emotionen. „Ich bin Frieden" ist eine stärkende, stabilisierende und ausbalancierte Haltung im Inneren mit absolut positivem Impact im Außen.

Neben meiner persönlichen Sicht und Haltung erlebe ich in Gesprächen oftmals die Frage danach, was eine Führungskraft mit einer Haltung von „Ich bin Frieden" auszeichnet. Woran erkenne ich diese, was nehme ich bei einer solchen Führungskraft wahr?

Die Haltung „Ich bin Frieden" ist eine starke Basis für ein wertschätzendes, respektvolles Miteinander auf Augenhöhe. Sie lässt Raum für Kreativität, neue Ideen, Feedback und konstruktive Auseinandersetzungen. Sie gibt Orientierung und Halt, setzt Grenzen und Rahmen.

Führungskräfte sind präsent, ohne im Mittelpunkt stehen zu müssen. Sie geben Sicherheit und ermutigen andere, sich auszuprobieren. Sie vermitteln ein Gefühl von Freiheit, fühlen sich selbst frei und zeigen sich ohne Panzer. Sie sind entspannt und neugierig, zeichnen sich auch dadurch aus, Fehler zu erlauben. Sie sind Mensch, mit all ihren Emotionen, authentisch und ganz sie selbst. Ein wesentliches Merkmal sind ihr Bewusstsein und ihre Fähigkeit, sich selbst, andere Menschen und Situationen so anzunehmen, wie sie sind. Unangenehme Gefühle wie Ängste, Wut, Schmerz oder auch Trauer dürfen sein. Es ist kein „entweder oder", vielmehr ein „sowohl als auch": Ich kann mit der Haltung „Ich bin Frieden" unterwegs sein, Inspiration und Orientierung geben und zugleich bewusst mit unangenehmen Gefühlen umgehen, ihnen den erforderlichen Raum geben. Begegnen wir derartigen Führungskräften, scheinen sie uns auf den ersten Blick fast übermenschlich und faszinieren uns. Kommen wir mit ihnen ins Gespräch, so erkennen wir, dass sie ganz Mensch sind, wie du und ich – mit einer hohen geistigen Disziplin, sich selbst zu führen. Eine Fähigkeit, die in uns allen steckt.

Carla Lippert

Wie erreiche ich die Haltung „Ich bin Frieden"?

Letztendlich ist es eine Wahl – nicht mehr und nicht weniger – ob ich mit einer Haltung von „Ich bin Frieden" durchs Leben gehen und sie in meiner Rolle als Führungskraft aktiv gestalten möchte. Es klingt einfach und doch ist es nicht immer leicht.

Aus meiner persönlichen Erfahrung und der Begleitung von Führungskräften und Teams unterstützen drei Aspekte dabei maßgeblich die Haltung „Ich bin Frieden": 1) Bewusste Wahrnehmung, 2) starkes Mindset und 3) Persönlichkeit in Balance.

1) Bewusste Wahrnehmung

Bewusste Wahrnehmung ist einer der Schlüsselfaktoren für „Ich bin Frieden". Doch was genau verstehen wir darunter? Es geht darum, ganz präsent im Hier und Jetzt zu sein.

Mit all unseren Sinnen richten wir unsere Aufmerksamkeit auf die aktuelle Situation, auf den Moment. So können wir diese bewusst wahrnehmen und entscheiden, was wirklich gebraucht wird und was dafür der größtmögliche Beitrag sein kann. Orientierung gibt uns dafür die einfache Handlungskaskade (nach Johann Schneider, 2013)[4]:

- *Innehalten*: Im ersten Schritt gilt es innezuhalten. Egal

---

[4] Nach Johann Schneider, 2013, Burnout vorbeugen und heilen.

226

wie stressig, wie verfahren eine Situation auch gerade ist, wie groß der Druck oder die Anforderungen sind, ich halte inne. Es ist dieser Moment, in dem ich innerlich „Stopp" sage und einen Schritt zur Seite trete. Ich unterbreche gewohntes, automatisiertes Handeln und Denken.

- *Wahrnehmung*: Mit all meinen Sinnen scanne ich die aktuelle Situation, die Person, die Herausforderungen. Wir können es uns vorstellen, dass wir zahlreiche Antenne haben, die ihre Fühler in alle Richtungen ausstrecken, nach außen und innen, und wahrnehmen, was gerade los ist. Es geht dabei darum, nicht zu bewerten. Das heißt, ich beobachte, ohne dass ich beurteile. Ich bleibe vollkommen neutral.
- *Handlung*: Im nächsten Schritt überlege ich auf Basis meiner Beobachtungen, was es nun zu tun oder auch zu lassen gilt. Ich agiere und handle ganz bewusst.
- *Überprüfung*: Ich überprüfe mein Handeln und betrachte das Ergebnis.

Durch diesen bewussten Wahrnehmungsprozess öffnen wir den Raum für neue Ideen und Möglichkeiten, für Kreativität. Wir steigen aus gewohnten Mustern, aus Automatismen, aus diesem „das haben wir schon immer so gemacht" aus. Je häufiger wir diesen Prozess üben, desto routinierter wenden wir ihn an: Er wird zu einem positiven Automatismus, der uns darin unterstützt, mit Stress, Druck und Herausforderungen anders umzugehen. Wir bleiben dadurch in unserer Energie, dass wir bewusst und zielgerichtet handeln oder nicht handeln. Auch ermöglicht uns die bewusste Wahrnehmung, unsere Haltung zu justieren und uns erneut an „Ich bin Frieden" auszurichten.

Richtet sich unsere Wahrnehmung dabei nach außen oder nach innen?

Die Antwort lautet: sowohl als auch. Wir sind es gewohnt, mit unserer Wahrnehmung im Außen zu sein, zu scannen und zu überprüfen, was gebraucht wird. Den Blick nach innen vergessen wir oft. Doch gerade dieser unterscheidet, ob es uns gelingt, in unserer Haltung „Ich bin Frieden" zu bleiben. Fragen für den Blick nach innen können sein:

- Wie geht es mir?
- Wie fühlt sich mein Körper gerade an? Nehme ich Verspannungen wahr?
- Welche Emotionen und Gefühle nehme ich wahr?
- Wo sind meine Gedanken?
- Wie ist meine Energie?

Damit ermöglichen wir uns, bei uns anzukommen, einzuchecken und in die Wahrnehmung zu gehen. Wir bleiben frei von Bewertungen. Wir beobachten und entscheiden auf dieser Basis, was wir denken und fühlen und wie wir sein wollen. Nun liest sich der Wahrnehmungsprozess so leicht und doch ist es anspruchsvoll, ihn in stürmischen Zeiten aktiv zur Anwendung zu bringen. Zum Einstieg arbeite ich gerne mit der „Minute der Gegenwärtigkeit". Eine Übung, die bei meinen Klient:innen sehr geschätzt wird.

 **Minute der Gegenwärtigkeit:**

Erlaube dir ganz bewusst, im Jetzt und Hier zu sein. Nimm dir eine Minute Zeit, in der du dich nur auf deinen Atem konzentrierst, nicht mehr und nicht weniger. Kommen dir dabei Gedanken, nimm sie wahr, lass sie wieder ziehen und fokussiere dich wieder auf deinen Atem. Spürst du deinen Körper? Schmerzt er? Nimm auch dies einfach nur wahr und dann fokussiere dich wieder auf deinen Atem.

Diese kleinen Momente ermöglichen es uns, für einen Augenblick zur Ruhe zu kommen, uns zu erden, neue Energie und Kraft zu tanken. Die „Minute der Gegenwärtigkeit" eröffnet den Einstieg in den bewussten Wahrnehmungsprozess. Es ist unser persönliches STOPP-Schild, das uns innehalten lässt.

Tipp: Wie du die „Minute der Gegenwärtigkeit" zu einer gewohnten Routine machst:

• Erinnerung per Handy: 3 x am Tag, Kalendereintrag „Minute der Gegenwärtigkeit"
• Erinnerung per Post-it: an den Computerbildschirm im Büro; an Orte zu Hause, an denen du häufig vorbeikommst (z. B. Wohnungstür, Badezimmerspiegel)

2) Starkes Mindset

Im vorherigen Abschnitt haben wir die Grundlagen gelegt. Wir haben unser „Ich bin Frieden" definiert. Mit einem starken Mindset gelingt es uns, dies in den Alltag zu integrieren, es zu unserer DNA werden zu lassen und uns insbesondere in anspruchsvollen Phasen selbst zu führen. Das ist geistige Disziplin, die wir uns zu eigen machen und die Self-Leadership per Exzellenz ermöglicht.

Im Laufe unseres Lebens sammeln wir als soziale Wesen unterschiedlichste Erfahrungen: Wir werden in ein System hineingeboren, in dem wir lernen zu leben. Da wir als Baby und Kleinkind allein nicht überlebensfähig sind, entwickeln wir Strategien und Fähigkeiten, die unsere Grundbedürfnisse nach Sicherheit, Zugehörigkeit und Nahrung decken. Daraus entstehen Verhaltensmuster, Glaubenssätze und Antreiber[5], die in dieser Lebensphase absolut sinnvoll sind. Als Erwachsene dürfen wir uns jedoch die Frage erlauben, inwieweit sie uns jetzt noch dienlich sind. Diese in der Kindheit erlernten Mechanismen sind so tief in uns verankert, dass sie insbesondere unter Stress, in Krisensituationen und bei Herausforderungen, ganz automatisiert ablaufen. Muster, die mitunter hinderlich sind.

In diesem Kontext erinnere ich mich gut an Situationen aus meiner anfänglichen Zeit als Führungskraft, in der sich folgender Glaubenssatz geprägt hat: *„Du musst stets wachsam sein, ob dein freundlicher Kollege dir nicht doch in den Rücken fällt. Entweder du spielst das Spiel mit oder du überlebst nicht."* Worte, die mir als junge Führungskraft mehrfach eingetrichtert wurden und sich tief in meinem Unterbewusstsein verankert hatten. In

---

[5] Kahler und Capers (1974) weisen auf fünf grundlegende elterliche Forderungen in unserer Leistungsgesellschaft hin, die sie als **„Antreiber"** bezeichnen: „Sei stark", „Sei perfekt", „Sei gefällig", „Streng dich an", „Beeil dich".

besonders anspruchsvollen Situationen schossen sie mir in den Kopf und prägten mein Handeln entschieden mit.

War ich in diesen Momenten mit einer Haltung „Ich bin Frieden" unterwegs? Keineswegs. Mein Verhalten irritierte mich, da es nicht meinen Werten entsprach. So begann ich, inspiriert durch andere Führungskräfte, mir meiner Glaubenssätze bewusst zu werden und sie abzuwählen. Tauchen sie unter großer Anspannung dennoch wieder auf, so schiebe ich sie liebevoll beiseite und nehme ganz bewusst die Haltung „Ich bin Frieden" ein.

In der Begleitung von Führungskräften blicken wir nicht selten auf derart fordernde Situationen, in denen die geübte Haltung von „Ich bin Frieden" abhandenzukommen scheint. Meine Klient:innen beschreiben, wie sie bewusst oder auch unbewusst getriggert werden und erst im Nachhinein merken, dass sie alles andere als friedvoll waren. Sie fühlen sich vielmehr im Angriffs- oder Verteidigungsmodus. Ärgern sie sich darüber, zweifeln sie an sich oder verurteilen sie sich gar? Teilweise. Doch genau das ist nicht nötig. Denn, sind wir auch noch so sehr in Wahrnehmung und Mindset geschult, so sind wir weiterhin Menschen mit Fehlern und Emotionen – positiven wie negativen. Die Kunst liegt darin, diese Momente wahrzunehmen, sie zu akzeptieren und zu reflektieren sowie bewusst zu wählen, ab sofort anders damit umgehen. Das ist geistige Disziplin und stärkt unser Mindset.

„Ich bin Frieden" steht für eine große Verbundenheit mit uns selbst. Wir sind geerdet, in unserer Mitte, uns unseres Selbst sicher – unabhängig vom Außen. Zugleich erfordert die Haltung Mut, Stärke und Verlässlichkeit. Ein starkes Mindset unterstützt uns auch dahingehend, uns frei von Bewertungen, Erwartungen und Anerkennung durch andere zu machen. So gelingt es uns, die Haltung „Ich bin Frieden" in jedem Moment einzunehmen. Wir öffnen den Raum für andere und schaffen einen Nährboden für Respekt, Vertrauen und Wertschätzung. Gerne möchte ich in diesem Zusammenhang einen Blick auf den Aspekt „jeder hat seine eigene Wirklichkeit" werfen.

Nicht selten erlebe ich zu Beginn eines gemeinsames Coaching-Prozesses, wie sehr Klient:innen ihren Führungsansatz darauf konzentrieren, Meinungen und Ansichten anderer zu verändern und sie von etwas zu überzeugen. Ein gängiger Ansatz, der allerdings selten das gewünschte Ergebnis erzielt. Werden wir uns allerdings bewusst, dass wir alle aufgrund persönlicher Erfahrungen und unserer Herkunftsfamilie durch unsere ganz eigene Wahrnehmungsbrille blicken, so gelingt es uns, eine Haltung von „ich bin okay – du bist okay" einzunehmen. Wir öffnen den Raum für ein Miteinander auf Augenhöhe, geprägt von Zutrauen, Akzeptanz und Eigenverantwortung. Wir entwickeln ein neues Bewusstsein, wie wir andere Menschen sehen und ihnen begegnen. Auch das ist ein wesentlicher Teil eines starken Mindsets: Menschen zu respektieren und zu akzeptieren. Neugierig und interessiert an ihnen zu sein, sie zu verstehen, ohne sie zu bewerten. Und zu überlegen, wie wir sie als Führungskraft dabei unterstützen können, sich zu entwickeln, um mit ihren Fähigkeiten und Talenten ein wertvoller Beitrag im Unternehmen zu sein.

 ## „Umarme deinen ärgsten Feind"

In der Arbeit mit meinen Klient:innen greife ich gerne auf diese Übung zurück. Die Aufgabe liegt darin, einen Tag lang einer ausgewählten Person (Kolleg:in, Mitarbeiter:in oder Vorgesetzte:r) voller Neugier und Interesse zu begegnen und ihr gegenüber eine positive Haltung einzunehmen, wie auch immer sich die-/derjenige verhält. Leitfragen können dabei wertvoll unterstützen:

- *Was bewegt sie wohl, derart wütend zu reagieren?*
- *Welche persönlichen Erfahrungen fließen dabei mit ein?*
- *Welche Umstände beschäftigen sie/ihn außerhalb der Arbeit?*

Es ist immer wieder faszinierend zu erleben, welchen positiven Einfluss diese Übung auf das Miteinander hat. Gerne möchte ich ein Beispiel aus der Begleitung einer Führungskraft aufgreifen: Über viele Jahre hatte mein Klient einen äußerst cholerischen Kollegen. Für den Unternehmenserfolg war eine gute Zusammenarbeit ihrer beiden Abteilungen unerlässlich – mit unmittelbaren Auswirkungen auf die Kund:innen im täglichen Business. Das Miteinander der beiden Führungskräfte war wenig friedvoll. Vielmehr herrschte eine taktierende Kriegsatmosphäre. Nicht nur für das Geschäft, sondern auch für die Mitarbeiter:innen war dieser Zustand unerträglich. Meinen Klienten beschäftigte diese Situation sehr. Er spürte, wie die Situation körperlich an ihm zehrte. Doch ein Jobwechsel stand für ihn außer Frage, da er in großer Verbundenheit mit dem Unternehmen war. Da schlug ich ihm die Übung „Umarme deinen ärgsten Feind" vor. Kostete es ihn im ersten Moment Überwindung, so war er am Ende regelrecht fasziniert über die spürbar positiven Auswirkungen. Die Zusammenarbeit verbesserte sich merklich, was nicht nur an den Ergebnissen, sondern insbesondere an der Zufriedenheit der Mitarbeitenden zu erkennen war.

Wertvolle Aspekte zur Stärkung des Mindsets sind:

- Glaubenssätze identifizieren und abwählen
- In der Übersteigerung ausgeprägte Antreiber erkennen und Erlauber definieren
- Übung „Umarme deinen ärgsten Feind"
- Bewusstes Gedankenmanagement6
- Sich weitestgehend unabhängig von Anerkennungen im Außen zu machen, sie vielmehr als Geschenk zu sehen und dadurch den Selbstwert zu stärken

3) Persönlichkeit in Balance

Ein weiterer unterstützender Faktor für „Ich bin Frieden" ist die innere Balance. Insbesondere Persönlichkeiten in anspruchsvollen Führungspositionen mit großer Verantwortung vernachlässigen diesen Aspekt nicht selten: Sie richten ihre maximale Aufmerksamkeit

---

6 Gedankenmanagement impliziert, eigene Gedanken bewusst wahrzunehmen und sie aktiv zu steuern, auch als Unterstützung für die Haltung „Ich bin Frieden" (siehe dazu auch: „Jeder Augenblick kann dein Lehrer sein: Achtsamkeit für den Alltag", Jon Kabat-Zinn).

nach außen, mit dem Ziel, größtmöglicher Beitrag für das Business und das eigene Umfeld zu sein. Persönliche Bedürfnisse werden zurückgestellt und auf spätere Zeitpunkte verschoben. Typische Aussagen sind:

- „Ich bin stark und gewohnt, mit Stress umzugehen."
- „Ich komme mit wenig Schlaf aus und nutze das Wochenende, um wieder aufzutanken."

Ich selbst war viele Jahre ebenso konditioniert. Überzeugt davon, ohne eine innere Balance auszukommen. Inzwischen habe ich eine andere Haltung entwickelt und erlebe nicht nur bei mir, sondern auch bei zahlreichen Führungskräften, was für einen entscheidenden Einfluss die innere Balance auf unseren Job, unser Umfeld und Leben hat.

 **Werteübung**

Der Blick auf die eigenen Werte und den persönlichen Umgang damit, sind ein entscheidender Faktor, wenn wir uns näher mit der inneren Balance beschäftigen wollen. Es gilt, sich der fünf wichtigsten Werte bewusstzuwerden. Werte, die auf die Haltung „Ich bin Frieden" einzahlen und als wichtige Orientierungsleitlinien im Führungsalltag dienen. Werden Werte hingegen vernachlässigt oder gar ignoriert, so ist dies ein erster Indikator für ein Gefühl von „nicht ganz in unserer Balance" zu sein. Eine tägliche Reflexion darüber stärkt unsere bewusste Wahrnehmung dessen und unterstützt uns zusätzlich in unserer Kraft zu bleiben.

Zur weiteren Orientierung möchte ich einen Überblick über Aussagen geben, die wir mit „in Balance sein" verbinden können:

- Ich bin ausgeglichen und entspannt.
- Ich meistere anspruchsvolle Situationen mit Gelassenheit, kraftvoll und klar.
- Ich bin nur dann mit Vollgas unterwegs, wenn es wirklich erforderlich ist.
- Ich kenne und aktiviere meine persönliche Energiequelle, um meinen inneren Tank jederzeit aufzufüllen.
- Ein erholsamer und tiefer Schlaf ist Standard – Unruhe und Schlaflosigkeit nur bei besonderen Ereignissen.
- Ich lebe eine gute Balance zwischen Job und Freizeit – es dürfen trotzdem auch mal mehr als 100 % im Job sein.
- Stress ist für mich eine äußere Situation, die ich innerlich kreativ und gelassen meistere.
- „Nein" sage ich ganz selbstverständlich und mit gutem Gewissen – falls erforderlich.
- Körperliche Symptome, wie Kopfschmerzen, Druckgefühl oder kaputt und ausgelaugt zu sein, gehören der Vergangenheit an – ich nehme sie rechtzeitig wahr und weiß, wie ich gegensteuern kann.
- Mein Geist ist wach, voller Neugier, Kreativität und Leidenschaft.
- Ich bin voller Power, Selbstvertrauen und fühle mich rundherum zufrieden.
- Ich habe ein starkes Bewusstsein, nehme meine Gefühle und daraus resultierende Bedürfnisse deutlich wahr und orientiere mich an ihnen, was mich

authentisch handeln und sein lässt.

- Ich bin mir meiner Werte bewusst und berücksichtige sie in meinem Tun.
- Ich habe Routinen verinnerlicht, wie ich auch in anstrengenden Phasen gut für mich sorgen kann und zugleich meinen Job mit Durchhaltevermögen und Stärke erfolgreich meistere.

Eine bewusste Wahrnehmung und ein hohes Maß an Selbstfürsorge sind entscheidende Elemente, um in innere Balance zu kommen und sie zu halten. Selbstwert, Selbstbewusstsein und Selbststeuerung spielen dabei eine große Rolle. Nur wenn wir uns unseres eigenen Wertes bewusstwerden und bereit sind, etwas dafür zu tun, gelingt es uns, innere Balance zu erreichen. Häufig erlebe ich es, dass Führungskräfte wahrnehmen, nicht in ihrer Balance zu sein, und dennoch nicht den Mut und die Verbindlichkeit sich selbst gegenüber haben, erste Schritte zu gehen. *Doch wie willst du an einem Marathon teilnehmen, wenn du nicht bereit bist, dafür zu trainieren?* Genauso verhält es sich mit der inneren Balance.

Es geht nicht darum, radikal Gewohnheiten zu verändern und bspw. stundenlang zu meditieren, was gerne als Argument gebracht wird. Vielmehr bedarf es der eigenen Erlaubnis, sich selbst wichtig zu nehmen und sich in den Mittelpunkt zu stellen – was keineswegs mit Egoismus gleichzusetzen ist. Folgendes kann uns dabei unterstützen loszugehen:

- Bereitschaft, dich mit dir selbst zu beschäftigen: Werde dir klar darüber, was du wirklich willst. Wer und wie willst du sein? Was ist dir im Leben wichtig?

Was bist du bereit, dafür zu tun?

- Plane regelmäßig Zeit für dich selbst ein
- Bewusst im Hier und Jetzt sein
- Gezieltes Gedankenmanagement
- Stärkung der persönlichen Energiequelle: Identifiziere energiegebende Situationen und Aktivitäten, vermeide Energieräuber
- Bewusster Umgang mit Emotionen und Stärkung des Mitgefühls

Abschließende Impulse als Beitrag für wirksame und friedvolle Führung

Blicken wir noch einmal auf die zu Beginn skizzierten vier Führungstypen: **Dominate Krieger:innen, Mitläufer:innen, Deserteur:innen und Friedensvermittler:innen.**

Jede dieser Art von Führungskräften verfügt über Stärken, die einen wertvollen Beitrag zum Unternehmenserfolg und ein wertschätzendes Miteinander leisten können. Mit einer bewussten Haltung von „Ich bin Frieden" gelingt es, die Stärken weiter auszubauen und zusammen ein inspirierendes, kreatives und pulsierendes Umfeld zu schaffen, das Mitarbeiter:innen motiviert, über sich hinauszuwachsen. Ausgangspunkt kann die Definition gemeinsamer Werte sein, die auf die Haltung „Ich bin Frieden" einzahlen, sowie eine bewusste Stärkung der Wahrnehmung. Aus meiner Erfahrung trägt insbesondere die Übung „Minute der Gegenwärtigkeit" dazu bei, einen gemeinsamen Erlebnisraum zu schaffen, an den sich weitere Schritte anschließen können.

Wir haben folgende drei Schlüsselfaktoren für die Haltung „Ich bin Frieden" näher beleuchtet: **bewusste Wahrnehmung, starkes Mindset, Persönlichkeit in Balance**. Faktoren, die auch im Kontext exzellenter Führung unterstützen.

Dies ist insbesondere in einer von Veränderungen, Unsicherheiten und Krisen geprägten Zeit wichtiger denn je. Denn Führungskräfte werden zu Leitfiguren und geben ein hohes Maß an Orientierung, Halt und Ausrichtung – ein wertvoller Beitrag für Vertrauen, gegenseitigem Respekt und Eigenverantwortung im Unternehmen. Neben einer wirksamen und authentischen Führung im Außen, trägt auch eine bewusste innere Führung maßgeblich dazu bei:

- Nimm dir bewusst Zeit, dich täglich selbst zu führen.
- Setze dir eine Intention für den Tag, verbunden mit der Frage, worauf du heute den Fokus legen möchtest.
- Übe bewusste Wahrnehmung im Außen und im Innen.
- Du allein entscheidest, mit welcher Haltung du unterwegs sein möchtest. Wie viel Erlaubnis möchtest du dir für „Ich bin Frieden" geben? Welcher Beitrag und welche Inspiration möchtest du dabei sein?
- Du allein bist verantwortlich für deine Gedanken, Emotionen, Gefühle.
- Was tust du für „Ich bin Frieden", um in guter Balance zwischen innen und außen zu sein? Was stärkt dich und lässt dich in deiner Energie bleiben?

„Ich bin Frieden" ist eine Haltung, die kraftvoll, klar und verlässlich ist. Sie ist Beitrag für ein friedvolles Miteinander, für Erfolg und Wachstum, für Exzellenz in der Führung, für dich persönlich, dein Umfeld und für die Welt. Möchtest du mehr darüber erfahren? Starte deinen Weg mit kleinen Vertiefungsübungen, die du unter folgendem Link finden kannst:

https://ichbinfrieden.de/lippert

Deine Carla Lippert

Eine Odyssee zu friedlicher Co-Kreation

Sören Voit

Schlüsselerlebnis mit unerwarteter Wirkung

Ein intensives Erlebnis, auf das ich völlig unvorbereitet war, hatte auf mich eine beeindruckende und dem Ereignis selbst völlig entgegengesetzte Wirkung! In der Vorweihnachtszeit 2021 stürzte mein 94-jähriger Vater im eigenen Haus und musste ins Krankenhaus eingeliefert werden. Der dort obligatorische Corona-test war überraschenderweise positiv! Mein Vater kam in eine der berüchtigten Isolierstationen. Nachdem mein Bruder meine Mutter 2 Tage lang betreut hatte, verließ er sie in entsprechend den Umständen guter Verfassung. 1½ Tage später erreichten mich Notrufe der Haushälterin meiner Eltern und von Nachbarn, dass es meiner Mutter zunehmend schlechter ging. Ich fuhr unmittelbar die 170 Kilometer zu ihr und fand sie in völlig desolatem Zustand vor. Wie sich nachträglich herausstellte, kann der unsägliche Virus bei alten Menschen spontane Demenz verursachen, das wusste ich aber zu diesem Zeitpunkt noch nicht. Meine

Mutter war spontan pflegebedürftig geworden. Für mich begannen die intensivsten 24 Stunden meines Lebens! Nach einer für mich schlaflosen Nacht rief ich die Hausärztin. Der Schnelltest zeigte bei meiner Mutter ebenfalls ein positives Ergebnis. Daraufhin verließ uns die Ärztin fluchtartig mit dem Hinweis auf das überlastete Gesundheitssystem und der Aufforderung an mich, ich solle mich kümmern. Unfassbar! Ich kann mich nicht erinnern, mir jemals so hilflos vorgekommen zu sein wie in diesem Moment. Meine Nichte, die als Krankenschwester auf einer Covid-Station arbeitet, erwies sich als rettender Engel, beurteilte das Verhalten der Ärztin als absolut unangemessen und erteilte meinem Bruder und mir sozusagen die Absolution, meine Mutter ebenfalls holen zu lassen. Mich zerriss es innerlich förmlich bei diesem Gedanken. Ich hatte das Gefühl, meine Mutter im Stich zu lassen. – Um 22 Uhr sah ich dem Notarztwagen hinterher, der meine Mutter in die gleiche Klinik, in die gleiche Abteilung einlieferte, in der mein Vater vormittags an Herzversagen gestorben war.

Nach einer erneut äußerst kurzen Schlafphase wachte ich in beinahe meditativem Zustand auf. Es hatte geschneit, draußen herrschte eine heilsam gedämpfte Stimmung. Ich zog mich warm an, räumte vor dem Haus Schnee und ging knapp 2 Stunden in der Winterlandschaft spazieren. Das Haus meiner Eltern liegt am Rande der Siedlung. Felder und Wald hatten eine sehr heilsame Wirkung auf mich. Trotz des Bewusstseins, jetzt mit Sicherheit 2 Wochen im Hause meiner Eltern in Quarantäne isoliert verbringen zu müssen – ich war dann selbst noch sehr krank – befand ich mich in einer emotional äußerst gelassenen und völlig präsenten Verfassung. Ich fühlte mich eins mit der Landschaft. Wir hatten mithilfe meiner Nichte alles richtig gemacht. Das Gefühl von Kohärenz, Demut und Dankbarkeit war überwältigend. Ich beobachtete mich selbst im Zustand des absoluten inneren Friedens!

War dazu das extreme Erlebnis vorher notwendig? Ist es möglich, diesen Zustand unabhängig von äußeren Einflüssen aus eigenem Willen zu erreichen?

Woher wir kommen

Die Berichte und Bilder aus der Ukraine gleichen erschreckend denen, die mein Vater in seinen Memoiren beschrieben hat, den Erzählungen meiner Eltern aus und nach dem 2. Weltkrieg. Ich gehöre der Generation an, die Sabine Bode als die „Kriegsenkel" definiert hat.[1] Also der Generation, die in besonderem Maße die seelische Vergangenheitsbewältigung der Kriegserlebnisse ihrer Eltern übernommen hat. An der Decke meines Kinder-, später Jugendzimmers und dann meiner Studentenbude hingen Militärflugzeuge aus dem 2. Weltkrieg im Maßstab 1:72. Sehr martialisch. Die Generation meiner Eltern hatte nämlich keine Zeit und Chance für die Aufarbeitung, während sie die Trümmer in Deutschland mit ihren Fähigkeiten und Überlebensstrategien wieder in blühende Landschaften verwandelten. Mein Vater

---

[1] Bode, S. (2004), Die vergessene Generation, Stuttgart, Klett-Cotta

wurde im Jahr 1927 geboren. Das Jahr, in dem Charles Lindberg mit dem ersten Solo-Flug über den Atlantik ein neues Zeitalter einleitete. Die Jugend meines Vaters hatte den für diese Jahrgänge typischen Ablauf im Dritten Reich: Er war 12, als Hitler in Polen einmarschieren ließ, war wie alle eingebunden in der Hitlerjugend, absolvierte den „Reichsarbeitsdienst"[2], stand mit 16 in Leuna bei Merseburg an der Flak[3] und musste nachts auf britische Bomber schießen. Er erlebte das Kriegsende als 18-Jähriger. Diese Erfahrungen sind für Gleichaltrige der Gegenwart völlig unvorstellbar! Mein Vater erzählte, dass er im Frankfurt am Main 1948 nachts nach dem Besuch meiner Mutter dreieinhalb Stunden durch die Stadt gelaufen ist – ausschließlich durch eine Trümmerlandschaft! Meine Mutter war zu diesem Zeitpunkt 18 Jahre alt und damit nach damaligem Recht noch minderjährig. Meine Eltern waren damals der Überzeugung: „Das wird nie mehr!"

Mariupol gleicht gegenwärtig, nachdem die russische Armee die Stadt in Schutt und Asche gelegt hat, unfassbar dem Frankfurt der Nachkriegszeit. Haben wir in nun 77 Jahren Frieden und Konjunktur seit Ende des 2. Weltkrieges nichts gelernt? Sind wir immer noch geopolitischen Machtinteressen hilflos ausgeliefert? Warum hat der Despot im Kreml, wie alle Despoten vor ihm, die Möglichkeit, mit seinem Egoshooting das Leben von Millionen von Menschen zu bedrohen und zu zerstören? Und müssen wir den Machtinteressen unserer

---

[2] Reichsarbeitsdienst
[3] Flugabwehrkanone

Freunde jenseits des Atlantiks zwingend gehorchen? Divide et impera[4] – andere gegeneinander aufhetzen, um selbst zu profitieren – beherrschen sie, wie die Römer vor 2000 Jahren, perfekt. Sie haben Öl und Flugzeugmotoren im 2. Weltkrieg bis 1943 an die Nazis geliefert.

Warum taumelt die Menschheit trotzdem immer wieder so massiv in die gleichen Fallen?

Und welche Konsequenzen hat das alles für mich, für dich, für jeden Einzelnen, der die Gnade hat, sich in Freiheit zu reflektieren?

Sind wir diesen Prozessen hilflos ausgeliefert oder kann jeder Einzelne Macht über sein Schicksal erlangen, selbstbestimmt und mit dem Gefühl der Selbstwirksamkeit in einem friedvollen Zustand einen befriedigenden Beitrag im großen Spiel leisten?

Perspektivwechsel

Welcher Perspektivwechsel ist notwendig, um leidenschaftlich für eine gemeinsame Mission ins friedfertige Tun zu kommen, bevor die menschengemachten Katastrophen unbeherrschbar werden? Müssen wir für die Lösung vielleicht nur einzelne Puzzlesteine, schon vorhandene Wissensteile miteinander verbinden?

• Sind wir fähig, uns darauf zu einigen, Entscheidungen möglichst im Sinne aller Beteiligten und nachhaltig zu treffen? Das ist ein urchristlicher Ansatz! „Liebe deinen Nächsten, wie dich selbst", die Aufforderung

---

[4] Teile und herrsche

kennt in unserer Kultur jeder. Wir scheinen sie mit unserer Haltung aber nicht zu leben. Bei den Lakota-Sioux gab es den Grundsatz, dass Neuerungen dem Stamm nach Einschätzung der Entscheider für die nächsten 7 Generationen dienen mussten. Die Absicht „im Sinne aller Beteiligten" erfasst jeden Einzelnen, die Familie, den Freundeskreis, die Stadt, in der du lebst, den Erdteil, die gesamte Welt inklusive der Natur, in der wir leben und auf die wir so dringend angewiesen sind.

- Es könnte helfen, sich zu vergegenwärtigen, dass wir alle der gleichen Menschheitsfamilie angehören, alle aus dem gleichen Stoff gemacht sind, den gleichen Ursprung haben, egal, ob religiös, naturwissenschaftlich oder spirituell betrachtet.

- Existiert das Paradies vielleicht schon? Nach der Auffassung des Physikers Markolf H. Niemz deutet die Verknüpfung von Relativitätstheorie, Religion und Berichten über Nahtoderfahrungen darauf hin, dass unser göttlicher Anteil vor dem manifesten Leben und nach dem Tod jenseits der Lichtschranke existiert.[5] Dort scheint es das zu geben, was wir Paradies nennen: Völlige Freiheit von Existenzangst, allumfassende Liebe, Allgegenwärtigkeit und Zeitlosigkeit!

- Neale Donald Walsch beschreibt eine Dichotomie, einen scheinbaren Widerspruch, nämlich, dass wir zunächst das leben, was wir nicht sind, um uns schließlich zu erinnern, was wir im Ursprung sind. Und wir könnten uns nur erfahren, das Spiel

---

[5] Niemz, M. (2007), Lucy im Licht, München, Verlagsgruppe Droemer Knaur GmbH&Co. KG

spielen, indem wir scheinbar getrennt voneinander existierten.[6]

- Kurt Tepperwein spricht vom erwachenden Bewusstsein.[7] Diese Gedanken extrapolierend können wir zu dem Ergebnis gelangen, dass wir gerade an den Stellen, an denen wir die größten Herausforderungen hatten, die größten Niederlagen erlitten haben, gerade dort besonders gut und zum/zur Expert:in werden können, wenn wir nur mutig genug sind!

- Vertreibung aus dem Paradies und Essen vom Baum der Erkenntnis scheinen mir zumindest Metaphern für den Prozess des Vergessens unserer göttlichen Herkunft, der Quelle, aus der wir stammen. Mit dem Erwachen der Ratio kauften wir uns die Gefahr der Selbstherrlichkeit ein. Aus dieser Überheblichkeit entstand in logischer Konsequenz das Gefühl des Getrennt-Seins. – Uns selbst bewusstwerdend fühlten wir plötzlich den Unterschied zwischen den Urinstinkten und dem Intellekt, verteufelten aber die tierische Komponente aus Unwissenheit. Aus diesem Gefühl entstanden Existenzangst und als Überlebensstrategien Wut, Aggression, Unterdrückung, Gewalt und Krieg.

- Ein weiterer Lösungsansatz liegt im Erkennen des Dilemmas, in dem sich die Menschheit befindet. Jeremy Griffith, australischer Biologe, kommt zu der für mich erstaunlichen Schlussfolgerung, dass „das menschliche Verhalten auf einem bewussten,

---

[6] Walsch, N. D. (1998), Gespräche mit Gott, München, Goldmann Arkana Verlag

[7] Tepperwein, K. (2008), Erwachen zum wahren Sein, München, Goldmann Arkana Verlag

Verstand-basierten, psychologisch beunruhigtem Zustand"[8] basiert und nicht auf den von Charles Darwin postulierten wilden Instinkten aggressiver Konkurrenz ums Überleben und gnadenlosem Kampf um die Fortpflanzung. Wenn ein Tier den Prozess des Bewusstwerdens durchliefe, werde das neue rationale Bewusstsein des Tieres die vorher bestehenden instinktiven Orientierungen massiv bekämpfen. Eine innere Auseinandersetzung, ja eine Schlacht entstehe zwischen dem aufkommenden bewussten Verstand und den nicht verstehenden Instinkten, die das Tier bisher beherrscht haben. Es entstehe ein „psychologisch beunruhigter, konkurrierender und aggressiver Zustand". Beim Menschwerden „mussten wir uns selbst verlieren, um uns selbst zu finden, mussten verteidigend, wütend, entfremdet und egozentrisch werden, bis wir genügend Wissen gesammelt hatten, um uns selbst zu erklären". Da wir inzwischen uns und unsere Instinkte erklären können, sei das verteidigende Verhalten nicht mehr notwendig, wir könnten uns rehabilitieren. Mit der Instinkt-gegen-Intellekt-Erkenntnis wird plötzlich alles ganz einfach! Der paradiesische Zustand „kooperativer, selbstloser und liebend unschuldiger Sanftmut" liegt uns Menschen demnach evolutionär in den Genen. Wir müssten dieses Gefühl nur wieder in uns wachrufen!

---

[8] Jeremy Griffith (2016). Freedom: The End of The Human Condition, Transkript
https://www.humancondition.com/de/das-interview/

Fremdbestimmt?

Wer oder was entscheidet, ob du dich friedlich verhältst und ob du Frieden in dir fühlst?

Die Nachrichtenlage?	Seitdem die Menschen größere Machtstrukturen bildeten, gab es auf der Welt immer irgendwo Krieg!
Naturgewalten?	Sind trotz aller inzwischen verfügbaren Rechenleistung nur unscharf vorhersehbar!
Dicke Luft in der Familie, im Freundeskreis?	Lässt du dich davon anstecken?
Ein cholerischer, narzisstischer Chef?	Warum bist du gerade an den geraten?
Krankheit?	Bist du gut mit dir umgegangen oder hast du dich vernachlässigt?
Existenzangst?	Hast du gut für dich gesorgt?

Mit der Kenntnis über das Gesetz der Anziehung entstehen Fragen:

- Mit wem oder was bist du im Widerstand und
- warum gehst du mit diesen Themen in Resonanz?

249

- Hat das Ganze nicht hauptsächlich mit dir selbst zu tun?
- Was möchte in dir geheilt werden?

Und dann stellt sich die Frage: Was macht überhaupt Frieden aus?

Auf jeden Fall existieren unterschiedliche Dimensionen für die Abwesenheit von Krieg. Die im großen Maßstab, die gesamte Welt umspannende betrifft die Gemeinschaft in Gänze. In dieser Dimension fühlen wir uns eher machtlos. Mir scheint die Betrachtung des mentalen Zustands jedes Einzelnen die entscheidende zu sein, denn den eigenen Zustand kann jeder unmittelbar beeinflussen und so auf seine Umgebung ausstrahlen. Die anfänglich einzige Aufgabe jedes Einzelnen ist, Frieden in sich selbst zu erzeugen, in sich selbst Kohärenz zwischen Instinkt und Verstand herzustellen. Dadurch entsteht umfassendes Wohlergehen in allen Lebensbereichen, Leben in gesunden, lebensfördernden Verhältnissen und damit Frieden!

Kooperation versus Konkurrenz

Yuval Harari beschreibt, dass Menschen dreihunderttausend Jahre Steinzeit nur überlebt haben, weil sie kooperierende Wesen sind.[9] Mammutjagd und Bedrohungen durch Säbelzahntiger haben wir durch Zusammenarbeit und Arbeitsteilung bewältigt. Jeder hatte seinen Platz im Stamm! Wir nahmen die Chance

---

[9] Harari, Y. N. (2011), Eine kurze Geschichte der Menschheit, München, dva

durch Vielfalt und unterschiedliche Fähigkeiten zum Fortbestand des Stammes wahr.

Wir sind sozialisiert in Stammesgröße. Das ist in der Gegenwart noch am Einflussbereich der großen Fußballvereine zu erkennen. Die Kooperationsfähigkeit beschränkte sich aber nicht nur auf die Stammesgemeinschaft, sondern zeigte sich auch im Verhältnis zur Natur. Nach den Überlieferungen der nordamerikanischen Indianer,[10] der Tschuktschen in Sibirien, der Aborigines in Australien und indigener Völker in Mittel- und Südamerika lebten Menschen traditionell mit ein paar wenigen Ausnahmen im Einklang mit der Natur, um die eigene Versorgung zu gewährleisten.

Marlo Morgan macht bei ihrer Reise mit Aborigines den Vorschlag, ein Wettrennen abzuhalten. Die sie begleitende Gruppe lehnt den Vorschlag nach Beratung mit der Begründung ab, dass so ja nur ein Einzelner gewänne, es müssten alle zusammen gewinnen können.[11] Die Aborigines haben obendrein die Überzeugung, dass wir uns unsere Realität erträumen und die echte Wirklichkeit auf „der anderen Seite" liegt. Das erinnert sehr an das Platonische Höhlengleichnis.[12] Hier gilt die Schlussfolgerung: Wir erschaffen uns selbst mit unseren Gedanken unsere Realität. Darauf komme ich später noch zu sprechen.

---

[10] Archie Fire Lame Deer, Erdoes, R. (1992), Medizinmann der Sioux, München, Leipzig, List Verlag
[11] Morgan, M. (1990), Traumfänger, München, Goldmann Verlag
[12] https://de.wikipedia.org/wiki/H%C3%B6hlengleichnis

Eine weitere einleuchtende Erklärung für unsere unnatürlich unfriedliche Mentalität bietet eine „Terra X"-Sendung".[13] Erst durch die Sesshaftwerdung des Menschen, die Neolithische Revolution, war die Voraussetzung für Machtstrukturen mit den oben genannten Auswirkungen geschaffen. Mammutjagd funktioniert nur durch Kooperation. Erst der Erbauer von Zäunen und Burgen ist in der Lage, Macht auszuüben.

Wenn ein Stamm in eine Notlage geriet, zum Beispiel durch Naturereignisse, und harte Maßnahmen getroffen werden mussten, war ein Entscheidungsträger notwendig, der – weniger empathisch veranlagt – eventuell einige Mitglieder opfern konnte, um das Überleben des restlichen Anteils zu gewährleisten. Wie sich ein solcher notwendigerweise psychopathischer Anführer fühlt, beschreibt Kevin Dutton vom Magdalen College der Oxfort-Universität.[14] Er entdeckte das Empathie-Zentrum im Gehirn, setzte seines experimentell mit einem elektromagnetischen Feld außer Kraft und erschrak im Nachhinein über seine spontan einsetzende Skrupellosigkeit, Hybris und Empathielosigkeit. Das Getrennt-Sein führt hier zu einem Gefühl der Überlegenheit. In diesem Zustand lassen sich Krisen hervorragend meistern.

Unser gegenwärtiges weltweites Wirtschaftssystem befindet sich permanent in Konkurrenz, Wettbewerb,

---

[13] Terra X, Unterdrückte Frauen – der Aufstieg des Patriarchats
https://www.youtube.com/watch?v=bTlA7wOBdmU
[14] Dutton, K. (2013), Psychopathen: Was man von Heiligen, Anwälten und Serienmördern lernen kann!, München, dtv

Verdrängung und Krisen, also einem andauernden „Kriegszustand", und bevorzugt deshalb psychopathische Wirtschaftsführer. Solange wir die Weltmeere vermüllen, die Natur zerstören, von der wir abhängen, Demagogen und Psychopathen Kriege vom Zaun brechen und dabei willkürlich Millionen von Menschen schädigen oder sogar opfern, ist nur zu deutlich, dass dieser Zustand noch nicht überwunden ist. Mit Demagogen als schlechten Vorbildern haben wir die Fähigkeit des konstruktiven Diskurses während der Corona-Krise verloren. Die Gesellschaft ist gespalten und große Teile verängstigt. Angstgetriebene Menschen sind gut manipulierbar. Auch das hat traditionell Methode. – Es wird Zeit, dass wir Veränderungen vornehmen!

Lösungen, um Frieden zu erzeugen

Lösungsansätze gibt es schon lange. Das Neue Testament ist voll davon. Eine Grundaussage des Buddhismus ist, dass das Gefühl der Trennung alles Leid verursacht. Das Gefühl der Verbundenheit beendet alles Leid!

Vom englischen Mystiker John Donne aus dem 17. Jahrhundert stammt ein Gedicht, das Ernest Hemingway als Romantitel diente:

> Kein Mensch ist eine Insel, allein vollständig:
> jeder Mensch ist ein Stück des Kontinents, ein Teil des Festlandes.
> Wenn eine Scholle ins Meer gespült wird, ist Europa darum kleiner, genauso als wenn's ein Vorgebirge wäre,
> genau so, wenn es ein Landgut deiner Freunde

oder dein eigenes wäre.

Jedes Menschen Tod ist mein Verlust, weil ich einbezogen bin in die Menschheit; und darum versuche niemals zu erfahren, wem die Stunde schlägt; sie schlägt dir."

Um, anstatt Streit zu erzeugen, konstruktive Diskurse zu ermöglichen, hilft der Wechsel von einer Position zu echtem Interesse. Einem Menschenfreund fällt das von Natur aus nicht schwer. Eine Position muss verteidigt und durchgesetzt werden, polarisiert also. Interesse am Gegenüber, das kann auch eine Gruppe sein, bedeutet, sich auszutauschen, Bedürfnisse abzugleichen, die Werte des anderen kennenzulernen und Kompromisse zu finden. Wenn du aus echtem Interesse Fragen stellst, um zu verstehen, eröffnest du die Chance, dass auf befriedigende, kreative Art Lösungen für alle Beteiligten entstehen.

In der Physik der Quantenmechanik wird von verschränkten Teilchen gesprochen, die sich trotz großer Entfernung ohne Zeitverzögerung (überlichtschnell) identisch verhalten. Die Schlussfolgerung daraus: Alles im Universum ist über ein Feld miteinander verbunden, ja wir sind das Feld – in unterschiedlicher Ausprägung, aber alle miteinander verbunden. Zu diesem Thema habe ich vor Jahren einer Eingebung folgend eine Zeichnung angefertigt.

Geist wird Form, eigene Grafik

Wie kann es sein, dass wir sichtbar voneinander getrennt und trotzdem verbunden sind?

Nach aller Erkenntnis ist Frieden also ein natürlicher Zustand. Alles in der Natur strebt nach energetischem Gleichgewicht, ein Synonym für Frieden. Meine Kernfrage ist: Wie können wir uns wieder an den ursprünglichen Kern unserer Existenz erinnern und auf dieser Welt ein Paradies erschaffen, in dem jede Kreatur in harmonischer Koexistenz ihren Platz einnehmen kann?

Psycholog:innen und Neurowissenschaftler:innen führen alle Gefühle auf zwei Grundgefühle zurück: Liebe und Angst!

Liebe ist das Gefühl der Verbundenheit, der Empathie, der Dankbarkeit, der Existenz als Schöpfer:in, der Selbstwirksamkeit.

Angst ist das Gefühl der Trennung, des Mangels, von Vergleich, Beurteilung und Wettbewerb, des Opfer-Seins.

Die Ursache für Unfrieden ist Angst – mit den unterschiedlichen oben beschriebenen Ausprägungen unter dem Gefühl des Getrennt-Seins.

Angst vor dem eigenen Tod

Angst vor dem ungelebten Leben

Angst vor Ausgrenzung

Außerdem erzeugt „Angst vor" die „Gier nach", also Sucht.

Die Kette von Ursache und Wirkung, die zu unserem Schicksal wird, beginnt nach Charles Read noch früher:[15]

> Achte auf deine **Gedanken**,
> denn sie werden *Worte*.
> Achte auf deine **Worte**,
> denn sie werden *Handlungen*.
> Achte auf deine **Handlungen**,
> denn sie werden *Gewohnheiten*.
> Achte auf deine **Gewohnheiten**,
> denn sie werden dein *Charakter*.
> Achte auf deinen **Charakter**,
> denn er wird dein *Schicksal*.

Wenn wir uns also unsere Realität auf diese Weise selbst schaffen, ist unsere wichtigste Aufgabe die Gedankenhygiene. Beschäftigst du dich mit Sorgen und Ängsten oder mit zukünftigen Chancen? Denkst du mehr in Problemen oder in Lösungen?

---

[15] https://de.wikipedia.org/wiki/Charles_Reade

Lösungen, Rahmenbedingungen oder Anzeichen für Frieden sind aus meiner Sicht:

- Unversehrtheit
- Gesundheit
- Sicherheit
- Gerechtigkeit
- Intakte Beziehungen
- Materielles Versorgt-Sein
- Ruhe
- Glück

Deine Position in der Gemeinschaft

Kennst du deine Position in der Gemeinschaft? Für welche Aufgabe hast du Verantwortung übernommen? Mit welchen Eigenschaften bist du auf die Welt gekommen? Was war und ist dein Plan? Welchen Sinn hat deine Existenz? Welchen Beitrag leistest du mit deinem Wirken in dieser Welt? Was trägst du dazu bei, die Welt in eine zu verändern, in der du leben möchtest? Wie bewusst planst du und eröffnest dir damit Chancen?

Glück ist kein Zufall, sondern findet statt, wenn Vorbereitung auf Gelegenheit trifft! Das alles erzeugt Frieden! Hast du ein Bild, eine Vorstellung davon, wie es sein könnte?

Meine Vision von einem paradiesischen Zustand auf dieser Erde ist, dass jeder Mensch seinen einzigartigen eigenen Platz in der Gemeinschaft gefunden hat, im Inneren geheilt ist, eine gesunde Beziehung zu sich selbst führt und dann seine überfließende positive Energie in heiterer Gelassenheit für sich ausbreitenden Frieden einsetzt.

Wir kommen aus der inneren Zerrissenheit hin zu Kohärenz und Harmonie (natürlich bevorzugter Zustand) sowie zu Liebe zu uns selbst. Damit gelangen wir in den zwar gelassenen, aber gleichzeitig ekstatischen Zustand, den die östlichen Philosophien beschreiben, in dem wir uns verbunden mit dem gesamten Universum fühlen, uns also komplett zurückerinnern. Wir schaffen ein Paradies, in dem jeder in geschützten Räumen SEIN darf. Jeder Mensch kann seine Existenz zum Nutzen der Gemeinschaft friedvoll zum Ausdruck bringen. Wir feiern das Leben zusammen mit gemeinsamen Ritualen. Wir begreifen uns als Wertegemeinschaft und führen konstruktive Diskurse – ohne Be- und Verurteilung. Wir wertschätzen neugierig Diversität als Chance und Inspiration, haben eine gemeinsame Vision von der Zukunft und eine gemeinsame Mission/Aufgabe, jenseits vom Streben nach Macht und Reichtum.

Daran hindern uns genau genommen „nur" alte Verhaltensmuster!

Nachhaltige frühkindliche Prägung

Gerald Hüther berichtet im Film „alphabet – Angst oder Liebe",[16] der massiv kritisiert, wie wir unsere Kinder mit unserem Erziehungs- und Bildungssystem regelrecht traktieren, von den Erkenntnissen einer

---

[16] Wagenhofer, E. (2013), alphabet – Angst oder Liebe, Köln, Pandora Film

Verhaltensforscherin an der Yale Universität. Sie weist nach, dass Kinder kooperierend und in Verbundenheit mit anderen auf die Welt kommen, denn sie unterstützen in einem babygerechten Spiel die Bedürftigen. Wir bzw. unsere Kultur bringen ihnen in den ersten 1 ½ Lebensjahren erst den Konkurrenzkampf bei! Dann favorisieren sie die Unterdrücker. Dies ist ein weiterer Hinweis auf unseren ursprünglichen natürlichen Zustand.

Ist unser Lebensweg also abhängig davon, wie Erziehung auf uns als Säuglinge und Kleinkinder gewirkt hat?

Um zu begreifen, woher diese von einer zur nächsten Generation übertragenen, destruktiven Verhaltensmuster stammen, beschäftigen wir uns noch einmal etwas genauer mit dem menschlichen Zustand! Ganz nüchterne, komplett der Aufklärung (cogito, ergo sum[17]) anhängende Analytiker:innen gehen davon aus, dass der Mensch nur aus Materie besteht und keine seelische Komponente besitzt. Mein Vater gehörte dazu. „Seele ist nicht bewiesen", war sein Statement. Aus meiner Sicht gibt es genügend Hinweise auf eine durch die klassische Physik nicht bewiesene Ausprägung unserer Existenz. Ich halte es an dieser Stelle mit Markolf H. Niemz.[18]

---

[17] René Descartes (1637), Philosophische Schriften, Hamburg, Felix Meiner Verlag
[18] Siehe Fußnote 6

Lebendiges Informationsfeld über Generationen

Sowohl der scheinbar aus fester Materie bestehende Körper, die im Gehirn lokalisierte Ratio als auch das Seelenfeld sind Energie. In Relativitätstheorie und Quantenphysik ist die Rede von unterschiedlichen Zustandsformen.

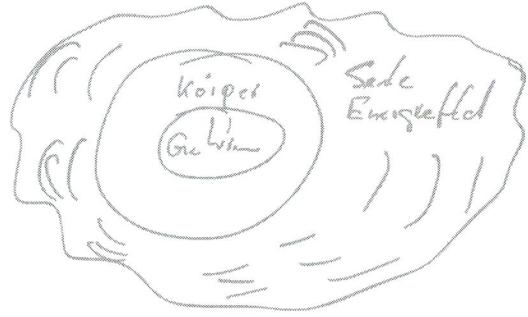

Unsere Zustandsformen, eigene Grafik

Alle 3 Ebenen sind Informationsträger. Informationen werden sowohl in jeder Körperzelle, in den Prozessen im Gehirn als auch im Energiefeld gespeichert. Uns zeigen sich die Informationen durch emotionale Zustände, die uns fördern oder aber auch blockieren können. Blockaden sind überall möglich und können unterschiedliche Ladungsstärken haben. Entscheidend ist immer die Emotion hinter einem belastenden Thema. Die Summe aller Erlebnisse und damit verbundenen Auswirkungen kann bis zu neun Generationen zurückverfolgt werden. Unsere Glaubenssätze und Ängste sind also unter Umständen bis zu 500 Jahre alt. Beängstigend!

Die Ansage in der Bibel „Dir geschehe nach deinem Glauben" erlangt unter diesen Voraussetzungen eine noch viel umfangreichere Bedeutung. Glaube und handle ich aus eigener rational geprägter Überzeugung und intrinsischer Motivation oder weil einer meiner Vorfahren ein Leben lang täglich Existenzkämpfe austragen musste? Die damaligen Umstände gelten heute mit großer Wahrscheinlichkeit nicht mehr und trotzdem könnten mich die bei meinem Urahn vorhandenen Emotionen auch jetzt noch beherrschen. Ich kannte einen Heilpraktiker, der behauptete, „Verfluchungen" bis ins siebte Glied zurückverfolgen zu können.

Sind wir also Opfer unserer Sippengeschichte?

Einen Erklärungsansatz dazu liefert die relativ junge Biologiedisziplin „Epigenetik". Seit der vollständigen Sequenzierung des menschlichen Genoms können Wissenschaftler:innen feststellen, welche Abschnitte des Erbguts aktuell freigeschaltet und aktiv sind und welche schlummern, aber auch welche Umstände im eigenen Leben und in dem der Vorfahren Aktivierung und Deaktivierung verursachen. Peter Spork[19] beschreibt dies auf sehr anschauliche Art. Wenn eine Frau mit einem Mädchen schwanger ist, beherbergt ihr Organismus ab einem gewissen Zeitpunkt DREI Generationen: sie selbst, ihre Tochter und die darauffolgende Generation in Form der für sie schon angelegten Keimzellen im Leib der Tochter. Die Mutter trägt so betrachtet eine ungeheure Verantwortung. Ereignisse wirken nicht nur

---

[19] Spork, P. (2017), Gesundheit ist kein Zufall, München, dva

auf sie selbst, sondern auch auf die nächsten zwei Generationen ein. Die Informationen über die freigeschalteten Erbgutabschnitte werden von einer zur nächsten Generation zusätzlich weitergegeben. Das gilt auch für die Väter, die so ihre (Kriegs-)Erlebnisse an die nächste Generation übertragen.

Aber wir sind nicht gezwungenermaßen Opfer der übertragenen Informationen. Spork stellt klar: Die eigene Lebensweise, Ernährung, Bewegung, Stress, harmonische Beziehungen, Meditation etc. beeinflussen die Funktion unseres Erbguts auf epigenetischer Ebene. Wir sind Opfer, aber auch Schöpfer:innen gleichermaßen. Wir haben tatsächlich die Wahl, Veränderung zu kreieren!

Wir sind also auf genetischer wie auch auf energetischer Ebene mit der Geschichte unserer Vorfahren verbunden, können aber diese Konstruktion bewusst verändern. Wir sind in der Lage, wenn wir wollen und mutig sind, unsere Gedanken, Worte, Handlungen und Gewohnheiten zu kultivieren, um das eigene Schicksal und das der Menschheitsfamilie in ein friedvolles, harmonisches zu transformieren. Wenn wir bereit sind, uns unseren Gefühlen zu stellen, sie zu beobachten und zu lernen, die positiv wirkenden in uns bewusst zu erzeugen, wird dies gelingen. Übrigens, auch Empathie ist erlernbar!

Gefühl von Frieden bewusst in sich selbst erzeugen

Nachfolgend möchte ich dir drei Zugangswege eröffnen, mit denen du einen ersten Eindruck gewinnen kannst, wie du zum/zur Schöpfer:in deiner eigenen Gefühle werden kannst:

„Beobachten":

Alte Sprüche haben immer einen Kern Wahrheit. So auch: „Bedrohung wird allein schon durch Beobachtung weniger bedrohlich!" Sorge aber dafür, dass du NUR der/die Beobachter:in bist und dich nicht mit der Angst identifizierst. Schon weicht Angst neugierigem Staunen. Das Gefühl kommt und geht auch wieder!

Werde zum/zur Beobachter:in deiner Angst, indem du dich nicht mit der Angst identifizierst, sondern als das Bewusstsein wahrnimmst, in dem Gefühle aufsteigen und wieder vergehen. Identifikation mit der Angst macht einengend dogmatisch. Vielleicht kennst du den Satz: „Glaube nicht alles, was du denkst"! Die Achtsamkeitsübung bringt erstaunliche Erkenntnisse. Du kannst ein profanes Hilfsmittel nutzen, deine Uhr! Messe die Zeit, die vergeht, bis sich die aufgestiegene Angst wieder legt. Das hört sich technokratisch an, hat aber den unmittelbaren Effekt, dass du dich selbst in den Stand des Beobachters/der Beobachterin hebst. Du wirst erstaunt feststellen, dass bis zu diesem Effekt nur ein paar Minuten vergehen. Wenn du allein bist, kannst du zur Verstärkung ein möglichst lautes, tiefes, brummendes Seufzen ausstoßen. Seufze so oft, bis du einen erleichternden Effekt spürst. Dann bekommst du richtig Lust darauf. Du übergibst die Last und … beginnst zu beobachten. Mit dieser beobachtenden Haltung nimmt das Bedürfnis nach Sicherheit (die Gier nach, s. o.) rapide ab, weil du beginnst, dich in dir selbst sicher zu fühlen, und du mit dem neuen Gefühl in Resonanz gehst.

„Sich verbinden":

Wir haben frühzeitig gelernt, uns mithilfe von emotionalen Barrieren gegenüber Übergriffen abzugrenzen, zu schützen. „Sei nicht so empfindlich! Stell dich nicht so an! Lass niemanden zu nah an dich ran!" Solche Apelle und Tabus haben uns gegen Sinneseindrücke abstumpfen lassen. Das betrifft hauptsächlich die Kriegs- und Nachkriegsgeneration, aber auch die folgenden. Gefühle zu zeigen, war verpönt. Diese scheinbare Sicherheit kaufen wir uns aber mit massiven Nebenwirkungen ein. Wir erzeugen in uns dadurch das Gefühl der Trennung. Hier beginnen Einsamkeit, Unfrieden, Angst und Aggression.

Stelle dir bildhaft vor, deine emotionalen Barrieren seien manifeste Mauern: Nichts dringt durch. Lasse diese Mauern gedanklich langsam im Boden versinken. Rings um dich herum, auch hinter dir! Bald sind sie nicht mehr sicht- und fühlbar und du beginnst, deine Umgebung deutlicher, heller und intensiver wahrzunehmen. Du fühlst Freude!

Nun beginnst du, dich mit deiner Umgebung neu zu verbinden. Du dehnst dich gedanklich aus, nicht deinen Körper, sondern dein Energiefeld.

Wie fühlt sich das an, wenn dein Bewusstsein mehr ist als dein Körper? Nimm den ganzen Raum ein, in dem du dich befindest, das Haus, die Siedlung, die Stadt ... Das kannst du in Gedanken beliebig fortführen! Wie fühlst du dich dabei? Ist das nicht überwältigend?

Das Gefühl der Verbundenheit erzeugt maximale Ausdehnung und lässt dich gleichzeitig gelassen werden!

„Frieden in dir selbst erzeugen":

Inzwischen sprechen die Neurowissenschaftler:innen von drei Gehirnen:

- dem eigentlichen im Kopf
- dem Herzen mit seinen zigtausend Neuronen-artigen Zellen
- und dem Nervengeflecht des Solarplexus, dem Sonnengeflecht

Innerer Frieden kann hergestellt werden, indem ein gemeinsamer Rhythmus von Gehirn und Herz erzeugt wird. Erfahrene Meditierende kennen diesen Zustand eines „erhöhten Bewusstseins". Das Erreichen von Kohärenz zwischen Gehirn und Herz (Ratio und Instinkt, s. o.) erzeugt mit großer Wirksamkeit inneren Frieden. Das Gefühl der Verbundenheit nimmt zu.

Lege beide Hände auf dein Herz. Atme 5 Sekunden lang ein und die gleiche Zeitspanne lang wieder aus. Diese Frequenz ist die Grundlage für einen erhöhten

Bewusstseinszustand. Wiederhole das mindestens 3 Minuten lang. Während du dich an diesen Rhythmus gewöhnst, lasse in dir ein Gefühl von Dankbarkeit, Gelassenheit, Frieden und Verbundenheit entstehen. Wenn es für dich herausfordernd ist, diese Gefühle auf Knopfdruck zu erzeugen, erinnere dich an das schönste Erlebnis, das dir einfällt. Erinnere dich daran, wie du dich währenddessen gefühlt hast. Welche Gerüche, welchen Geschmack, welche Bilder, welche Geräusche verbindest du mit dem Erlebnis? Kannst du jetzt ein Gefühl der Dankbarkeit für dieses Erlebnis in dir hervorrufen?

Wenn du diese Übung morgens beim Erwachen machst, kann sie den ganzen Tag lang nachhaltig wirken. Probier's einfach aus!

Was noch helfen kann:

1. Reduziere den Medienkonsum! Ein ausgeschaltetes Handy wirkt nach kurzer Zeit ungeheuer entspannend. Du kannst dich besser auf den Moment einlassen und fokussieren. „Offline ist das neue Bio." Man spricht sogar von „digital detox".

2. Eine Achtsamkeitsübung ist der Einstieg. Je bewusster und achtsamer du den Tag insgesamt gestaltest, um so befriedigender und erfolgreicher wird er enden.

3. Man spricht vom heilsamen „Waldbaden". Halte dich so oft wie möglich in der freien Natur auf.

4. Menschen mussten in der Steinzeit im Schnitt am Tag mindestens 35 Kilometer zurücklegen, um an Nahrung zu gelangen. Bewegung trainiert nicht nur

den Körper und erhöht den Stoffwechsel, sondern macht auch noch den Kopf frei.

5. Die meisten Menschen sind keine Einzelgänger, sondern lieben Gemeinschaft. Führe anregende Gespräche mit Menschen, die dir nahestehen. Achte dennoch darauf, dich nicht nur mit Gesprächspartner:innen gleicher Meinung auszutauschen. Durch die Algorithmen der sozialen Medien bekommen wir zunehmend der unseren ähnliche Meinungen gespiegelt und haben uns schnell daran gewöhnt, uns in einer bequemen Informationsblase zu bewegen. Das erzeugt gefährlich harmonische Interaktion. Erst Gemeinschaften, in denen kritisches Denken erlaubt und konstruktiver Diskurs praktiziert wird, verhindern Radikalisierung.

Mit diesen Übungen fördern wir den wichtigsten Frieden: den in unserem Inneren. Der zweitwichtigste ist der in unserer Familie. Dann folgt unsere Wirkung im Freundeskreis, bei den Arbeits- und Geschäftskolleg:innen und in noch größerem Rahmen, wenn du Verantwortung in Vereinen oder der Politik übernimmst. Sorgen sind bei „guter Pflege" Allesfresser.

Freude, Dankbarkeit, Demut, Anerkennung, Wertschätzung, Menschlichkeit sind emotionale Verstärker. Menschenfreund sein, emotional starke Freundschaftsbeziehungen, Liebesbezeugungen sind die Krönung.

Ermutigung, optimistisch in die Zukunft blicken und dabei maximal präsent und hellwach sein (jus vigilantibus[1]) stärken nicht nur die dich unmittelbar umgebenden Menschen, sondern das gesamte kollektive Bewusstseinsfeld.

Nachhall

Konnte ich dich ein wenig durch meine Vision über eine friedliche co-kreative Menschheit führen? Ist sie für dich pure Fantasie oder gewinnt das Bild für eine Realisierung in dir an Schärfe? Sollte ich dein Interesse geweckt haben und du bist neugierig auf mehr, dann tritt gerne über den Link weiter in mein Universum ein: https://ichbinfrieden.de/voit

Dein Sören Voit

---

[1] Das Recht gehört den Wachen

Charakterstärken als Friedensstifter

Praxistipps aus der Positiven Psychologie und dem Stärkencoaching

Sabine Samonig

Was kann dein natürlicher Beitrag zum Frieden sein? Sei, wer du bist!

Sei in deiner Kraft und du stärkst andere. Erkenne deine persönlichen Stärken und nutze sie. Damit baust du Brücken der Akzeptanz, der Anerkennung und Kompromissbereitschaft – in dir und mit anderen.

Die Untersuchungen des Psychologen Ryan Niemiec geben Aufschluss darüber, welche Stärken besonders friedensstiftend wirken können[2]. Dieser Beitrag nimmt dich mit auf die Reise zu deinen Stärken. Nutze sie für deinen inneren Frieden, für den Frieden in deinen Beziehungen und zur Konfliktbewältigung.

---

[2] Niemiec, R.M. (2021)

Als Stärkencoach und systemischer Coach ist es mir ein besonderes Anliegen, die Erkenntnisse der Positiven Psychologie (PP) zum Frieden mit dir zu teilen. Meine Mission ist es, dich zu stärken, um andere zu stärken, um andere zu stärken … Ich halte dir meine „Stärken-Fackel" hin. Möge unser gemeinsamer Beitrag zum Frieden viral gehen!

Die Positive Psychologie nimmt den Frieden ins Visier

Die Positive Psychologie (PP) ergänzt die klassische Psychologie. Sie ist ein eigenständiger wissenschaftlicher Zweig und sucht nach Antworten auf Fragen wie:

- Was ist Glück und wie lässt es sich messen?
- Wie ist es möglich, subjektives Wohlbefinden zu vermehren?
- Weshalb sind manche Menschen zufriedener und erfolgreicher als andere?
- Welche Faktoren unterstützen ein gelingendes Leben?[3]

Sie „hat das Ziel, Faktoren zu entdecken und zu unterstützen, die einzelnen Menschen oder Gemeinschaften dabei helfen, aufzublühen."[4] Ohne dass Frieden explizit genannt wird, schwingt der Friedensbegriff implizit im Wort „Aufblühen" mit. Tatsächlich hat die PP bislang

---

[3] Blickhan, D. (2018) S. 18
[4] Blickhan, D. (2018) S. 27

noch keinen ausdrücklichen Schwerpunkt in der Friedensforschung.[5]

Diese unterscheidet verschiedene Kontexte von Frieden. Einerseits ist die Rede von Frieden als Zustand der Harmonie, Ausgeglichenheit und Balance.[6] Dies zeigt sich sowohl als innerer Frieden als auch als zwischenmenschlicher Frieden in Beziehungen. Vermutlich kennst du Konzepte der Achtsamkeit[7] und des Selbstmitgefühls[8] als Wege zu innerem Frieden.

Auf der anderen Seite befasst sich die Friedensforschung mit der Reduktion von Gewalt, Konflikten und Spannungen.[9] Vielleicht sind dir psychologische Ansätze wie die Gewaltfreie Kommunikation[10] bekannt.

In diesem Beitrag geht es um die Rolle, die deine persönlichen Stärken (Charakterstärken) für den Frieden spielen.

---

[5] Niemec, R.M. (2021) S. 220

[6] In diesem Kontext nutzt die englischsprachige Forschung den Begriff „positive peace" und verweist dadurch auf das (positive) Streben nach Friedenserhalt und Friedenssicherung.

[7] Bereits die alten Chinesen haben mit dem Ausdruck „Peace auf Mind" den inneren Frieden und Harmonie als Grundlage für Ausgeglichenheit und Lebenszufriedenheit identifiziert.

[8] Kristin Neff hat belegt, dass Selbstmitgefühl den inneren Frieden sichert und wiederherstellt und damit ausschlaggebend für ein verbindendes und anerkennendes Selbstbild ist.

[9] Der Begriff „negative peace" umschreibt Friedensbemühungen im Kontext von Konfliktbewältigung und Friedensbemühungen in der Konfrontation.

[10] Gemeint ist hier die Gewaltfreie Kommunikation nach M. Rosenberg.

Die 24 Charakterstärken

Martin Seligman, Begründer der PP, und Chris Peterson haben die folgende Frage untersucht: Was macht einen guten Menschen aus?[11] Dabei entdeckten sie sechs Tugend-„Familien". Sie auszuleben wird als erfüllend, erhebend und als moralisch wertvoll empfunden. Indem du diese Tugenden lebst, wertest du weder dich noch eine andere Person ab.

Die Forscher haben insgesamt 24 Charakterstärken identifiziert, mit denen diese universell gültigen Tugenden gelebt werden. Jeder Mensch hat alle 24 dieser Stärken. Lediglich die Rangordnung und die Nutzung sind individuell unterschiedlich.[12]

Deine Stärken prägen dein Denken, Handeln und Fühlen. Sie zu nutzen, energetisiert dich. Dass du sie nutzt, merkst du an folgenden Merkmalen:

- deine aufrechte Körperspannung,
- du sprichst klarer, schneller, oft in einer höheren Stimmlage,
- du nutzt mehr Mimik und Gestik,
- du nutzt eine reichhaltige Bildersprache,
- und wirst als ausdrucksstark und charismatisch erlebt.[13]

---

[11] Niemiec, R. (2018) S. 30 ff.
[12] Im Kontext von Tugenden sprechen die Forscher von VIA (Values in Action) Charakterstärken.
[13] Blinckhan, D. (2018) S.101

Deine Signaturstärken sind deine Top-Stärken, auf die du nicht verzichten würdest.[14]

24 CHARAKTER-STÄRKEN

KREATIVITÄT	ENTHUSIASMUS	FAIRNESS
MUT	OPTIMISMUS	EHRLICHKEIT
NEUGIER	EMPATHIE	BESCHEIDENHEIT
LIEBE ZUM LERNEN	SINN FÜR DAS SCHÖNE	MÄßIGUNG
WEITSICHT	DANKBARKEIT	FREUNDLICHKEIT
URTEILSVERMÖGEN	HUMOR, LEICHTIGKEIT	TEAMFÄHIGKEIT
VERNUNFT, VOR(AUS)SICHT	BINDUNGSFÄHIGKEIT	FÜHRUNGSSTÄRKE
AUSDAUER	SPIRITUALITÄT	VERGEBUNG

bei einem Lautstärkenregler. Die optimale Stärkennutzung richtet sich nach individueller Ausprägung und ist situationsabhängig. In den Beschreibungen der Stärken erwähne ich deshalb die möglichen Auswirkungen von Mangel und Überschuss auf den Frieden.

Wege zum Frieden: Charakter-Stärken für den Frieden

Um die Zusammenhänge von Frieden und Charakterstärken zu untersuchen, hat Niemiec Teilnehmende des VIA-Tests gebeten, zusätzlich neun Fragen zu beantworten. Insgesamt nahmen 25.302 Menschen

---

[14] Blinckhan, D. (2021) S.136 ff.
[15] Blinckhan, D. (2021) S.131

an der Studie teil. Sie wurden gebeten, die Stärken zu benennen, die ihrer Meinung nach

- inneren Frieden
- zwischenmenschlichen Frieden
- Konfliktbewältigung (Friedens-Wiederherstellung)

stärken.[16] Mit den Angaben berechneten die Forscher ein Ranking der Charakterstärken für die einzelnen Friedenskategorien. Fragen lauteten zum Beispiel „Wenn Sie an ihren ‚inneren Frieden' (Entspannung, Harmonie, Besonnenheit) denken, was meinen Sie: Welche Charakterstärke unterstützt diesen ‚inneren Frieden' am meisten?"

In den folgenden Abschnitten stelle ich die Stärken vor, die in Niemiec's Studie als besonders friedensstiftend wahrgenommen wurden. Für jede Stärke und jede Friedenskategorie biete ich dir konkrete Umsetzungs-Impulse an. Es führen viele Wege zum Frieden. Du kannst alle Impulse abwandeln, damit sie zu dir passen. Es gibt kein Richtig oder Falsch. Es gibt nur ein So oder Anders.

Stärken-Impulse für inneren Frieden

Dein persönlicher, also innerer Frieden, ist maßgeblich durch Harmonie und innere Ausgeglichenheit geprägt. „Peace of Mind" ist im heutigen volatilen, unsicheren und schnellen Zeitalter ein kollektiver Sehnsuchts-Zustand.

---

[16] Niemiec, R.M. (2021) S. 225

274

20 % der Studienteilnehmer:innen gaben Bindungsfähigkeit (Love) als die Charakterstärke an, die den
inneren Frieden am stärksten unterstützt. Freundlichkeit (18 %), Kreativität (15 %) und Dankbarkeit (15 %)
folgten in der Rangordnung.[17] Die Ergebnisse deuten auf
die friedensfördernde Rolle der Mitmenschlichkeit und
des Mitgefühls hin. Die wachsende Wissenschaft des
Selbst-Mitgefühls scheint sich in diesen Angaben wider-
zuspiegeln.[18] Auch neue Ideen und Perspektiven werden
als Friedensstifter wahrgenommen.

Bindungsfähigkeit und Selbstliebe

Die Bindungsfähigkeit (Love) ist auf natürliche Weise
in jedem von uns angelegt. Diese Charakterstärke strebt
tiefe und verbindliche Beziehungen an – auch zu dir
selbst.[19] Sie nutzen heißt, eine liebevolle und fürsorgliche
Beziehung zu dir selbst einzugehen.

Deine Glaubenssätze und Überzeugungen sind durch
deine frühesten Bindungen geprägt worden. Deine
Erfahrungen von Liebe, Fürsorge und Vertrauen wirken
sich nachhaltig auf dein Selbstbild aus. Verunsicherung,
mangelndes Selbstvertrauen und eine harte, selbst-
kritische Haltung können die Folge sein, wenn du früh
entmächtigende Erfahrungen gemacht hast.

Deine Selbstliebe sichert die Bindungsfähigkeit zu dir
selbst. Nur mit einer stabilen und vertrauenswürdigen

---

[17] Niemiec, R.M. (2021) S. 226
[18] Neff, K. (2012)
[19] Keller, T. (2017) S.24

Beziehung zur Hauptperson in deinem Leben, nämlich zu dir selbst, verschaffst du dir einen tragfähigen inneren Frieden.

Um Missverständnisse zu vermeiden: Ich meine an dieser Stelle die annehmende und mütterlich-fürsorgliche Selbstliebe. Egozentrismus und Narzissmus hingegen haben mit innerem Frieden wenig zu tun.

Impulse für den Alltag:

Anerkennung: Überlege dir morgens und abends, wofür du dich anerkennen kannst. Achte darauf, dass es Dinge sind, die du selbst beeinflusst hast. Was war dein Beitrag? Beispielsweise kannst du dich dafür anerkennen, dir ein Essen liebevoll zubereitet zu haben. Wenn du ein Journal führst, könnest du täglich drei Dinge, für die du dich anerkennst, aufschreiben.

Selbstfürsorge: Sorge mindestens einmal am Tag gut für dich. Das können eine gesunde Mahlzeit, eine verwöhnende Körperpflege, oder ein Spaziergang sein. Verfasse eine Gebrauchsanweisung für dich selbst. Sammle Ideen, mit denen du dich mit Selbstliebe befriedest, wenn es dir mal nicht so gut geht. Damit hast du eine ganz persönliche Selbstliebe-Friedensmission zur Hand.[20]

Auszeit: Gönne dir mehrmals am Tag, zumindest für ein paar bewusste Atemzüge, eine Auszeit. So schaffst du es, bei dir anzudocken. Die positive Wirkung von Meditation ist hinreichend untersucht. Es gibt verschiedene

---

[20] Schreiber, Birgit: https://schreiben-zur-selbsthilfe.com/

Meditations-Apps fürs Handy, zum Beispiel Headspace oder Calm. Geführte Meditationen kannst du dir auch bei YouTube herunterladen.

Freundlichkeit und Selbstmitgefühl

Freundlichkeit (Kindness) als Charakterstärke beschreibt die positive Einstellung dir selbst, wie auch anderen gegenüber. Im Kontext des inneren Friedens betrachte ich hier die Selbstfreundschaft. Sie ist achtsam, innerlich großzügig und wertschätzend.

Ein Teilaspekt der Selbstfreundschaft ist das Selbstmitgefühl (Self-Compassion). Die meisten Menschen tendieren zu härtester Selbstkritik, wenn ihnen etwas misslingt. Hast du dir schon mal etwas wie „So bescheuert kann nur ich sein" gesagt? Eben. Die Psychologin Kristin Neff[21] hat sich mit dem Umgang selbstkritischer Härte und deren verheerenden Folgen beschäftigt. Selbstfreundschaft und Selbstmitgefühl sorgen für Selbstachtung und inneren Frieden.[22]

Die gering ausgeprägte Stärke ‚Selbstfreundschaft' kann die destruktive Macht eines inneren Zensors aufblähen. Mutlosigkeit, depressive Verstimmungen und Auto-aggressionen folgen. Übertriebene Selbstfreundlichkeit hingegen könnte zu Larmoyanz und einem Verharren in der Komfortzone führen.

---

[21] Neff, K. (2012)

[22] Neff hat drei Schritte zu selbstmitfühlendem Frieden identifiziert: Achtsame Selbstwahrnehmung, Verbindung im Mensch-sein (shared humanity) und selbstfreundschaftliche Gesten.

Impulse für den Alltag:

<u>Achtsamkeit:</u> Beobachte deine Emotionen mit Offenheit und Neugier. Gerade in kritischen Situationen kann es vorkommen, dass du deine Gemütslage nicht realisierst. Versuche gerade dann das, was du empfindest, zu benennen. Als Mutter eines trotzig tobenden Kleinkindes könntest du dir sagen: „Mir geht es nicht gut. Mein Herz rast und ich schäme mich vor den anderen Leuten." Mit dieser Achtsamkeit bringst du dir bereits Freundlichkeit entgegen.

<u>Geduld:</u> Übe Selbstfreundschaft im Alltag. Tue so, als wärst du dein bester Freund. Wärst du jemals so streng? Betrachte dich durch die Brille deiner besten Freundin und behandele dich auch so. Umarme dich zärtlich – verbal und körperlich.

<u>Verwöhnen:</u> Womit könntest du dich verwöhnen? Insbesondere Frauen, die mit Ausdauer und hoher Motivation auf ihre Erfolge hinarbeiten, vergessen, sich zu belohnen. Wenn du ein Ziel erreichst, feiere den Erfolg. Verwöhne dich mit einem heißen Wannenbad, einem Candlelight-Dinner, einer duftenden Fußmassage.

Kreativität

Kreativität als Stärke beschreibt die Fähigkeit, Herausforderungen auf ungewöhnliche Weise zu lösen oder gänzlich Neues zu entwickeln.[23] Eine hohe Kreativität zeichnet sich durch Offenheit und Unabhängigkeit im

---

[23] Blinckhan, D. (2018) S. 110

Denken aus. Du kannst dich auf die eigenen Einfälle verlassen. Die Charakterstärke Kreativität verringert Unsicherheiten, Ängste und Orientierungslosigkeit. Daraus entstehen Selbstvertrauen und innerer Frieden.

Nutzt du Kreativität übermäßig, könnte das zu Orientierungslosigkeit und innerem Chaos führen. Gleichzeitig kann ein Mangel an Kreativitätsnutzung zu Über-Anpassung an Normen und Vorgaben führen. Geringe Offenheit und kaum erkennbare Spontanität wären die Folge.[24]

Impulse für den Alltag:

Routinen knacken: Werfe mindestens einmal wöchentlich eine deiner Routinen über Bord. Beispielsweise könnest du den Weg ins Büro anders gehen. Erledige gewohnte Dinge mal auf eine neue Weise: mit Musik, gar nicht, in anderer Reihenfolge.

Lösungen: Mache dir Gedanken zu manchen Herausforderungen anderer. Mit welchen Ideen und Ansätzen würdest du zu einer Lösung kommen? Denke außerdem über Herausforderungen nach, denen du in der Vergangenheit begegnet bist. Welche anderen Lösungsansätze hätte es noch gegeben?

Schreiben: Schaffe dir ein Journal an und schreibe. Julia Cameron hat den Begriff der Morgenseiten geprägt.[25] Schreibe spontan mit der Hand auf, was dir durch den Kopf geht. Dadurch verlangsamst du deine Gedanken

---

[24] Keller, T. (2017) S.9
[25] Cameon, J. (2009) Der Weg des Künstlers

und ermöglichst dir, kreative Impulse und Ideen festzuhalten.

Dankbarkeit

Mit der Charakterstärke der Dankbarkeit (Gratitude) ist die dankende Anerkennung einer Person oder einer höheren Kraft gemeint.[26] Dankbarkeit ist auf die positiven Aspekte des Seins fokussiert und wertschätzt diese. Dazu können ein gutes Essen, aber auch inspirierende oder berührende Momente an sich gehören.

Die Dankbarkeit für deinen eigenen Körper spiegelt diese wertschätzende Haltung wider. Sie führt zu einer besonderen inneren Harmonie. Dankbarkeit, dir und deinen Lebensumständen gegenüber, fördert deine (Selbst-)Rücksichtnahme und das Gefühl der Verbundenheit. Dies sind Faktoren, die Ausgeglichenheit und inneren Frieden fördern können.

Bist du übermäßig dankbar für äußere Einflüsse, könnte das dein Gefühl von Selbstwirksamkeit untergraben. Ein zu wenig an Dankbarkeit hingegen könnte zu einer fordernden Haltung dir selbst, anderen und dem Leben gegenüber führen.

Impulse für den Alltag:

Körperdank: Beginne den Tag damit, deinem Körper zu danken. Dein Herz schlägt die ganze Nacht ohne dein Zutun. Denke an deine Sinne, die Beweglichkeit und an

---

[26] Keller, T. (2017) S. 38

die Heilungskräfte deines Körpers, wenn du krank bist. Überlege: Wofür kannst du deinem Körper danken?

<u>Würdigung:</u> Spreche dir Dankbarkeit für das aus, was du in der Vergangenheit getan oder unterlassen hast, um heute so zu sein. Danke dir insbesondere für deine Fähigkeiten, mit denen du deinen Alltag bewältigst. Dieses Dankeschön (laut) auszusprechen, wirkt sich nachhaltig auf dein Wohlbefinden aus. Welche Dankbarkeitsrituale kannst du in deinen Alltag einbauen?

<u>3 Dinge:</u> Notiere morgens drei Dinge, für die du dankbar bist. Abends wiederholst du dieses Ritual. Reflektiere, welche guten Dinge dir widerfahren sind und was du morgen noch besser machen könntest.[27]

Stärken-Impulse für Frieden in Beziehungen

Als zweite Friedenskategorie hat Niemiec die des zwischenmenschlichen Friedens definiert.[28] Hier geht es um Harmonie und Ausgeglichenheit in persönlichen Beziehungen. Welche Stärken wirken friedensstiftend auf Liebesbeziehungen, Freundschaften oder berufliche Kontakte?

Die Teilnehmenden der Studie gaben Aufrichtigkeit (32 %), gefolgt von Bindungsfähigkeit (32 %), Freundschaftlichkeit (28 %) und Weitsicht (14 %) als die Stärken

---

[27] Das 6-Minuten Tagebuch von urbestself.de eignet sich hervorragend dafür.
[28] Niemiec, R.M. (2021) S. 227

an, die in Beziehungen den Frieden fördern.[29] Soziale
Verbundenheit und Freundschaftlichkeit (loving-kind-
ness) sowie Augenmaß werden demnach als Wegbereiter
für zwischenmenschlichen Frieden wahrgenommen.
Besonders enge Beziehungen profitieren von harmonie-
fördernden Faktoren wie Aufrichtigkeit, Vergebungs-
bereitschaft und Geduld.

In den folgenden Abschnitten gehe ich auf die einzelnen
Stärken ein und teile bewährte Impulse mit dir. Sieh sie
als weitere Einladung an und probiere das aus, was „dich
anspringt".

Aufrichtigkeit

Die Charakterstärke Aufrichtigkeit (Honesty) zeigt sich
in Beziehungen durch Ehrlichkeit und Authentizität
der anderen Person gegenüber. Aussagen und Verhalten
sind kongruent, d. h. sie stimmen überein. In deinen
Beziehungen bist du gefordert, besonnen abzuwägen:
Was ist für mich stimmig und was kann der/die andere
annehmen? Damit deine Ehrlichkeit friedensstiftend
wirken kann, ist deine Fähigkeit zum Perspektivenwechsel und Fingerspitzengefühl gefragt. Die Balance
einer guten Selbst- und Fremdwahrnehmung gehört
zum Fundament jeder friedvollen Beziehung.[30]

Wenn du diese Charakterstärke optimal auslebst,
gewährst du den Freiraum für Aufrichtigkeit, den
du für dich in Anspruch nimmst. Dies führt zu

---

[29] Niemiec, R.M. (2021) S. 227
[30] Keller, T. (2017) S. 16

wertschätzendem Respekt im Miteinander. Nutzt du diese Charakterstärke unreflektiert stark, kannst du verletzend und intolerant wirken. Wenn du hingegen diese Charakterstärke zu wenig nutzt, wird es dir schwerfallen, ehrlich zu deinen Werten zu stehen. Konflikte könnten dadurch unterschwellig lodern.[31]

Impulse für den Alltag:

Beobachten: Reflektiere dich bei den nächsten fünf gemeinsamen Aktivitäten. Lege deinen Fokus besonders auf mögliche Diskrepanzen zwischen dem, was du sagst, und dem, was du tust. Versuche, deinen Ankündigungen Folge zu leisten. Wie gelingt es dir?

Werte: Setze dich mit deinen persönlichen Werten auseinander. Was ist für dich wichtig? Und was ist noch wichtiger? Bist du in der Lage, in deiner Partnerschaft diesen Werten treu zu bleiben? Lass dir Zeit mit den Antworten. Sei ehrlich und aufrichtig.

Bewertungen: Mit welchen Vorannahmen und Bewertungen begegnest du deinem Gegenüber? Tue mal so, als ob deine Beziehung ein unbeschriebenes, weißes Blatt wäre. Was passiert, wenn du alle Bewertungen bewusst beiseitelässt?

Bindungsfähigkeit in Beziehungen

Gleichauf mit der Charakterstärke der Aufrichtigkeit haben die Studienteilnehmer:innen die Stärke Bindungsfähigkeit (Love) als friedensstiftendes Element für

---

[31] Keller, T. (2017) S. 16

Beziehungen bewertet. Sie ist die Grundlage für wertschätzende und respektvolle Bindungen. Beziehungen, die von Akzeptanz und Hilfsbereitschaft getragen sind, werden als harmonisch empfunden. Daraus schöpfen beide Partner:innen Sicherheit und Kraft.[32]

Bindungsfähigkeit prägt sowohl Liebesbeziehungen als auch freundschaftliche, familiäre oder berufliche Beziehungen. Du schüttest das Hormon Oxytocin, dein „Beziehungshormon", aus, wenn du einen nahestehenden Menschen triffst.

Nutzt du deine Bindungsfähigkeit übermäßig stark, könntest du versucht sein, andere zu eng an dich zu binden. Dann mangelt es an Freiraum. Lebst du hingegen diese Charakterstärke zu gering aus, könntest du als kühl, desinteressiert oder oberflächlich wahrgenommen werden.

Impulse für den Alltag:

Rituale: Zeige deine Wertschätzung! Welche Rituale könntest du etablieren? Denke an alltägliche Verwöhn-Momente. Überlege, womit du deiner Partnerin oder deinem Partner eine Freude machen würdest. Meine Eltern haben sich gegenseitig abends die Zahnpasta auf die Zahnbürste geschmiert. Deiner Kollegin könntest du unter die Arme greifen, einen Kaffee machen …

Liebesbrief: Schreibe einen Brief oder eine Karte an einen Lieblingsmenschen. Teile mit Ruhe und vom Herzen mit, was du an der Beziehung schätzt. Was ist

---

[32] Keller, T. (2017) S. 24

284

für dich besonders wertvoll? Erkläre den Menschen, die dir besonders am Herzen liegen, wie wichtig sie für dich sind.

Zeit: Nimm dir regelmäßig Zeit für gemeinsame Unternehmungen. Der abendliche Spaziergang, Kino oder Kneipe am Ende eines langen Bürotages ... dir fallen bestimmt viele Möglichkeiten ein. Was habt ihr noch nie oder lange nicht mehr gemeinsam unternommen?

Freundlichkeit

Die Studie hebt die Rolle der Freundlichkeit (Kindness) als friedensfördernde Stärke hervor. Wertschätzung, Respekt und Offenheit füreinander sind das Fundament zwischenmenschlichen Friedens.[33] Wer hilfsbereit und großzügig in der Beziehung ist, bereitet den Nährboden für gegenseitige Freundlichkeit. Wird diese Charakterstärke in der Beziehung ausgelebt, dann streben beide nach Glück für ihr Gegenüber.[34]

Wenn du Freundlichkeit nicht freiwillig auslebst, kippt diese Charakterstärke in Manipulation. Dann erwartest du eine Gegenleistung. Gleichzeitig benötigst du ein gutes Gespür, um nicht im Namen der Freundlichkeit ungebetene Hilfe zu leisten.

Wenn du zu wenig Freundlichkeit in der Beziehung zeigst, kann das zu Unfrieden, Egoismus und Rücksichtslosigkeit führen.[35] Ein Zuviel an Freundlichkeit hingegen

---

[33] Niemiec, R.M. (2021) S. 227
[34] Keller, T. (2017) S. 22
[35] Blinckhan, D. (2018) S. 114

könnte dazu führen, dass notwendige Aussprachen vermieden und schwelende Konflikte unter den Teppich gekehrt werden.

Impulse für den Alltag:

Überraschung: Bereite zwei- bis dreimal wöchentlich eine kleine Überraschung für deine Partnerin bzw. deinen Partner vor. Dies kann eine freundliche Geste (random acts of kindness) sein, zum Beispiel die Tür aufhalten, eine lästige Arbeit abnehmen usw. Womit könntest du deinem Lieblingsmenschen eine Freude machen? Notiere deine guten Ideen.

Notiz: Schreibe kleine, freundliche Notizzettel oder Botschaften per E-Mail oder SMS. Meistens reichen ein paar Worte, um Wertschätzung auszudrücken. Meinen Kindern habe ich öfter einen kleinen Zettel zu ihrem Pausenbrot gepackt. Was würde dir Spaß machen?

Unternehmungen: Plane gemeinsame Aktivitäten. Schon die Vorfreude auf einen Ausflug oder der Gutschein für eine Unternehmung schaffen eine freudvolle und wertschätzende Basis für deine Beziehung. Und dann gehts natürlich an die Umsetzung!

Weitsicht

Die Charakterstärke Weitsicht (Perspective, Wisdom) in einer Beziehung beschreibt die Fähigkeit, hier vorausschauend zu denken und zu handeln. Wie gelingt es dir, mögliche Reaktionen und Konsequenzen zu antizipieren? Auf der Beziehungsebene hat diese Charakterstärke weniger mit einem analytischen Vorausdenken zu tun. Es handelt sich vielmehr um einen einfühlsamen und intuitiven Prozess.[36]

Wie gelingt es dir, Harmonie und Frieden in langjährigen Beziehungen aufrechtzuerhalten? Konflikte gehören dazu. Wenn dann beide Partner:innen vorausschauend und achtsam miteinander umgehen, sorgen sie für Frieden miteinander. Mit Weitsicht stellst du deine mögliche Impulsivität zugunsten einer übergeordneten Perspektive zurück. Ein Merkmal von Weitsicht in einer Beziehung ist es, ein gutes Gespür dafür zu haben, wann Schweigen und Loslassen friedensfördernde Alternativen sind.

Ein Zuviel an Weitsicht in der Partnerschaft kann zu Rechthaberei und Besserwisserei führen. Ist die Weitsicht in einer Beziehung zu schwach ausgeprägt, dann kann auch das zu Konflikten führen, wenn eine:r oft leichtsinnig, unverantwortlich und naiv handelt.

Impulse für den Alltag:

Zuhören: Aktives Zuhören bedeutet, nicht nur auf die nächste Sprechpause zu warten, um selbst zu reden. Sei tatsächlich ganz beim Partner/bei der Partnerin. Wage den Perspektivenwechsel und versuche, die andere Warte einzunehmen. Sei mitfühlend und frage nach. Biete erst dann deinen Rat an, wenn du danach gefragt wirst. Nutze die Worte und Gesten deines Gegenübers.

Gelassenheit: Beobachte das Miteinander in eurer Beziehung. Was spielt sich da ab? Betrachte deine

---

[36] Keller, T. (2017) S. 15

Beziehung mit neugierigem Interesse. Welchen Ratschlag für mehr Gelassenheit würdest du dir als Außenstehende:r geben? Was könnte deine Partnerschaft (noch) friedvoller machen? Versuche, deine Ideen im Alltag umzusetzen.

Atme: Zähle rückwärts von drei bis eins, wenn in deiner Beziehung ein Wort das andere ergibt. Atme tief durch und schaffe Raum für Weitsicht in den Atemzügen zwischen einem Impuls und deiner Reaktion.

Stärken-Impulse zur Konfliktvermeidung und -bewältigung

Die dritte in der Charakterstärken-Studie genutzte Friedens-Kategorie ist die des „negativen Friedens". Bei ihr geht es nicht um friedliche Ausgeglichenheit, sondern um die Befriedung schwelender Auseinandersetzungen, Krisen und Konflikte[37]. 38 % der Studienteilnehmer:innen nehmen die Stärke ‚Weitsicht' als wichtigste Friedensstärke im Konfliktfall wahr. Ihr folgen Neugier (25 %), soziale Intelligenz (17 %) und Fairness (17 %).[38]

Mit diesen Stärken schaffst du es leichter, Brücken zu bauen. Neugier, soziale Intelligenz und Fairness unterstützen dein Verhalten mit Blick auf das Große und Ganze. Anstatt dich in Details festzufahren und deinen Standpunkt hartnäckig zu vertreten, kannst du mit

[37] Niemiec, R.M. (2021) S. 227
[38] Niemiec, R.M. (2021) S. 227

einer offenen Haltung und entsprechenden Fragen zur Deeskalation beitragen. Diese Charakterstärken zeichnen sich durch Respekt und Empathie aus. Sie verkörpern ein Weltbild, in dem jeder Mensch das Recht hat, gehört zu werden.

Im Folgenden gehe ich die positiven Auswirkungen auf die Konfliktbewältigung und nenne Impulse für den Alltag, um solche Herausforderungen möglichst friedensstiftend zu meistern.

Weitsicht

Wie bereits erwähnt, ist die vorausschauende und antizipierende Haltung der Charakterstärke Weitsicht (Perspective) für jede Friedensverhandlung von Vorteil. Wenn du mit Weitsicht handelst und kommunizierst, nimmst du automatisch die Perspektive der Metaebene ein. Diese ist dir nur dann möglich, wenn du die Ebene der Rechthaberei und des eigenen Standpunktes verlässt.

Nur mit Weitsicht wird es dir möglich, Gefühlsausbrüche zu regulieren und (wieder) zuzuhören. Die Charakterstärke der Weitsicht sorgt für inneren Abstand und Diplomatie, um in eine entsprechende Konflikt-Verhandlung eintreten zu können. Sie ist somit auch Grundlage für Verhandlungen in wirtschaftlichen, politischen und sozialen Auseinandersetzungen. Der Blick für den übergeordneten Sinn von Zusammenhalt und Zusammenarbeit prägt diese Charakterstärke.

Ein Mangel an Weitsicht in der Konfliktbewältigung führt dazu, dass Konfliktpartner:innen stur und emotional auf dem eigenen Standpunkt beharren. Dann werden eine Einigung oder ein Kompromiss schwerer zu erreichen sein. Wenn du zu viel Weitsicht an den Tag legst, könntest du deinen Standpunkt zugunsten eines Schein-Friedens verraten. Dies würde eine nachhaltige Konfliktbewältigung genauso torpedieren.[39]

Impulse für den Alltag:

Ziele: Gerade bei Konfliktgesprächen ist es entscheidend, vorher die eigenen Ziele für das Gespräch zu erforschen. Was ist für dich ein Best Case Szenario? Was willst du auf keinen Fall? Was könntest du, evtl. bereits im Vorfeld, anbieten?

Eisberg: Das Eisbergmodell der Kommunikation zeigt, dass sich der größte Teil menschlicher Kommunikation unterhalb der Oberfläche abspielt. Achte nicht nur auf das gesprochene Wort, sondern auch auf Stimmlage und Körpersprache. Mit welchen nonverbalen Mitteln könntest du zur Konfliktbewältigung beitragen?

Beratung: Manchmal ist ein Konflikt sehr verfahren. Dann kann es sich als sinnvoll herausstellen, wenn du eine externe Beratung einbeziehst. Es gibt zahlreiche Mediator:innen für familiäre Auseinandersetzungen, in der Wirtschaft und in juristischen Streitigkeiten. Überlege, inwiefern dir eine externe Beratung helfen könnte.

---

[39] Keller, T. (2017) S. 15

Neugier

Die Charakterstärke Neugier (Curiosity) wird insbesondere mit verbindender Offenheit in Zusammenhang gesetzt.[40] Mit Neugier lässt du dich leichter auf andere Sichtweisen, unbekannte Menschen und ungewohnte Situationen ein. Neugier trägt maßgeblich zur Lebenszufriedenheit bei und wirkt sich in sozialen Beziehungen, insbesondere in Konfliktsituationen, friedensstiftend aus. Die Neugier ist insofern eine Art Brückenbauer.

Ein weiterer Aspekt der Stärke Neugier ist die Bereitschaft, Risiken einzugehen. Menschen, die neugierig sind, verfügen häufig über ein höheres Maß an Autonomiestreben, Selbstachtung und Fähigkeiten, Probleme selbstständig zu lösen. Die Bereitschaft, sich auf Neues einzulassen, unterstützt dich dabei, im Konfliktfall auf andere zuzugehen.

Mit zu viel Neugier läufst du Gefahr, die Grenzen anderer Menschen zu überschreiten. Das könnte Konfliktsituationen sogar verschärfen. Ein Mangel an Neugier hingegen kann dazu führen, verschlossen und auf den eigenen Standpunkt fixiert zu sein.

Impulse für den Alltag:

Begegnungen: Nimm Kontakt zu fremden Menschen auf. Dies können Personen aus anderen Kulturkreisen sein, anderen sozialen Schichten oder Altersstufen.

---

[40] Keller, T. (2017) S. 12

Begegne ihnen mit Interesse und respektvoller Neugier. Gelegenheiten hierfür gibt es an jeder Supermarktkasse, bei Spendensammler:innen in der Fußgängerzone oder in den sozialen Medien.

Biografien: Jeder Mensch hat seine einzigartige Lebensgeschichte. Biografien zu lesen heißt, fremde Lebensentwürfe und -umstände kennenzulernen. Jeder Buchladen ist mit Biografien interessanter Persönlichkeiten gefüllt. Welche Person würde dich interessieren? Wer macht dich neugierig?

Schreiben: Schreibend kannst du ungewohnte Blickwinkel erforschen. Versuche, einen Konflikt aus der Warte des bzw. der anderen zu beschreiben. Schreibe 5–10 Minuten, am besten mit der Hand auf ein leeres Blatt Papier. In deinem Fließtext nimmst du neugierig und ohne Bewertung eine neue Perspektive ein. Wie verändern sich deine Emotionen dadurch?

Soziale Intelligenz

Mit sozialer Intelligenz (Social Intelligence) nimmst du Emotionen und Bedürfnisse anderer Menschen deutlicher wahr. Sie ist der Empathie ähnlich, jedoch verfügen Menschen mit dieser Stärke zusätzlich über die Fähigkeit, abstrahierend Muster zu erkennen. Dadurch können sie das Verhalten anderer leichter einordnen. Im Konfliktfall dient dies dazu, das Gesamtbild zu berücksichtigen. Das kann die Friedensbemühungen unterstützen.[41]

---

[41] Niemiec, R.M. (2021) S. 228

Indem du deine soziale Intelligenz nutzt, erkennst du die eigenen Bedürfnisse und Ansprüche und wirst diese im Konflikt eloquenter vertreten. Insgesamt wirkt sie friedensstiftend, indem sie dir ein gutes Gespür für dein Gegenüber verleiht. Diese Charakterstärke unterstützt dich dabei, zukünftige Gefahren zu erkennen und friedensgefährdende Konsequenzen zu erahnen.

Menschen mit einem Mangel an sozialer Intelligenz sind kaum in der Lage, soziale Situationen einzuschätzen. Konflikte können dadurch eskalieren. Ein Übermaß an sozialer Intelligenz scheint hingegen keinerlei negative Auswirkungen auf friedensstiftende Bemühungen zu haben. Es ist fraglich, ob es ein Zuviel dieser Charakterstärke überhaupt gibt.[42]

Impulse für den Alltag:

Fokus: Wenn du dich über jemanden ärgerst, versuche in dem Moment, mindestens eine positive Eigenschaft bei dieser Person zu benennen. Grundsätzlich gilt: „Was mich trifft, betrifft mich." Welche Eigenschaft an der anderen Person triggert dich, weil du dir dies selbst vielleicht nicht erlaubst? Sei offen und ehrlich bei deiner Antwort.

Lob: Achte vermehrt auf interessante Äußerungen und gute Ideen von anderen Menschen. Zeige ihnen deine Anerkennung dafür. Achte darauf, nur ein ehrliches Lob auszusprechen. Mache ernst gemeinte Komplimente und beobachte deine und die Reaktion der anderen Person.

---

[42] Keller, R. (2017) S. 25

<u>Feedback:</u> Sprich mit jemanden, der dir nahesteht, über einen bereinigten Konflikt aus der Vergangenheit. Bitte sie um Feedback zu ihrem damaligen Verhalten. Welche Reaktion deinerseits hätte damals den Konflikt reduziert oder gar vermieden? Kommentiere nicht, was du hörst, sondern reflektiere für dich, was du daraus lernen könntest.

Fairness

Als weitere friedensstiftende Charakterstärke zur Konfliktbewältigung haben die Studienteilnehmenden Fairness genannt. Menschen mit dieser Charakterstärke legen Wert auf Gleichberechtigung und Gerechtigkeit. Ihnen ist es wichtig, im Umgang mit anderen weder voreingenommen noch parteiisch zu wirken. Wie bei den anderen friedensstiftenden Charakterstärken spielt auch hier Offenheit eine wichtige Rolle.

Um den Begriff Fairness genauer fassen zu können, sei hier zwischen der juristischen Fairness (gleiches Recht für alle) und der fürsorglichen Fairness (alle bekommen das Gleiche) unterschieden. Die Charakterstärke Fairness bezieht sich in erster Linie auf den ethischen Aspekt der fürsorglichen Fairness.[43] Gerade in Konfliktfällen geht es darum, zu einer Lösung zu gelangen, bei der sich keine Partei benachteiligt fühlt. Dazu bedarf es einer grundsätzlichen Haltung von Gleichberechtigung der Verhandlungspartner:innen.

---

[43] Keller, T. (2017) S. 28

Fairness steht für die Fähigkeit, sich auf Kompromisse einzulassen und auch Fehler einzugestehen. Diese Charakterstärke ist daher ein konstruktiver Treiber für Friedensbemühungen bei Auseinandersetzungen.

Ist deine Charakterstärke Fairness zu stark ausgeprägt, kann es dazu führen, dich bei Auseinandersetzungen „über den Tisch ziehen zu lassen". Wenn du aus Fairnessgründen deine Position nur unzureichend vertrittst, kann das zu inneren Konflikten führen. Zu wenig Fairness hingegen zeichnet sich durch unreflektierte Vorurteile und eigennütziges Denken und Handeln aus.[44]

Impulse für den Alltag:

Reflexion: Überprüfe deine Einstellungen und Vorannahmen im Konfliktfall. Welche Vorurteile schwingen bei dir mit? Auch im Alltag lohnt es sich, eingeschliffene Schlussfolgerungen und stereotypische Denkweisen zu reflektieren. Denke hierbei an Kategorien wie Kultur, Religion, Alter, Gender usw. Es lohnt sich, genau hinzusehen und unbedingt ehrlich mit sich zu sein. Kannst du deine persönlichen Stellschrauben erkennen?

Vor der eigenen Tür: Denke an eine Situation, in der du mal nicht fair gehandelt hast bzw. hättest noch fairer handeln können. Überlege dabei, was du aus heutiger Sicht anders machen würdest. Mit diesem Impuls kannst du dich gedanklich auf ähnlich gelagerte Situationen vorbereiten.

---

[44] Keller, T. (2017) S. 29

Gerechtigkeit: Informiere dich darüber, welche Organisationen sich für Gerechtigkeit und Frieden in der Welt einsetzen und engagiere dich. Mit einer Spende oder deiner ehrenamtlichen Mitarbeit könnest du die Charakterstärke Fairness ausleben.

Zusammenfassung

Es gibt eine Vielzahl an friedenssichernden und friedensstiftenden Verhaltensweisen. Im vorliegenden Beitrag geht es um die Rolle der Charakterstärken für den Frieden.

Ryan Niemec hat 2021 eine Pilotstudie in Zusammenhang mit dem VIA-Test durchgeführt. Dabei haben die Teilnehmenden friedenssichernde Charakterstärken für drei Friedenskategorien identifiziert: den inneren Frieden, den zwischenmenschlichen Frieden und den „negativen Frieden", also der Friedens-Wiederherstellung im Konfliktfall.

Die Bindungsfähigkeit wird als wegweisend für inneren Frieden, die Aufrichtigkeit für zwischenmenschlichen Frieden und Weitsicht für die Konfliktbewältigung wahrgenommen. Charakterstärken wirken sich dann positiv aus, wenn sie in optimaler Intensität genutzt werden. Ein Mangel oder die Übertreibung einer Stärke können Friedensbemühungen sogar torpedieren.

Des Weiteren habe ich Impulse und Handlungsideen für deinen Alltag notiert. Sie dienen dir als Anregungen, im kleinen wie im größeren Rahmen, Frieden zu gestalten, zu fördern und zu sichern. Sie erheben nicht den

Anspruch auf Vollständigkeit. Mögest du noch weitere Impulse erschaffen und ausprobieren!

Wie immer gilt: Es gibt kein Richtig oder Falsch, nur ein So oder Anders.

Wenn du deine Stärke und Kraft lebst, dann lebst du die wundervolle Aussage: „Ich bin Frieden". In diesem Sinne: Sei, wer du bist!

Ich lade dich ein, in deine persönliche Stärken-Rangfolge einzutauchen und Frieden zu stiften. Schaue gerne vorbei auf https://ichbinfrieden.de/samonig .

Deine Sabine Samonig

Literatur

Blickhan, Daniela (2021) Positive Psychologie und Coaching, Paderborn, Junfermann Verlag

Blickhan, Daniela (2018) Positive Psychologie. Ein Handbuch für die Praxis, 2. Aufl., Paderborn, Junfermann Verlag

Cameron, Julia (2019) Der Weg des Künstlers, Ein spiritueller Pfad zu Aktivierung unserer Kreativität, München, Knaur.Leben

Keller, Teresa (2017) Persönliche Stärken entdecken und trainieren. Hinweise zur Anwendung und Interpretation des Charakterstärken-Tests, Wiesbaden, Springer

Neff, Kristin (2012) Selbstmitgefühl. Wie wir uns mit unseren Schwächen versöhnen und uns selbst der beste Freund werden, 9. Aufl., München, Kailash Verlag

Niemiec, Ryan M. (2021) Pathways to peace: Character strengths for personal, relational, intragroup, and intergroup peace, The Journal of Positive Psychology, 17:2, 219-232, DOI 10.1080/17439760.2021.2016909

Niemiec, Ryan M. (2019) Charakterstärken, Trainings und Interventionen für die Praxis, Bern, Hogrefe Verlag

Rath, Tom (2018) Entwickle deine Stärken, 8.Aufl., München, Redline Verlag

UrBestSelf (2018) Das 6 Minuten Tagebuch, Eigenverlag

Über die Autor:innen

Als Inhaberin des Alvin-Verlages und als Autoren-Coach begleitet Dr. Cordelia Eule Expert:innen dabei, ihr Buch über ihr Herzensbusiness zu schreiben. Ihr Ziel ist es, damit noch mehr Menschen auf dieser Welt zu exklusivem Wissen zu verhelfen. So können diese schnell Antworten auf ihre Fragen und Lösungen für ihre Herausforderungen finden. In ihren Augen stellt dabei das Buch nach wie vor die beste Möglichkeit dar, auf äußerst ansprechende und gleichzeitig tiefgehende Art und Weise neue Erkenntnisse zu gewinnen und neue Wege auszuprobieren.

Nach dem Besuch eines humanistischen Gymnasiums sowie Studium und Promotion in klassischer Archäologie arbeitete Dr. Cordelia Eule einige Jahre in der Pädagogik (Montessori) und in der Finanzbranche, bevor sie sich 2014 als freie Lektorin selbstständig machte. Die magische Wirkung von Sprache faszinierte sie schon von Kindesbeinen an. Heute unterstützt sie mit ihrem Sprachgefühl und ihrem Blick für das große Ganze ihre Kund:innen. Sie liebt es dabei nicht nur, andere in ihrer Ausdrucksfähigkeit zu stärken, sondern auch deren Texte zu stilistischen Juwelen zu schleifen.

Mit der großen Angst, die am 24. Februar 2022 in Europa um sich griff, tauchte in ihr die Frage auf, was wir jetzt ganz persönlich tun können. Jeder einzelne von uns. Dabei wurde ihr klar, dass wir neben unseren unterschiedlichen Fähigkeiten, Kenntnissen und Voraussetzungen eines auf jeden Fall realisieren können: dem anderen in Frieden zu begegnen. Damit dies gelingen kann, war es ihr ein Herzensanliegen, das vorliegende Buch zu initiieren.

So oft wie möglich macht sie einen Ausflug mit ihrer Familie, ihren Kindern und Freunden. Dann radelt sie durchs Grüne oder stromert durch den Schwarzwald. Sie kann sich genauso über so einfache Dinge wie Löwenzahn freuen, aus dem sie dann leckeres Gelee kocht, wie über einen Bergquell, der ihre Füße erfrischt. Sie singt und musiziert gerne – besonders mit anderen zusammen.

In diesem Sinne ist sie immer offen für neue Ideen – und freut sich, wenn sie mit einem neuen Buch einen weiteren Blick auf diese Welt erhaschen kann.

Dr. Frank Grossmann

Geboren im Harz ist Dr. Frank Grossmann ein Natur-mensch und verbringt sehr viel Zeit in der Natur. Mal beim Wandern, Schwimmen, Mountainbiking oder Stand-Up-Paddling. Und stets ist sein Hund Taska-Cuba dabei.

Dieser Ausgleich ermöglicht es ihm, neue Energie für seinen Beruf als Unternehmer zu tanken. Mit seinem Startup-Pharmaunternehmen entwickelt er bezahlbare Medikamente für sog. seltene Krankheiten. Das ist oft nicht nur spannend, sondern braucht viel Wissen, Präzi-sion und Kraft.

Doch den hauptsächlichen Teil seiner Zeit widmet er der von ihm gegründeten Stiftung OrphanHealthcare. Das Wort steht stellvertretend für Gesundheit und Fürsorge für seltene Krankheiten. Hier trägt er mit der

Unterstützung toller Sponsoren und Unternehmens-
partner dazu bei, dass Kinder mit schweren und seltenen
Krankheiten eine bessere Lebensqualität und Lebensmut
erhalten. Dies auch durch das von ihm entwickelte
Comicbuch „So wie Du und Ich", welches inzwischen
in mehrere Sprachen übersetzt wurde. Kinder brauchen
Lebensmut und lustige Geschichten, um den für sie oft
sehr schweren Alltag und das kurze Leben etwas leichter
werden zu lassen, sagt er. Denn er weiß, was es heißt, als
Kind mit Krebs zu leben und Kinder sterben zu sehen.
Diese Erfahrungen, mit einer Therapie aufgearbeitet,
geben ihm das Gerüst seiner inneren Stärke und
Gelassenheit. So gehört für Dr. Grossmann der Tod zum
Leben dazu. Es ist der normale Kreislauf der Natur.

Sein Dachgarten ermöglicht es ihm, Biokräuter für den
eigenen Kochtopf anzubauen, die in der vielfältigen
Küchenschlacht breit zum Einsatz kommen. Gemeinsam
mit Freunden Zeit verbringen, segeln, kochen oder etwas
unternehmen bedeutet ihm und seiner Familie sehr viel.
Dabei tankt er wieder auf.

Frieden, die persönliche Unabhängigkeit, Selbstbestimmung und Gleichberechtigung in einer pluralis-
tischen Gesellschaft sind die Grundlagen des Lebens.
Deshalb engagiert er sich für diese Themen und ist
Mitglied bei den Grünliberalen in Zürich.

Tanja Jonatzke

Tanja Jonatzke begleitet als Heilpraktikerin für Psychotherapie sowie NLP-Coach Menschen bei der Erweiterung ihres Bewusstseins. In ihrer Arbeit verbindet sie ihre eigenen Erfahrungen mit einem prall gefüllten Werkzeugkoffer an Tools und Techniken. Von Hypnose über Mindset-Training bis hin zu Epigenetik in Verbindung mit den GeneKeys, HumanDesign und Intelligenz der Zellen/Erinnerungen im Körperspeicher gibt es viele verschiedene Schraubenschlüssel, Hammer und Methoden, die im Grunde genommen immer wieder ähnlich und doch absolut individuell zum Einsatz kommen. Ihr ist es dabei besonders wichtig, ganzheitlich auf alle Bereiche zu blicken, sodass Körper, Geist und Seele – Wissen, Fühlen und Handeln – in Einklang kommen können. Sämtliche Workshops, monatliche Gruppen-Coachings und auch individuelle Begleitung sind inzwischen beinahe zu 100 % online erprobt. Auch das Angebot an Do-It-Yourself-Kursen, die man im eigenen Tempo orts- und zeitunabhängig nutzen kann, wächst kontinuierlich.

Mit ihrer klaren und direkten Art bringt sie die Punkte auf den Tisch, die angesprochen werden müssen, um in der eigenen Thematik weiterzukommen. Das mag manchmal unbequem sein, aber jeder vermeintliche Po-Po-Tritt kommt aus vollem Herzen für den Prozess und ist immer zum höchsten Wohle des/der Klient:in. Abgerundet wird Tanjas Begleitung mit einer ordentlichen Prise Humor und einem besonderen Blick für das große Ganze, ohne die individuellen Bedürfnisse ihres/ ihrer Klient:in aus den Augen zu verlieren.

In ihrer Freizeit singt sie zum Runterkommen in allen Lebenslagen. Im Auto, unter der Dusche und hin und wieder auf der Bühne. Ausgiebige Spaziergänge mit Hund und Kind sorgen für eine gute Balance zwischen der Arbeit mit Klient:innen, dem Familienalltag und dem oft bunten Dorfleben, in dem sie und ihr Mann sich im Vereinsleben einbringen.

Yvonne Knodel

Yvonne Knodel war keine 9 Jahre alt, als sich ihre Eltern trennten. Ihre Kindheit war vom jahrelangen Scheidungskrieg geprägt, in dem sie und ihre ältere Schwester in die Schusslinie gerieten. Schuldgefühle, Selbstzweifel und die unbewusste Suche nach Anerkennung und Liebe im Außen begleiteten sie viele Jahre. Erst durch eine schwere Lebenskrise, die fast mit einem Selbstmord endete, schaffte sie 2012 die Wende.

Es war der Beginn ihrer persönlichen inneren, aber auch äußeren Transformation. Ihr wurde bewusst, dass sie ihr Leben lang verzweifelt versucht hatte, sich nur über die Außenwelt zu definieren. Stark sein und das Gefühl, immer kämpfen zu müssen, ließen sie ihre Weiblichkeit und ihr Herz unterdrücken. Sie lernte, ihre alten

306

Verletzungen und Glaubenssätze hinter sich zu lassen und ihr Herz wieder zu öffnen.

Heute ist sie voller Dankbarkeit für all diese Erfahrungen und hat Frieden damit geschlossen, denn durch sie hat sie ihre wahre Leidenschaft gefunden. Als spiritueller Coach inspiriert, motiviert und zeigt sie Menschen, wie auch sie ihre Vergangenheit loslassen und sich dadurch ein einzigartiges und erfülltes Leben erschaffen können. Ganz intuitiv, empathisch und mit einem feinen Gespür für ihr Gegenüber.

Kommunikation, sich mit anderen Menschen zu verbinden, ist ihre große Stärke. Sie begeistert mit ihrer lebendigen und vertrauensvollen Art und schafft es damit, Herzen zu öffnen, auch auf der Bühne. Dafür gewann sie 2021 den Excellence Award beim Internationalen Speaker Slam in Mastershausen.

Ihre kreative Seite lebt sie nicht nur beim Schreiben aus. Neben dem Restaurieren von alten Möbeln, liebt sie es, mit Accessoires und selbstgestalteten Blumenarrangements stilvoll zu dekorieren. Ausflüge in die Natur, Zeit mit der Familie und Freunden, aber auch das Reisen lassen das Herz der Hundeliebhaberin höherschlagen.

Sie lebt für ihre Version von einer Welt, in der die Menschen sich mit Verständnis, Respekt und Liebe für sich selbst und andere begegnen und leben. Jeder auf seine Weise einzigartig, herzoffen und frei.

Carla Lippert

Ihre Leidenschaft ist es, Menschen mit Leichtigkeit in ihr wahres Potenzial zu begleiten – erfolgreich und authentisch als Führungskraft.

Als älteste von drei Geschwistern wurde sie im Allgäu geboren. Nach dem Abitur zog es sie als Au-pair nach Paris, um neue Menschen und Kulturen zu erleben. Darauf folgte ihr Studium als Wirtschaftsingenieurin in Karlsruhe und Stockholm. Inzwischen lebt sie mit ihrer Familie in Hamburg.

Schon von klein auf liebte sie es, andere Menschen zu begeistern, neue Dinge auszuprobieren, stark und mutig ihren eigenen Weg zu gehen. Getreu dem Motto „Ich weiß, wer ich bin und was ich will" entwickelte sie sich zu einer erfolgreichen Führungskraft – stets geschätzt für ihre große Verantwortung, Leidenschaft und Fähigkeit,

Menschen inspirierend zu begleiten. Fokussiert und konsequent verfolgte sie ihren Weg ins Topmanagement – geleitet von ihrer Vision, als Führungskraft einen Unterschied zu machen: für ein inspirierendes, kreatives Umfeld, in dem Erfolg und Wachstum möglich sind, Menschen ihr Potenzial entfalten können – erfüllt und zufrieden.

Dann gab es diese Erkenntnis, aus ihrer Balance gefallen zu sein. Sie war glücklich und zugleich erschöpft. Sie spürte ihre Exzellenz im Außen und dennoch eine große Unruhe in sich selbst. Daher entschied sie sich, neue Wege zu gehen. Einen Weg, der es ermöglicht, die energetischen Wechselwirkungen zwischen Exzellenz in Führung und Persönlichkeit in innerer Balance erfolgreich zu verbinden. Sie verließ bewusst ihre Managerkarriere, um all ihre wertvollen Erfahrungen als Executive Coach und Beraterin in der Begleitung von Top-Managern und Führungskräften zu teilen.

Sie inspiriert Menschen, in ihre wahre Größe zu kommen: mutig, kraftvoll und klar, mit all ihren Emotionen und Bedürfnissen. Sie unterstützt sie dabei, in ihrer Energie, voller Power und Begeisterung zu sein – mit einem guten Maß an Gelassenheit. Ihre Inspirationsquelle sind Reisen in andere Länder und fremde Kulturen, wie bspw. nach Kambodscha und Indien. So lautet ihr Motto heute:

„Das Leben ist voller Überraschungen und Möglichkeiten, die wir lernen können, bewusst wahrzunehmen. Diese Bewusstheit und ein wenig Mut ermöglichen uns sinnvolles Tun und Sein für ein glückliches und erfülltes Leben.“

Jutta Michel

Von klein auf liebte Jutta es, zusammen mit ihrer Oma zu handarbeiten, und so waren da schon die Weichen für die spätere Berufswahl gestellt – Damenschneiderin im Handwerk.

Danach folgten Einblicke in die Kürschnerei, Brautmoden und Mode allgemein, mit dem Angebot, leitend in den klassischen Verkauf zu wechseln. Neben dem Spaß, mit Menschen zusammenzuarbeiten, liebte Jutta schon immer die Vielfältigkeit und Abwechslung in all ihren Arbeiten. Immer offen für Neues lag daher ihr Interesse und die Neugier unter anderem auch bei den Themen Gesundheit, Ernährung, Naturheilkunde, Kräuter- und Pflanzenkunde, ätherische Öle usw., in denen sie sich auch heute noch weiterbildet. Immer mit dem Blick auf das Ganze, da eins das andere beeinflusst, und mit der Frage, ob es auch für die nächsten Generationen nachhaltig ist.

Als Jutta vor Jahren, sie war noch lange keine Oma, über den Buchtitel „Was wir sind und was wir sein könnten" von Prof. Dr. Gerald Hüther stieß, bei dem es um Potenzialentfaltung geht, stand für sie fest, dass sie in die Welt hinaustragen möchte, dass sich jedes Kind von klein an und letztlich jeder mit seinen individuellen Fähigkeiten in der Gemeinschaft einbringen kann. So besucht sie zu all diesen Themen Kurse, Workshops und hört nicht auf, sich in diesen Themen weiterzubilden, um schließlich die Menschen darin begleiten und unterstützen zu können. Hierfür entsteht gerade eine Online-Plattform, auf der sich all die Menschen suchen und finden können, die sich von dieser Idee angesprochen fühlen und sich mit ihren individuellen Talenten und Fähigkeiten in der Gesellschaft einbringen möchten.

Das aktuelle Gemeinschaftswerk unter der Leitung von Dr. Cordelia Eule – 13 Autor:innen stellen ihre Sicht zum Thema „Frieden" dar – ist sicher nicht ihr letztes Werk. So dürfen wir gespannt sein auf weitere neue Ideen, immer im Hinblick auf den ganzheitlichen Aspekt und Nutzen.

Almut Nasilowski

Almut Nasilowski wurde 1966 in Timmendorfer Strand geboren und wuchs in Kiel an der Ostsee auf. Heute lebt die „Kieler Sprotte" im Südschwarzwald und hat im Wiesental eine neue Heimat gefunden.

Aus ihrer nordischen Heimat hat sie die Vorliebe für den frischen Wind und die Bereitschaft, immer Neues zu erkunden. Abenteuer und Kreativität gehören zu ihren höchsten Werten. Auch die Liebe zur Natur und einem einfachen Leben ist ein Teil von Almut. Ob im eigenen Garten, in einem schönen Park oder ganz in der Natur – Mutter Erde ist ihre Begleiterin, die sie erdet und mit allem verbindet, aber auch ihren Respekt verdient.

Familie ist für Almut eines der wichtigsten Dinge im Leben. Sie steht für Geborgenheit und Zusammenhalt. Soziale Netzwerke – auch außerhalb der digitalen

Welt – sind ihr als erweiterte Familie ebenso wichtig. Sie ist Mutter von zwei erwachsenen Töchtern und lebt mit ihrem Mann Klaus zusammen. Ihr Sohn Balduin starb vor 20 Jahren im Alter von 16 Monaten. Dieses Ereignis veränderte ihr gesamtes Leben. Heute begleitet sie Menschen, die sich Unterstützung auf dem Weg zum inneren Frieden wünschen.

Nach dem Studium der Pädagogik in Kiel arbeitete sie viele Jahre als freiberufliche Musiklehrerin, selbstständig und in Zusammenarbeit mit Musikschulen. Die Liebe zur Musik lebt sie auch im Privaten an der Block- und Querflöte, aber auch mit Gesang in verschiedenen Chören. Seit 2015 verhilft sie vor allem Kindern und Jugendlichen als Bühnentrainerin zu kreativen Auftritten. In den Bühnentrainings entwickeln die Teilnehmenden in kurzer Zeit gemeinsam eine ganz eigene Show.

Almut interessiert sich für alles, was mit Weiblichkeit, Kommunikation, Selbstausdruck und Leiterschaft zu tun hat. Zu diesen Themen hat sie zahlreiche Ausbildungen und Seminare gemacht. Unter anderem ist sie Intuitionscoach und Heilerin der Neuen Zeit. In vielen Familienaufstellungen unterschiedlichster Art hat sie das systemische Arbeiten an persönlichen Themen kennen- und lieben gelernt. Daraus hat sie eine eigene Form der Familienaufstellung entwickelt, die sie „Dynamische Familienaufstellung" nennt.

Klaus Nasilowski

Klaus Nasilowski wurde 1962 in Hannover geboren und bereits als Kind durch die Herrenhäuser Gärten geschoben. Er erlernte den Beruf des Baumschulgärtners und studierte an der Universität Hannover Gartenbau. Heute arbeitet er als Obst- und Gartenbauberater im Landkreis Lörrach.

Er verweigerte den Kriegsdienst und engagierte sich jahrelang in der Friedensbewegung.

Neben dem Interesse für Natur und Garten pflegt Klaus auch die Liebe zur Kunst, zur Bühne und zur Schriftstellerei. In seinem Buch „Die Hühner" zeigt er, wie zwei Hühnergesellschaften mit unterschiedlichen Werten und Regeln in Frieden miteinander kommen. Dieser Roman entstand in seiner Grundform als Familiengeschichte auf unzähligen Wanderungen mit seinen beiden Töchtern.

Für Klaus ist Kunst in ihren verschiedenen Formen eine Möglichkeit, sich selbst auszudrücken und mitzuteilen. In seinen Schreib- und Malwerkstätten ermutigt Klaus die Menschen, auch jenseits von etablierten Kunstmaßstäben aktiv zu werden und selbst Kunst zu schaffen.

In seiner aktuellen Erzählung „Im Garten der leichten Leute" verarbeitet Klaus seine Erfahrungen mit dem Tod seines Sohnes Balduin und seiner Eltern.

Dr. Julia Naudszus

Julia wurde an einem Freitag, dem 13ten, in Freital im Zeichen des Skorpions geboren. Neugierig, wie sie war, kam sie zwei Wochen früher als geplant auf die Welt. Außerdem mochte sie anscheinend damals schon die Zahl 13 und Zahlenspiele.

Als verträumtes und schüchternes Kind wuchs Julia in Dresden auf. Sie liebte es, Bücher zu lesen, vor allem über Abenteuer, die Natur und Naturwissenschaften. Nebenbei träumte sie als Pferdemädchen davon, Tierärztin zu werden. Damals wollte sie allerdings ein Junge sein, denn die durften Holz hacken, bekamen Rennräder und Autorennbahnen geschenkt und mussten bei ihrer Oma nicht abwaschen.

Dann wurde sie groß und fing an, ihre Träume in die Tat umzusetzen. Das hat sich bis zum heutigen Tag nicht geändert. Genau zum richtigen Zeitpunkt öffneten sich die Grenzen und sie hatte das Gefühl, ihr liege die Welt zu Füßen.

Julia ist gerne als Halbjahres-Barfüßlerin draußen in der Natur unterwegs. Dabei sind ihre Kameras mittlerweile immer mit von der Partie. Sie fasziniert es, wie sich der Fokus und die Ausschnitte der Welt in Abhängigkeit davon verändern, ob sie mit einem Makro-, Weitwinkel- oder Teleobjektiv fotografiert.

Heute hilft es Dr. Julia Naudszus immer wieder, dass sie Tierärztin, NLP-Master und Social Panorama Consultant ist, im Bereich der Virologie über ein menschliches RNA-Virus promoviert und sich in vielen Bereichen ausprobiert hat. Nun ist die Spezies Mensch ihr Schwerpunkt. Besonders spannend findet sie den Einfluss der Hormone auf den Menschen und umgekehrt den Einfluss des Menschen auf seine Hormone. Sie liebt es, die vielfältigen Hintergründe und Zusammenhänge zur artgerechten Haltung der Spezies Mensch zu vermitteln und zu helfen, unser Leben besser zu „leben".

Ihre Vision ist es, altes und neues Wissen miteinander zu verbinden. Sie sagt: *„Je mehr wir Menschen verstehen, dass wir nur in einer gesunden Welt mit gesunden Beziehungen gesund sein können, umso mehr werden wir uns für den Schutz unserer Welt und den Frieden einsetzen."*

Nadine Pulver

Nadine Pulver hat 25 Jahre lang unter ihrem tiefen Selbstwert und unter einer Esssucht gelitten. Schon als Teenager wurde ihr immer wieder gesagt, dass sie abnehmen müsse, obwohl sie nicht übergewichtig war. Sie wusste damals nicht, dass ihre Versuche abzunehmen ihre Binge-Eating-Störung (Essstörung mit Esszwang) nur noch verschlimmerten.

Nadines Mission ist es, Frauen in ihrem Alter aus der Binge-Eating-Störung zu führen, hin zu Frieden mit dem Essen und ihrem Körper, damit diese ein Vorbild der Selbstliebe für ihre Töchter und Söhne sind. Ganz besonders freut es sie, wenn junge Frauen zu ihr finden, die nach einer Diät zum ersten Mal Essanfälle haben und sich selbst dafür die Schuld geben. Nadines eigenes Leiden fühlt sich so nicht umsonst an.

Oft wird Nadine auch „Träumerin" genannt, weil sie eine Visionärin ist. Sie glaubt daran, dass Menschen ein ungeheures Potenzial haben, das allerdings nur wenige anzapfen. Wir haben die Macht, unser Leben aktiv zu gestalten und unsere Träume wahrzumachen.

Sie war schon immer auf der Suche nach dem Sinn und dem Geheimnis des Lebens und wollte sich mit einem Nine-to-five-Job und vier Wochen Urlaub im Jahr nicht zufriedengeben. Als sie nach ihrer Ausbildung zur Büro- kauffrau täglich ihre schlecht gelaunten Kollegen hörte, die sich über den Montag beklagten und ungeduldig auf den Freitag warteten, beschloss sie: „Das ist nicht meine Realität."

Ihre Recherche führte sie um die Welt: Sie schlief unter dem australischen Outback-Himmel, kletterte auf die Maya-Pyramiden in Mexiko, rauchte die Friedens- pfeife mit den Lakota-Sioux in South-Dakota, chantete mit Buddhisten, meditierte mit Hindus im Puja-Zelt, interpretierte die Bibel metaphysisch, lebte acht Jahre auf Hawaii und war 15 Jahre lang bei den anonymen Esssüchtigen.

Nun hat sie das Geheimnis des Lebens gefunden.

Heute ist sie 48 Jahre alt, lebt mit ihrem Partner teils auf Teneriffa, teils in der Schweiz und geht ihrer absoluten Lieblingsbeschäftigung nach: Andere Menschen zu ermutigen und zu inspirieren, ihr volles Potenzial zu leben.

Stefan Randa

Stefan Randa ist 1969 in Hanau geboren und seit über 35 Jahren als Profimusiker und Komponist tätig. Als Inhaber der Blue Factory Studios, langjähriger Betreiber einer Konzertagentur, als Klavierpädagoge, Fachautor und Workshop-Coach ist er Experte in den meisten musikalischen Themenbereichen. Seit 2016 beschäftigt er sich sehr intensiv mit Online- und Social-Media-Marketing und unterstützt Unternehmen als Funnel- und Automationsexperte, Kreativ-Texter und Sichtbarkeits-Coach.

Als sehr neugieriger Mensch in vielerlei Themen bewandert, hat sich Stefan in schwierigen Situationen schon immer recht schnell neu erfunden. So war die „Schockstarre", in die vor allem Kollegen aus der Künstler- und Veranstaltungsbranche mit dem ersten Lockdown zu Beginn der Corona-Krise versetzt wurden, für den Hanauer Musiker nur von recht kurzer Dauer: Schon 2 Wochen danach begann er als „Mann der

Tat", die Krise weniger als Katastrophe, sondern vielmehr als Chance zu sehen – für sich, aber auch für seine Musiker-Kolleg:innen – und baute seine damals noch recht neue Facebookgruppe „Musikerbistro" zu einem begehrten Treffpunkt für Musiker aus. Unter dem Arbeitstitel „Deine 2. Bühne … online!" und mit einer angeschlossenen Online-Academy können sich Kolleg:innen dort bis heute austauschen und lernen, wie man musikalische Online-Angebote entwickelt und damit erfolgreich wird.

Bald darauf entstand „Randa's Place", eine schillernde Online-Plattform, mittlerweile ein belebter Ort der Inspiration, mit Livestreams, interessanten Workshops, Musikfundstücken, einer „Gäste-Bühne" und der mittlerweile sehr beliebten Interview-Sendung „Live Talk". Selbstverständlich mit Stefan als Moderator und eigens komponierter Titelmusik. Beide Projekte wurden mit einem Stipendium der Hessischen Kulturstiftung gefördert.

Seine Erkenntnisse aus zwei sehr turbulenten Jahren hat Stefan jetzt in einer Masterclass mit dem treffenden Namen „Entfache Dein Supertalent" festgehalten.

Frieden und Verbundenheit gehören schon zeitlebens zu den wichtigsten Werten des Autors. Seine bisherige Arbeit war maßgeblich geprägt von guter Kommunikation, Einfühlungsvermögen und der Gabe, das Besondere in jedem Menschen zu entdecken. Gute Kommunikation scheint in der heutigen Zeit sehr ins Hintertreffen geraten zu sein. In seinem Beitrag stellt Stefan Randa die Verbindung wieder her – für mehr Frieden in der Welt.

Antonia Roethlin

Mit Jahrgang 1972 sieht sich Antonia Roethlin in der Mitte ihres Lebens. Ein guter Zeitpunkt, dankbar für all das zu sein, was sie hierhin führte. Ebenso eine Lebensphase, um nach vorne zu blicken und das eigene Später bewusst zu gestalten. Für sie trägt jeder Tag dazu bei. Warten und still stehen ist deshalb nicht so ihr Ding. Veränderungen angehen, neue Ideen und Ziele skizzieren, ausprobieren, erreichen oder verwerfen und sich dabei immer weiter entwickeln dagegen schon.

Das merkt sie auch in ihrer langjährigen Tätigkeit in der Finanz- und Steuerberatung. Sie erkennt dabei ihre Gabe, in den Beratungen den Menschen einen Empathie-Raum zu bieten, der über das Sachthema hinausgeht. Die Klientel zeigt sich offen mit ihren persönlichen Befindlichkeiten und Situationen, die sich in den Zahlen und Geschäften spiegeln. Beratung führt jedoch eher bedingt dazu, persönliche und betriebliche Veränderung anzugehen. Der Coaching-Ansatz öffnet Antonia eine Türe, wie sie die Bereitschaft der Kunden und Kundinnen zu Veränderung anstoßen kann, denn jetzt wird es zu einem Weg, den die Klientel für sich selber erkennt und gehen will.

Heute bietet sie eine Kombination aus Beratung und Coaching im Finanzbereich an. Geld zieht sich durch fast alle unsere Lebensthemen und beschäftigt uns bis zum Ende. Antonia fasziniert dabei, wie viel wir über uns erfahren, wenn wir uns damit auseinandersetzen. Und damit eine gute Beziehung zu uns selbst fördern und vertiefen können.

Die Kostbarste im Leben von Antonia sind Beziehungen, Natur und Gesundheit. In Verbindung zu sein mit dem Partner, dem Freundeskreis, gleichgesinnten und geschäftlichen Kontakten schenkt ihr Inspiration und Wohlbefinden. In die Natur einzutauchen, sei es im Wasser, in den Bergen oder im Wald, lässt sie immer wieder die Schönheit und Kraft des Lebendigen spüren. Und ganz besondere Momente und Begegnungen erlebt sie unterwegs mit dem VW Bus bei Ausflügen und auf Reisen.

Sabine Samonig

Ihre Kindheit fand im Westteil von Berlin statt. Berlin der 1960er befand sich im Tauziehen zwischen antiautoritärer Erziehung und Studierendenrevolte auf der einen und den Folgen des 2. Weltkrieges auf der anderen Seite. Panzergrollen inklusive. Das prägte ihr Aufwachsen und wohl auch den Bezug zum Thema Frieden. Die Jugendzeit verbrachte sie bis zum International Baccalaureate in London. Der Blick über den (deutschen) Tellerrand hat sie nachhaltig geprägt.

Nach ihren England-Jahren folgten Studiengänge in BWL, Sozialpädagogik und später der Master für Biografisches und Kreatives Schreiben in Berlin. Seit Mitte der 1980er-Jahre arbeitete sie als Sozialarbeiterin: in der sozialen und psychogeriatrischen Betreuung, Prostituiertenberatung und jahrelang in der

Familienberatung mit Schwerpunkt Kinderschutz für Kleinstkinder.

Sie war dort im Einsatz, wo üblicherweise der Blick nicht hingeht: Gewalt, Drogen, psychische Krankheit, Missbrauch. Pragmatische Wege in den (inneren) Frieden und Empowerment machen den roten Faden ihrer beruflichen Biografie aus. Auch bei ihren Trainings für Creative Business Writing und Lehraufträgen in Master- und Bachelorstudiengängen blieb sie pragmatisch.

Ihren Herzenswunsch hat sie sich mit Ausbildungen als Master-Coach in Integrierter Lösungsorientierter Psychologie (ILP) und der Tätigkeit als Lehrcoach verwirklicht. Das war der Auftakt. Als Beamtin hat sie gekündigt und weiter gelernt: Stärkencoaching (Synk Business School), Positive Psychologie und systemisches Coaching (DGPP), Zertifizierung beim Deutschen Coaching Verband (DCV).

Sie wollte schon immer das tun, was ihr Freude macht und sie erfüllt: Andere zu ermächtigen, ins Gelingen zu kommen. Dazu gehört das Empowerment, das sich aus dem Bewusstsein für die persönlichen Stärken und Werte nährt. Wer in sich ruht, braucht keine Konflikte zu schüren.

Übrigens: Privat würde sie ihren Mann jeder Zeit wieder heiraten. Sie haben vier erwachsene Kinder und großen Gefallen an ihrem Empty Nest. Und wenn alle da sind, eine Riesenfreude. Ihre Topstärken: Empathie, Dankbarkeit, Tatkraft und der Sinn fürs Schöne.

Sören Voit

Sören Voit ist ein leidenschaftlicher Teamplayer. Trotz seines großen Interesses an komplexen technischen Systemen inklusive allem, was mit Fliegerei zu tun hat, war ihm das Zusammenspiel mit Menschen immer am wichtigsten. Menschen zu ermächtigen, selbstbestimmt und selbstwirksam zu leben und dabei die eigenen Fähigkeiten in den Dienst der Gemeinschaft zu stellen, ist schon immer seine Passion. Die Förderung von intrinsischer Motivation, Selbstbewusstsein und einem wachsamen Gespür dafür, Manipulationsversuche anderer frühzeitig zu erkennen, um auf dem eigenen Weg zu bleiben, spielen dabei eine große Rolle.

Dieser selbst ernannten Aufgabe kam er bereits als Jugendlicher bei Mannschaftssportarten, beim Segelfliegen und als Mitglied einer Bündischen Jugendgruppe nach. Während des Studiums wurde er Mitglied einer Studentenverbindung. Heute noch führt er, wenn die Bedingungen es zulassen, als Skilehrer mit Begeisterung Gruppen durch Pulverschnee. Aktivitäten in freier Natur von den Bergen bis zur Atlantikbrandung sind seine Energiespender.

Im technischen Vertrieb und als Finanz- und Wirtschaftsberater begann er, sich mit menschlichen Verhaltensweisen, mit den unterschiedlichen Mentalitäten, Persönlichkeitsanalyse und den Grundlagen fürs Recruiting zu beschäftigen. Die Erkenntnis war: Menschen sind an den Stellen selbst motiviert und leistungsfähig, wo sie von Natur aus gut sind und ihre angeborenen Fähigkeiten kultivieren können. Deshalb ist seine wichtigste Aufforderung an Klient:innen und Coachees: „Erkenne dich selbst und erfinde dich neu!"

Die Vermittlung des Gefühls von Selbstbestimmung, Selbstwirksamkeit und Autonomie in Verbundenheit zeigen sich in der Gegenwart in seinen Tätigkeiten als Spezialist von Rücklagen- und Vermögensschutz und als Coach, um tradierte und blockierende Verhaltensmuster und Glaubenssätze zu transformieren. Dies sind nach seiner Auffassung Voraussetzungen für inneren und äußeren Frieden.

Du bist ein Wunder!

11 Weg zur Selbstliebe

Wusstest du, dass Rückenschmerzen, Hautausschläge oder Migräne meistens psychisch bedingt sind? Kannst du dir vorstellen, dass Gereiztheit, Ungeduld und Wutanfälle nur selten von der aktuellen Situation ausgelöst werden?

Kennst du solche Zustände?

Dann lass dir sagen: Du selbst kannst das ändern!

Dieses Buch zeigt dir auf so einfühlsame,wie nachdrückliche Weise, wie du aus dem Hamsterrad von Unwohlsein und innerer Anspannung herauskommst.

Wie es dir gelingt, für dich und deine Bedürfnisse einzustehen.

Wie du dir damit immer mehr Freude und Leichtigkeit ins Leben holst.

Bist du bereit?

Du bist ein Wunder! Genieße es!

Hier kaufen: https://www.amazon.de/
Du-bist-ein-Wunder-Selbstliebe/dp/3987300019/

Mehr Bücher auf:
alvin-verlag.de

Printed in Poland
by Amazon Fulfillment
Poland Sp. z o.o., Wrocław

93222447R00195